U0721524

财务经济与财务预算管理

赵　焱　丁军立　李　慧　主编

吉林科学技术出版社

图书在版编目（CIP）数据

财务经济与财务预算管理 / 赵焱，丁军立，李慧主编 . -- 长春：吉林科学技术出版社，2021.6（2023.4重印）
ISBN 978-7-5578-8286-0

Ⅰ . ①财… Ⅱ . ①赵… ②丁… ③李… Ⅲ . ①企业管理－财务管理－预算编制 Ⅳ . ① F275

中国版本图书馆 CIP 数据核字（2021）第 122308 号

财务经济与财务预算管理

主　　编	赵　焱　丁军立　李　慧
出 版 人	宛　霞
责任编辑	隋云平
封面设计	李　宝
制　　版	宝莲洪图
幅面尺寸	185mm×260mm
开　　本	16
字　　数	320 千字
印　　张	14.375
版　　次	2021 年 6 月第 1 版
印　　次	2023 年 4 月第 2 次印刷
出　　版	吉林科学技术出版社
发　　行	吉林科学技术出版社
地　　址	长春净月高新区福祉大路 5788 号出版大厦 A 座
邮　　编	130118

发行部电话 / 传真　0431—81629529　　81629530　　81629531
　　　　　　　　　　　　81629532　　81629533　　81629534

储运部电话　0431—86059116

编辑部电话　0431—81629520

印　　刷	北京宝莲鸿图科技有限公司
书　　号	ISBN 978-7-5578-8286-0
定　　价	60.00 元

版权所有　翻印必究　举报电话：0431—81629508

编者及工作单位

主　编

赵　焱　内蒙古医科大学第二附属医院
丁军立　唐山市热力集团有限公司
李　慧　唐山市热力集团有限公司
睢纪红　黄河水利委员会信息中心

副主编

姜懿暄　山东青岛莱西市第二实验小学
鹿晓华　青岛广播电视大学莱西分校
宋传玲　山东省滕州市能源事务中心
王莉群　重庆邮电大学
张德斌　山东省泰安市宁阳县财政局
周庆英　黄河万家寨水利枢纽有限公司
朱宏斌　长庆实业集团有限公司镰刀湾采油作业区

前　言

　　随着我国经济管理体制由计划经济体制向社会主义市场经济体制的转变，财务管理也由过去企业辅助性管理转变为企业主导性管理，对企业经济活动起着综合控制、综合平衡、综合反映、综合监督的作用。在现代经济活动中，财务与会计是其重要的组成部分，在经济管理上具有重要的地位和影响。而在企业的经济管理活动中，会计是直接工作人员，因此对经济管理进行优化，对会计工作也会有所提高。新经济是区别于传统经济概念的经济周期，随着现代社会的不断发展，对经济周期现象能够有效避免。从本质含义来看，新经济代表的是全球化和科技网络化，在这样的前提之下，财务会计自然会受到一定的冲击。企业的财务会计要结合实际发展情况，加强理论与实践研究，强化财务会计业务，使企业财务管理发生创新性的转变。

　　本书结构系统完整、注重时效性和实用性。在撰写本书的过程中，参考和引用了众多同行专家和学者的研究成果，在此表示真诚的感谢。由于水平有限，书中错误疏漏之处在所难免，诚恳的期望各位专家和读者批评指正。

目　录

第一章 财务管理总论

第一节 财务管理概述

一、财务管理的含义和内容

（一）概述

企业财务是企业财务活动及其所体现的经济利益关系（财务关系）的总称，它的基本构成要素是投入和运动于企业的资金。

在商品经济条件下，社会产品是使用价值和价值的统一体，企业生产经营过程也表现为使用价值的生产和交换过程及价值的形成和实现过程的统一。在这个过程中，劳动者将生产中所消耗的生产资料的价值转移到产品或服务中去，并且创造出新的价值，通过实物商品的出售或提供服务，使转移价值和新创造的价值得以实现。企业资金的实质是生产经营过程中运用着的价值。

在企业生产经营过程中，实物商品或服务在不断变化，其价值形态也不断地发生变化，由一种形态转化为另一种形态，周而复始，不断循环，形成了资金运动。所以，企业的生产经营过程，一方面表现为实物商品或服务的运动过程，另一方面表现为资金的运动过程。资金运动不仅以资金循环的形式而存在，而且伴随生产经营过程不断地进行，因此，资金运动也表现为一个周而复始的周转过程。资金运动以价值形式综合地反映着企业的生产经营过程，它构成企业生产经营活动的一个独立方面，具有自己的运动规律，这就是企业的财务活动。企业的资金运动和财务活动离不开人与人之间的经济利益关系。

综上所述，企业财务是指企业在生产经营过程中客观存在的资金运动及其所体现的经济利益关系，前者称为财务活动，表明了企业财务的内容和形式特征；后者称为财务关系，揭示了企业财务的实质。企业财务管理是按照国家法律法规和企业经营要求，遵循资本营运规律，对企业财务活动进行组织、预测、决策、计划、控制、分析和监督等一系列管理工作的总称。其基本特征是价值管理，管理的客体是企业的财务活动，管理的核心是企业财务活动所体现的各种财务关系。因此，企业财务管理是利用价值形式对企业财务活动及其体现的财务关系进行的综合性管理工作。

企业开展财务管理，就是要充分发挥财务管理的运筹作用，力求实现企业的内部条件、外部环境和企业目标之间的动态平衡，并从平衡中求发展，促使企业实现发展战略和经营目标。

（二）财务活动

资金运动过程的各阶段总是与一定的财务活动相对应的，或者说，资金运动形式是通过一定的财务活动内容来实现的。所谓财务活动是指资金的筹集、投放、运用、回收及收益分配等活动。从整体上讲，财务活动包括以下四个方面：

1. 筹资活动

所谓筹资活动是指企业根据其一定时期内资金投放和资金运用的需要，运用各种筹资方式，从金融市场和其他来源渠道筹措、集中所需要的资金的活动。企业无论是新建、扩建，还是组织正常的生产经营活动，都必须以占有和能够支配一定数量的资金为前提。企业以各种筹资方式从各种筹资渠道筹集资金，是资金运动的首要环节。在筹资过程中，企业一方面要按照适当的资金需要量确定筹资规模；此外，要在充分考虑筹资的成本和风险的基础上，通过筹资渠道、筹资方式和工具的选择，确定合理的筹资结构。

企业通过筹资可以形成两种不同性质的资金来源：一是权益性质的资金，它是企业通过吸收直接投资、发行股票和以内部留存收益等方式从国家、法人、个人等投资者那里取得而形成的自有资金，包括资本金（或股本）、资本公积、盈余公积和未分配利润；二是负债性质的资金，企业通过银行借款、发行债券、利用商业信用和租赁等方式，从金融机构、其他企业、个人等各种债权人那里取得而形成的借入资金，包括流动负债和长期负债。

企业将资金筹集上来，表现为企业资金的流入；企业偿还债务本息、支付股利及为筹资而付出的其他形式代价等，则表现为企业资金的流出。这种由于筹资活动而产生的资金的收支，是企业财务管理的主要内容之一。企业筹资活动的结果，一方面表现为取得所需要的货币形态和非货币形态的资金；另一方面表现为形成了一定的资本结构。所谓的资本结构一般是指资金总额内部借入资金与自有资金之间的比例关系。在筹资过程中，企业既要根据发展要求确定相应的筹资规模，以保证投资所需的资金，又要通过筹资渠道、筹资方式或工具的选择，合理确定资本结构，以降低筹资成本和风险，提高企业价值。

2. 投资活动

筹资活动的目的是用资。在企业取得资金后，必须将货币资金投入使用，以谋求取得最大的经济利益，否则，筹资就失去了目的和意义。所谓的投资可分为广义的投资和狭义的投资。广义的投资是指企业将筹集的资金投入使用的过程，包括企业将资金投入到企业内部使用的过程（如购置流动资产、固定资产、无形资产等）和对外投放资金的过程（如投资购买其他企业的股票、债券或与其他企业联营）；而狭义的投资仅指对外投资。

无论企业购买内部所需资产，还是购买各种有价证券，都需要支付资金，这表现为企业资金的流出，而当企业变卖其对内投资的各种资产或回收其对外投资时，则会产生企业资金的流入。这种因企业投资的活动而产生的资金的收付，便是由投资而引起的财务活动。企业投资活动的结果是形成各种具体形态的资产及一定的资产结构。所谓的资产结构是指资产内部流动资产与长期资产之间的比例关系。企业在投资过程中，必须考虑投资规模，以提高投资效益和降低投资，风险为原则，选择合理的投资方向和投资方式。所有这些投资活动的过程和结果都是财务管理的内容。

3.资金营运活动

企业在正常的生产经营过程中，会发生一系列的资金收付。首先，企业要采购材料或商品，以便从事生产和销售活动，同时还要为保证正常的生产经营而支付工资和其他的营业费用；其次，当企业把产品或商品售出后，便可取得收入，收回资金。上述各方面都会产生资金的流入与流出，这就是因企业经营而产生的财务活动，又称为资金营运活动。

企业的营运资金，主要是企业为满足日常营业活动的需要而垫支的流动资金，营运资金的周转与生产经营周期具有一致性。在一定时期内，资金周转的速度越快，就越能利用相同数量的资金，生产出更多数量的产品，取得更大的收益。

4.收益分配活动

企业通过投资活动和资金营运活动会取得一定的收入，并相应实现了资金的增值。由于企业收益分配活动体现了企业、企业职工、债权人和投资者之间的不同利益格局，企业必须依据现行法律和法规对企业取得的各项收入进行合理分配。

所谓的收益分配，广义来讲，是指对各项收入进行分割和分派的过程。狭义来说，收益分配仅指净利润的分派过程，即广义分配的最后一个层次。

值得说明的是，企业筹集的资金归结为所有者权益和负债资金两大类，在对这两类资金分配报酬时，前者是通过利润分配的形式进行的，属于税后利润分配；后者是通过将利息等计入成本费用的形式进行分配的，属于税前利润的分配。

上述财务活动的各个方面不是孤立的，而是相互联系、相互依存的。正是上述互相联系又有一定区别的各个方面，构成了完整的企业财务活动。

二、财务关系

企业财务关系是指企业在进行各项财务活动过程中与各种相关利益主体所发生的经济利益关系，主要包括以下七个方面的内容：

（一）企业与国家行政管理部门之间的财务关系

企业与国家行政管理部门之间的经济利益关系，并不在于政府是企业的出资者，而在于政府行使其行政职能，为企业生产经营活动提供公平竞争的经营环境和公共设施等条件。政府在行使其社会行政管理职能时，为维护社会正常秩序、保卫国家安全、组织和管理社会活动等任务而付出了一定的代价，须无偿参与企业的收益分配。企业必须按照税法规定缴纳各种税款，包括所得税、流转税、资源税、财产税和行为税等，从而形成了企业与国家行政管理部门之间强制与无偿的经济利益关系。

（二）企业与投资者之间的财务关系

企业与投资者之间的财务关系是指企业的投资者向企业投入资本金，企业向其投资者分配投资收益所形成的经济利益关系。企业的投资者即所有权人，包括国家、法人和个人等。

投资者作为财产所有者代表，履行出资义务。他除了拥有参与企业经营管理，参与企业剩余收益分配，对剩余财产享有分配权等权利之外，还承担着一定的风险；作为接受投资的企业，对投资者有承担资本保值增值的责任。企业利用资本进行运营，实现利润后按照投资者的出资比例或合同、章程的规定，向其所有者支付报酬，两者之间的财务关系体现着所有权的性质及所有者在企业中的利益。

（三）企业与债权人之间的财务关系

企业除利用投资者投入的资本进行经营活动外，还要借入一定数量的资金，以扩大经营规模，降低资金成本。企业的债权人是指借款给企业的金融机构、公司债券的持有人、商业信用提供者、其他出借资金给企业的单位和个人。与投资者的地位不同，债权人获得的是固定的利息收益，不能像投资者那样参与企业的经营管理和享有剩余收益再分配的权利。但是，债权人有按预约期限收回借款本金和取得借款利息等报酬的权利，在企业破产清算时拥有与其地位相对应的优先求偿权。作为企业债务人，有按期归还所借款项本金和利息的义务。企业与债权人之间的财务关系是指企业向债权人借入资金，并按借款合同的规定按时支付利息和归还本金所形成的经济利益关系，在性质上属于是建立在契约之上的债务债权关系。

（四）企业与受资者之间的财务关系

企业与受资者之间的财务关系是指企业以购买股票或直接投资的形式向其他企业投资所形成的经济利益关系。通常企业作为投资者要按照投资合同、协议、章程的约定履行出资义务，以便及时形成受资企业的资本金。受资企业利用资本进行运营，实现利润后应按照出资比例或合同、章程的规定向投资者分配投资收益。随着市场经济的不断深入发展，企业经营规模和经营范围的不断扩大，企业向其他单位投资的这种关系将会越来越广泛。企业与受资者之间的财务关系是体现所有权性质的投资与受资的关系。

（五）企业与债务人之间的财务关系

企业与债务人之间的财务关系是指企业将其资金以购买债权、提供贷款或商业信用等形式出借给其他单位所形成的一种经济利益关系。企业将资金出借后，有权要求其债务人按约定的条件支付利息和归还本金。企业同其债务人之间的财务关系体现的是一种债权债务关系。

（六）企业内部各经济责任主体的财务关系

企业内部各经济责任主体，既是执行特定经营、生产和管理等不同职能的组织，又是以权责、利相结合原则为基础的企业内部经济责任单位。企业内部各经济责任主体既分工又合作，共同形成一个完整的企业系统。只有这些子系统功能的协调，才能实现企业预期的经济效益。企业内部各经济责任主体之间的经济往来及企业内部各经济责任单位相互之间的经济往来，不但要进行企业内的经济核算，而且要分清经济责任，进行绩效考核与评价，落实约束与激励措施。企业内部各经济责任单位之间的财务关系体现了企业内部各经济责任单位之间的利益关系。

（七）企业与其职工之间的财务关系

企业职工是企业的经营管理者和劳动者，他们以自身提供的劳动作为参与企业收益分配的依据。企业根据职工的职务、能力和经营业绩的优劣，用其收益向职工支付劳动报酬，并提供必要的福利和保险待遇等。企业与职工之间的财务关系是以权责、劳、绩为依据的收益分配关系。企业财务关系体现了企业财务的本质，如何处理和协调好各种财务关系是现代理财家们必须遵循的一项理财原则。

三、财务管理的环节

财务管理工作环节是指财务管理的工作步骤和一般程序。企业财务管理一般包括以下几个环节：

（一）财务预测

财务预测是企业根据财务活动的历史资料（如财务分析），考虑现实条件与要求，运用特定方法对企业未来的财务活动和财务成果做出科学的预计或测算。财务预测是进行财务决策的基础，是进行编制财务预算的前提。

财务预测所采用的方法主要有两种：一是定性预测，是指企业缺乏完整的历史资料或有关变量之间不存在较为明显的数量关系的情况下，专业人员进行的主观判断与推测。二是定量预测，是指企业根据比较完备的资料，运用数学方法，建立数学模型，对事物的未来进行的预测。实际工作中，通常将两者结合起来进行财务预测。

（二）财务决策

决策即决定。财务决策是企业财务人员按照企业财务管理目标，利用专门方法对各种备选方案进行比较分析，并从中选出最优方案的过程。它不是拍板决定的瞬间行为，而是提出问题、分析问题和解决问题的全过程。正确的决策可使企业起死回生，错误的决策可导致企业毁于一旦，因此，财务决策是企业财务管理的核心，其成功与否直接关系到企业的兴衰成败。

（三）财务预算

财务预算是指企业运用科学的技术手段和数量方法，对未来财务活动的内容及指标进行综合平衡与协调的具体规划。财务预算是以财务决策确立的方案和财务预测提供的信息为基础编制的，是财务预测和财务决策的具体化，是财务控制和财务分析的依据，并贯穿企业财务活动的全过程。

（四）财务控制

财务控制是在财务管理过程中，利用有关信息和特定手段，对企业财务活动所施加的影响和进行的调节。实行财务控制是落实财务预算、保证预算实现的有效措施，也是责任绩效考评与奖惩的重要依据。

（五）财务分析

财务分析是根据企业核算资料，运用特定方法，对企业财务活动过程及其结果进行分析和评价的一项工作。财务分析既是本期财务活动的总结，也是下期财务预测的前提，具有承上启下的作用。通过财务分析，可以掌握企业财务预算的完成情况，评价财务状况，研究和掌握企业财务活动的规律，改善财务预测、财务决策、财务预算和财务控制，提高企业的财务管理水平。

（六）业绩评价

业绩评价是通过运用一定手段和方法对企业一定经营期间的获利能力、资产质量、债务风险以及经营增长和努力程度的各方面进行的综合评判。科学地评价企业业绩，可以为出资人行使经营者的选择权提供重要依据；可以有效的加强对企业经营者的监督和约束；可以为有效的激励企业经营者提供可靠依据；还可以为政府有关部门、债权人、企业职工等利益相关方提供有效的信息支持。

四、财务管理与会计的联系与区别

财务管理是企业管理的重要组成部分，它与会计工作无论是在理论上，还是在实践中，既有联系，又有区别。

（一）财务管理与会计的联系

1.财务管理与会计具有价值共性。财务管理与会计均具有明显的价值属性，两者都是通过价值发挥其效能，这也造就了两者企业"综合能力"体现的共性。会计对经济活动的确认、计量和披露是按照价值反映的要求进行的，事实上，会计信息就是对企业价值或财务活动的再现。而财务管理本身是一种价值管理，是一种追求价值最大化的综合性的管理工作。

2.两者在企业管理过程中相辅相成。会计是反映企业价值运动过程中的数与量，并以会计信息的形式向信息使用者输出。如果没有会计提供的信息作依据，则财务管理的计划、预测、决策、控制与分析等功能必然是无源之水。

换言之，一方面，财务管理者只有利用会计提供的高质量信息才能准确把握企业的财务状况，做出科学的决策；另一方面，会计所提供的信息必须尽可能满足包括财务管理在内的信息使用者的决策需要，否则就失去了其存在的价值。

（二）财务管理与会计的区别

1. 两者的对象不同。财务管理的对象是资金运动，是对企业资金运动所进行的直接管理。也就是说，财务管理主要管理企业的各项资产，以及由此产生的相关融资、投资、收益分配等事项。会计的对象并不是资金运动本身，而是资金运动所形成的信息，即对企业资金运动过程中的信息揭示。

2. 两者的职能不同。会计的职能主要表现为反映，而财务管理的职能主要是计划、预测、决策、控制和分析等。反映职能是会计所特有的内在职能。会计人员作为信息揭示人员，对企业生产经营管理各方面并不具有直接的决策职能，他们的主要作用是通过提供会计信息，对相关决策来施加影响。而企业相关的计划决策等职能则是由财务管理来实施。

3. 两者的目标不同。会计的中心内容是提供决策所需信息，它通过对企业经济活动的揭示，为管理当局、投资者和债权人等不同信息使用者提供真实可靠的会计信息，以满足相关利益主体的决策需要。财务管理的目标，则是企业经营目标在财务管理中的集中与概括，主要是通过计划、预测、决策、控制和分析等工作，确保企业价值最大化目标的实现。

总之，无论从理论上分析，还是从实践上看，财务管理与会计都是两回事。财务管理重在对财务行为的前期决策和过程约束，会计核算重在对财务行为的过程核算和结果反映。但是，财务管理需要利用会计信息，会计核算为财务管理提供基础，两者互为补充，相辅相成。

五、企业财务管理体制

（一）企业财务管理体制的概念

企业财务管理体制，是协调企业利益相关主体之间财务关系的基本规则和制度安排，是构建企业财务管理制度的基础和框架。财务管理体制有宏观和微观两个层面：一是微观财务管理体制，即企业内部财务管理体制，它是规定企业内部财务关系的基本规则和制度安排，主要由投资者和经营者通过企业章程、内部财务制度等正式或非正式的契约确立。二是宏观财务管理体制，它是协调财政部门与企业之间财务关系的基本规则和制度安排，主要由国家以法律法规、规章、规范性文件等形式予以确立，旨在对企业符合市场需求的行为予以引导和扶持。

宏观和微观财务管理体制的制定主体和确立方式虽然不同，但一旦形成，都具有"硬约束力"，是企业利益相关主体必须共同遵守的"宪法"。换而言之，企业财务管理体制的确定过程，是企业财权的分配调整过程，直接决定了财务管理机制、具体财务制度的构建。

（二）建立企业财务管理体制的基本原则

1. 资本权属清晰，即通常所说的企业产权明晰。企业产权是指投资者通过向企业注入资本以及资本增值所获得的企业所有权，在账面上体现为企业的所有者权益。企业产权明晰，就是要明确所有者权益的归属。例如，国有及国有控股企业应当取得国有资产产权登记证，明确其占有的国有资本金额及主管部门；公司制企业应当通过公司章程、出资证明书发行记名或不记名股票等方式，明确其股东及出资额。企业产权明晰后，投资者"以本求利，将本负亏"也才成为可能。

2. 财务关系明确。指企业与财政部门的财务隶属关系应当是清楚的。

3. 符合法人治理结构要求。企业财务管理体制是法人治理结构的重要组成内容，因此其设计应符合法人治理结构要求。法人治理结构是指明确划分投资者如股东会（包括股东）、董事会（包括董事）和经营者之间权力、责任和利益以及明确相互制衡关系的一整套制度安排。由于现代企业制度下所有权和经营权的分离，设计合理、实施有效的法人治理结构，成为确保企业有效运作、各方权益不受侵害的关键所在。构建法人治理结构，应遵从法定、职责明确、协调运作、有效制衡等原则。企业在法律法规等国家规定的制度框架内，具有一定的弹性。

（三）投资者的财务管理职责

投资者凭借对企业资本的所有权，对企业进行财务管理，主要手段是利用对若干重大事项的控制权，约束经营者财务行为，以确保企业资本的安全和增值，最终实现投资者自身的利益。

1. 决策权

投资者的决策权包括基本管理事项决策权和重大财务事项决策权。基本管理事项主要包括审议批准企业内部财务管理制度、企业财务战略、财务规划和财务预算。这四个事项都是投资者掌握财务控制权的基本体现，因此，其最终决定权必须是由投资者行使。

重大财务事项包括筹资、投资、担保、捐赠、重组、经营者报酬、利润分配等。判断一个财务事项是否"重大"，除了看涉及金额相对于企业资产的比例高低之外，更重要的是看它是否容易导致投资者权益受损。企业法人财产权决定了企业拥有自主经营权，投资者不能直接干预企业的经营。自主经营权的行使主体是经营者，理论上，当经营者与投资者制定的财务战略和目标保持一致，勤勉尽责时，投资者与经营者的利益是一致的。但是，由于逆向选择、道德风险、内部人控制等诸多问题，经营者的决策往往不利于企业长远发展，损害投资者利益。尽管如此，无论是从企业法人治理结构，还是从成本效益原则看，投资者不可能因为两者之间可能的利益冲突，而取代经营者做出每一项决策。因此，投资者只能对一些重大财务事项掌握最终决策权。

2. 建立财务总监制度

财务总监制度是在企业所有权与经营权相分离、组织规模和生产经营规模扩大化和复杂化、财务管理体制级次增多的情况下，投资者为了保障自身利益，按照一定程序可以向其全资或者控股的企业派出特定人员或机构，代表投资者进行财务监督而形成的制度，是企业法人治理结构的有机组成部分。

建立财务总监制度的根本目标是保障投资者的利益。从财务总监制度的本质来看，财务总监履行部分投资者财务管理职责，具体包括：（1）督促、指导、协助企业建立健全内部财务监督制度；（2）督促企业按照国家规定和投资者战略要求从事财务活动；（3）及时发现和制止企业违反国家规定和可能造成投资者损失的行为；（4）审核企业重要财务报表；（5）参与拟定涉及企业财务方面的重大计划、预算和方案；（6）参与企业重大投资项目的可行性研究；（7）参与企业重大财务决策活动；（8）监督、检查企业重要的财务运作和资金收支情况；（9）对经营者的选拔、任用和考核提出意见，等等。

将代表投资者权益的财务总监的职责与经营者的财务管理职责进行对照，可以看出，财务总监履行职责时，必将对经营者形成一定的制衡。实际上，这也正是财务总监制度为什么能够在一定程度上有效的解决"道德风险""逆向选择"及"内部人控制"等问题的原因。

3. 投资者的管理授权

在一定条件下，投资者可以通过一定方式将某些财务管理职责授权给经营者。

一般情况下，投资者行使对投资者权益有重大影响的财务决策权，但在现实情况中，由于企业规模大、业务复杂、所有权结构分散、投资者管理能力和精力不允许等多种因素，投资者往往无法履行全部财务管理职责。在这种情况下，投资者可以授权经营者行使部分财务管理职责，从而形成一种委托代理的关系。

经济学上的委托代理关系不限于法律所说的契约关系，还应从经济利益的角度，将风险的承担与决策权的使用等问题包含在内。投资者对经营者的授权，除了采取合同约定的方式以外，还可以通过企业章程、企业内部财务制度等有效方式进行。但是，这种职责履行权的转移不会导致风险的转移，即原来由投资者承担的风险责任在授权后仍应由投资者承担，如经营者在授权范围内做出了错误的对外投资决策，导致的损失不应由经营者承担，而应进入企业的利润表，即最终由投资者来承担，这也是委托代理关系的一个重要特征。

投资者对经营者的授权应该是有限的，不可能也不应该将所有的财务管理职责都委托经营者行使，否则就失去了对企业的实际控制权。例如财务监督和财务考核，以及重大财务决策中的经营者报酬、利润分配等事项，应当由投资者做出决定。

（四）经营者的财务管理职责

经营者凭借企业法人财产的经营权行使财务管理职责。因此，明确经营者的财务管理权限分配尤为重要，它在企业内部控制中起着基础性的作用。分配权限时，投资者既要赋予经营者充分的自主经营权，又要对经营者的权力有适当的制衡。

1. 经营者财务管理职责内容在企业正常经营情况下，经营者（包括企业经理、厂长以及实际负责经营管理的其他领导成员）直接掌握企业财务的控制权。围绕企业价值最大化的财务目标，经营者的财务管理职责表现在：（1）遵守国家统一规定；（2）执行投资者的重大决策，实施财务控制；（3）保障债权人合法权益；（4）保障职工的合法权益。

2. 履行经营者职责的主体

（1）公司的董事会和经理。《公司法》规定，董事会行使的职权包括拟订企业财务战略、财务规划，编制财务预算，组织实施重大财务方案，实施财务控制等；经理行使的职权包括拟订企业内部财务管理制度，组织实施重大财务方案，执行国家有关职工劳动报酬和劳动保护的规定、保障职工合法权益，组织财务预测和财务分析，实施财务控制，如实披露信息，配合有关机构依法进行的审计、评估、财务监督等工作，等等。

（2）全民所有制企业的厂长。根据《全民所有制工业企业法》的规定，全民所有制企业的厂长由政府主管部门委任或者招聘，或者由企业职工代表大会选举，厂长领导企业的生产经营管理工作，在企业生产经营中处于中心地位。企业设立管理委员会或者通过其他形式，协助厂长决定企业的重大问题。如经营方针、长远规划和年度计划、基本建设方案和重大技术改造方案，职工培训计划，工资调整方案，企业人员编制和机构的设置和调整，制订、修改和废除重要规章制度的方案等。

可以看出，公司中的董事会和全民所有制企业的厂长及其管理委员会（现实中大多为厂长办公会或经理办公会）相似，都同时承担了投资者和经营者的财务管理职责。

第二节　企业组织形式与财务管理

财务管理的基础是企业组织形式，企业组织性质和特点决定企业目标及其相应的财务目标。不同类型的企业，其资本来源结构不同，企业所适用的法律方面有所不同和差别，财务管理活动开展的空间范围也不同。

企业究竟采取什么样的形式来管理自身的财务活动，直接关系到企业的生存和发展。企业是市场经济的主体，企业组织形式的不同类型决定着企业的财务结构、财务关系、财务风险和所采用财务管理方式的差异，而企业财务管理必须立足于企业的组织形式。

企业的组织形式有独资企业、合伙企业和公司制企业。

一、独资企业及财务管理

1. 独资企业

独资企业是指依法设立，由一个自然人投资，财产为投资人个人所有，投资人以其个人财产对公司债务承担无限责任的经营实体。独资企业是最简单的企业组织形式。企业不具有独立法人资格，依附于业主存在。独资企业的特点主要是：（1）独资企业创办容易，开办费用低廉，受政府的法规管束较少；（2）独资企业的资金来源主要是业主个人储蓄、各类借款，不允许以企业名义发行股票、债券筹资；（3）出资人对企业债务承担无限责任。如果独资企业因投资或营运的需要向银行或其他金融机构借款，当独资企业无法清偿债务时，业主必须承担所有的债务；（4）独资企业不作为企业所得税的纳税主体，其收益纳入所有者的其他收益一并计算缴纳个人所得税；（5）独资企业依附于业主个人而存在，当个体业主无法履行经营职责时，企业也就终止经营，不复存在。

我国的国有独资公司不属于本类企业，而是按有限责任公司对待。

独资企业的财务优势是：（1）由于企业主个人对企业的债务承担无限责任，法律对这类企业的管理就比较宽松，设立企业的条件不高，程序简单、方便；（2）企业所有权和经营权是一致的；（3）所有者与经营者合为一体，经营方式灵活，一切财务管理决策直接为业主服务。

独资企业的财务劣势则是：（1）筹资较困难，独资企业规模小，企业主个人由于财力有限，并由于受到还债能力的限制，对债权人缺少吸引力，它取得贷款的能力也比较差，因而难以投资经营一些资金密集、适合于规模生产经营的行业；（2）企业存续期短，一旦企业主死亡、丧失民事行为能力或不愿意继续经营，企业的生产经营活动就只能中止；（3）企业所有权不容易转让；（4）由于受到业主数量、人员素质、资金规模的影响，独资企业抵御财务经营风险的能力较弱。

二、合伙企业及财务管理

合伙企业是依法设立，由各合伙人订立合伙协议，共同出资，合伙经营，共享收益，共担风险，并对合伙企业债务承担无限连带责任的营利组织。合伙企业的法律特征是：（1）有两个以上合伙人，并且都是具有完全民事行为能力，依法承担无限责任的人；（2）有书面合伙协议，合伙人依照合伙协议享有权利，承担责任；（3）有各合伙人实际缴付的出资，合伙人可以用货币、实物、土地使用权、知识产权或者其他属于合伙人的合法财产及财产权利出资，经全体合伙人协商一致。合伙人也可以采用劳务出资，其评估作价由全体合伙人协商确定；（4）有关合伙企业改变名称、向企业登记机关申请办理变更登记手续、处分不动产或财产权利、为他人提供担保、聘任企业经营管理人员等重要事务，均须经全体合伙人一致同意；（5）合伙企业的利润分配、亏损分担，按照合伙协议的约定办理；合伙协议未约定或者约定不明确的，由合伙人协商决定；协商不成的，由合伙人按照实缴出资比例分配、分担；无法确定出资比例的，由合伙人平均分配、分担，合伙协议不得约定将全部利润分配给部分合伙人或者由部分合伙人承担全部亏损；（6）各合伙人对合伙企业债务承担无限连带责任。

合伙企业的特点主要有以下几点：（1）合伙企业创办较易，开办费用低廉。相对公司制企业而言，政府管理较松。（2）合伙企业融资与独资企业相似，企业开办的资金来源主要是合伙人的个人储蓄、各类借款。合伙企业不能通过出售证券来筹资，筹资渠道较少。（3）普通合伙企业由普通合伙人组成，合伙人对合伙企业债务承担无限连带责任。有限合伙企业由普通合伙人和有限合伙人组成，普通合伙人对合伙企业债务承担无限连带责任，有限合伙人以其认缴的出资额为限对合伙企业债务承担责任。（4）合伙企业的收入按照合伙人征收个人所得税。（5）当普通合伙人死亡或撤出时，普通合伙企业随之终结。而对于有限合伙企业来说，有限合伙人可以出售他们在企业中的利益，也可选择退出合伙。

许多律师事务所、会计师事务所或联合诊所都是合伙企业。

与独资企业相比较，合伙企业的主要财务优势是：（1）由于每个合伙人既是合伙企业的所有者，又是合伙企业的经营者，这就可以发挥每个合伙人的专长，提高合伙企业的决策水平和管理水平；（2）由于可以由众多的人共同筹措资金，提高了筹资能力和扩大了企业规模，同时，也由于各合伙人共同负责偿还债务，这就降低了向合伙企业提供贷款的机构风险；（3）由于合伙人对合伙企业的债务承担无限连带责任，因而有助于增强合伙人的责任心，提高合伙企业的信誉。

合伙企业的主要财务劣势是：（1）合伙企业财务不稳定性比较大。由于合伙企业以人身相互信任为基础，合伙企业中任何一个合伙人发生变化（如原合伙人丧失民事行为能力、死亡、退出合伙或者新合伙人加入等）都将改变原合伙关系，建立新的合伙企业。因而，合伙企业的存续期限是很不稳定的。（2）合伙企业投资风险大。由于各合伙人对合伙企业债务负连带责任，因此，合伙人承担的经营风险极大，使合伙企业难以发展壮大。（3）合伙企业由于在重大财务决策问题上必须要经过全体合伙人一致同意后才能行动，因此，合伙企业的财务管理机制就难以适应快速多变的社会要求。

三、公司制企业及财务管理

公司是依照公司法登记设立，以其全部法人财产，依法自主经营、自负盈亏的企业法人。公司制企业的主要特征是：（1）公司设立手续较为复杂。公司的组成必须有公司组织章程，其中规定企业成立的目的、可发行的股数、董事会如何组成，且组织章程必须符合公司法以及其他的相关法律规范。（2）由于公司是独立法人，公司有自己的名称、所在地址，拥有自己独立的财产。因此，公司可以以自己的名义向金融机构借款或发行公司债券，也可以发行股票筹资。（3）公司实行有限责任制，即股东对公司的债务只负有限责任，在公司破产时，股东所承受的损失以其在该公司的出资额为限。（4）代表公司所有权的股权转让方便。公司股权以股票形式被等额划分为若干份，从而方便股东在证券市场的自由交易。（5）公司经营活动实行两权（所有权和经营权）分离。（6）政府对公司制企业的管制严于独资企业和合伙企业，且征收双重税收，即公司的收益先要交纳公司所得税，税后收益以现金股利分配给股东后，股东还要交纳个人所得税。

我国公司法所称公司指有限责任公司和股份有限公司。

（一）有限责任公司

有限责任公司是指每个股东以其所认缴的出资额为限对公司承担有限责任，公司以其全部资产对其债务承担责任的企业法人。有限责任公司一般简称为有限公司，具有下列一些特征:(1)它的设立程序要比股份公司简便得多。在我国,设立股份有限公司要经过国务院授权的部门或省级人民政府批准,而设立有限公司,除法律法规另有规定外,不需要任何政府部门的批准,可以直接向公司登记机关申请登记。有限公司不必发布公告,也不必公开其账目,尤其是公司的资产负债表一般不予公开。(2)有限公司不公开发行股票。有限责任公司的股东虽然也有各自的份额以及股份的权利证书,但它只是一种证券证明,而不像股票那样属于有价证券。此外各股东的股份由股东协商确定,并不要求等额,可以有多有少。(3)有限公司的股东人数有限额。大多数国家的公司法都对有限公司的股东人数有上限规定,即最多不得超过多少人。我国《公司法》规定,有限责任公司由 50 个以下股东出资设立。(4)有限公司的股份不能上市自由买卖。由于有限公司股东持有的股权证书不是可上市的股票,所以这种股权证书只能在股东之间相互转让。股东向股东以外的人转让股权,应当经其他股东过半数同意。经股东同意转让的股权,在同等条件下,其他股东有优先购买权。(5)有限公司的内部管理机构设置灵活。股东人数较少和规模较小的有限公司,可以不设立董事会,只设 1 名执行董事,执行董事可以兼任公司经理。而且,这类公司也可以不设立监事会,只设 1~2 名监事,执行监督的权利。但董事、高级管理人员不得兼任监事。

由于有限责任公司具有上述特点,许多中小规模的企业往往采取这种公司形式。这样,既可享受政府对法人组织给予的税收等优惠和法人制度带来的其他好处,又能保持少数出资人的封闭经营,所以,在一些西方国家中有限责任公司的数目大大超过股份有限公司。不过,在资本总额上,有限责任公司通常大大小于股份有限公司,故经济地位相对较弱。

(二)股份有限公司

股份有限公司是指全部注册资本由等额股份构成并通过发行股票筹集资本的企业法人。股份有限公司一般简称为股份公司,在英国和美国称为公开(上市)公司,在日本称为株式会社。

股份有限公司具有下列一些特征:(1)股份公司是最典型的合资公司。在股份公司中股东的人身性质没有任何意义,股东仅仅是股票的持有者,他的所有权利都体现在股票上并随股票的转移而转移,持有股票的人便是股东。股份公司必须预先确定资本总额,然后再着手募集资本。任何愿意出资的人都可以成为股东,没有资格限制。(2)股份公司将其资本总额分为等额股份。资本平均分为股份,每股金额相等,同股同权、同股同价是股份公司的一个突出特点。(3)股份公司的股东人数有上下限要求。我国《公司》规定,设立股份有限公司,应当有 2 人以上 200 人以下为发起人,其中须有半数以上的发起人在中国境内有住所。(4)股份公司设立程序复杂,法律要求严格。我国《公司法》规定,股份公司的设立要经过国务院授权的部门或者省级人民政府批准,不得自行设立。股份公司的重要文件,如公司章程、股东名录、股东大会会议记录和财务会计报告必须公开,以供股东和债权人查询。股份公司每年还必须公布公司的财务报表。(5)股份有限公司要设董事会,其成员为 5~19 人。股份有限公司要设监事会，其成员不得少于 3 人。董事、高级管理人员不得兼任监事。

股份有限公司的主要财务优势是：（1）易于筹资。就筹集资本的角度而言，股份有限公司是最有效的企业组织形式。因其永续存在以及举债和增股的空间大，股份有限公司具有更大的筹资能力和弹性。（2）易于转让。由于股票可以在市场上自由流动，所以股东流动性极大。因此，在企业经营不善、面临亏损或破产危险时，股东可以迅速出售股票转而投资到有利的企业中去。同时，这也能对企业经理人员形成压力，迫使其提高经营管理水平。（3）有限责任。股东对股份有限公司的债务承担有限责任，倘若公司破产清算，股东的损失以其对公司的投资额为限。而对独资企业和合伙企业，其所有者可能损失更多，甚至个人的全部财产。

股份有限公司的主要财务劣势是：（1）股东的流动性太大，股东对于公司缺乏责任感。因为股东购买股票的目的就是为了取得红利或为在股市上获得资本利得收益，而不是为了办好企业，往往公司经营业绩一旦欠佳，股东就会转让、出售股票。（2）股份有限公司的财务管理是最有挑战性的，几乎所有的公司财务管理理论都是源于股份公司财务管理的需求来定。

综上所述，企业组织形式的差异导致财务管理组织形式的差异，对企业理财有重要影响。在独资和合伙的企业组织形式下，企业的所有权和经营权合二为一，企业的所有者同时也是企业的经营者，他们享有财务管理的所有权利，并与其所享有的财务管理权利相适应，这两种企业的所有者必须承担一切财务风险或责任。其中，合伙企业的资金来源和信用能力比独资企业有所增加，收益分配也更加复杂，因此，合伙企业的财务管理比独资企业复杂得多。企业采取公司制组织形式，其所有权主体和经营权主体就发生分离，这时，所有者不像独资和合伙那样承担无限责任，他们只以自己的出资额为限承担有限责任，即只要他们对公司缴足了注册资本的份额，对公司或公司的债权人就不需再更多的支付。公司引起的财务问题最多，企业不仅要争取获得最大利润，而且要争取使企业价值增加；公司的资金来源有多种多样，筹资方式也很多，需要进行认真的分析和选择；盈余分配也不像独资企业和合伙企业那样简单，要考虑企业内部和外部的许多因素。

公司这一组织形式，已经成为西方大企业所采用的普遍形式，也是我国建立现代企业制度过程中选择的企业组织形式之一。本书所讲的财务管理，主要是指针对公司的财务管理。

第三节　企业目标与财务管理目标

财务管理目标是财务学的核心问题之一。财务管理目标是企业理财活动所希望实现的结果，是评价企业理财活动是否合理的基本标准。它是企业财务管理活动的导向器，它决定着财务管理主体的行为模式。因此，确立合理的财务管理目标，无论在理论上还是在实践上，都有重要的意义。

一、企业目标及对财务管理的要求

财务管理是企业管理的一部分，是有关资金的获得和有效使用的管理工作。财务管理的目标，取决于企业的总目标。企业是具有一定目标，在生产或流通领域从事特定活动，向社会提供商品和劳务，实现自主经营、自负盈亏、自我约束、自我发展，获取盈利的经济实体，企业管理是一个复杂的系统工程，为了解决这一复杂系统的相关问题，首先要建立系统的总体目标。

企业是营利性组织，其出发点和归宿是获利。企业一旦成立，就会面临竞争，并始终处于生存和倒闭、发展和萎缩的矛盾之中。企业必须生存下去才能获利，只有不断发展才能生存。因此，概括来说，企业的目标有三个层次：首先是生存，其次是发展，然后才是获利。

（一）生存

企业的首要目标是生存。企业生存的条件是：第一，以收抵支。企业只有在经营过程中做到收入大于支出，企业的生产经营活动才能够不断地重复进行，否则，企业的再生产活动将会因收不抵支而难以为继，将迫使投资者退出生产经营活动。第二，到期偿债。企业如果负债经营，则必须保证债务的按期付息、到期还本，或定期按照合约的安排偿还债务，否则，企业将由于不能偿还到期的债务，会导致债权人申请企业破产。

因此，企业生存的威胁主要来自两方面：一是长期亏损，这是企业终止的内在原因；另一个是不能偿还到期债务，这是企业终止的直接原因。亏损企业为维持运营被迫进行偿债性融资，借新债还旧债，如不能扭亏为盈，迟早会借不到钱而无法周转，从而不能偿还到期债务。盈利企业也可能出现"无力支付"的情况，主要是借款扩大业务规模，冒险失败，为偿债必须出售不可缺少的厂房和设备等，使生产经营无法继续下去。

企业要想生存下去，对财务的要求就是力求保持以收抵支和偿还到期债务的能力，减少破产的风险，从而使企业能够长期、稳定地生存下去。

（二）发展

企业不仅要生存，还要不断地发展，增强竞争能力。企业的生产经营如"逆水行舟"，不进则退。在科技不断进步的现代经济中，产品在不断更新换代，企业必须不断推出更好、更新、更受顾客欢迎的产品，才能在市场中立足。在竞争激烈的市场上，各个企业此消彼长、优胜劣汰。一个企业如不能发展，不能提高产品和服务的质量，不能扩大自己的市场份额，就会被其他企业挤出市场。企业的发展对财务的要求就是要能够及时足额的筹集到发展资金，满足企业的研发和市场拓展对企业资源的需求。

（三）获利

企业生存、发展的最终目标是为了获利，只有获利的企业才有存在的价值。获利是最具综合能力的目标，它不仅体现了企业的出发点和归宿，而且可以概括其他目标的实现程度，并有助于其他目标的实现。为了实现企业的获利，就需要企业正确的进行投资，有效使用资金，取得较高的投资报酬率。

因此，在正常的生存前提下谋求企业的发展，在发展的前提下再去获利，这才是企业发展的良性循环。这就是财务管理和企业管理目标的一致性，也是财务工作的必要性和重要性之所在。

二、企业财务管理目标

任何管理都是有目的的行为，财务管理也不例外。财务管理目标是企业财务管理工作尤其是财务决策所依据的最高准则，是企业财务活动在一定环境和条件下应达到的根本目的。它决定着企业财务管理的根本方向，是企业财务的出发点和归宿。关于企业财务管理目标的观点有许多，表述最多的主要有以下三种：

（一）利润最大化

这一目标是从 19 世纪初形成和发展起来的，其渊源是亚当·斯密的企业利润最大化理论。这种观点认为，利润代表了企业新创造的财富，利润越多则说明企业的财富增加越多，越接近企业的目标。以利润最大化作为财务管理目标有其合理性。一方面，利润是企业积累的源泉，利润最大化使企业经营资本有了可靠的来源；另一方面，利润最大化在满足业主增加私人财富的同时，也使社会财富达到最大化。然而，随着商品经济的发展，企业的组织形式和经营管理方式发生了深刻的变化，业主经营逐渐被职工经理经营代替，企业利益主体逐渐呈现多元化，在这种情况下，利润最大化作为企业财务管理目标的缺点就逐渐显现出来。

这种观点的主要缺陷是：

1. 利润最大化是一个绝对指标，没有考虑企业的投入与产出之间的关系，难以在不同资本规模的企业或同一企业的不同期间进行比较。

2. 没有区分不同时期的收益，没有考虑资金的时间价值。投资项目收益现值的大小，不仅取决于其收益将来值总额的大小，还要受取得收益时间的制约。因为早取得收益，就能早进行再投资，进而早获得新的收益，利润最大化目标则忽视了这一点。

3. 没有考虑风险问题。一般而言，高额利润往往要承担过大的风险。

4. 利润最大化可能会使企业财务决策带有短期行为，即片面追求利润的增加，不考虑企业长远的发展。

（二）每股收益最大化

20 世纪 60 年代，随着资本市场的逐渐完善，股份制企业的不断发展，每股收益最大化逐渐成为西方企业的财务管理目标。这种观点认为：应该把企业利润与投入的资本相联系，用每股收益（或资本利润率）概括企业财务管理目标。其观点本身概念明确，因为每股收益是一定时间内单位投入资本所获收益额，充分体现了资本投入与资本增值之间的比例关系，可以揭示其盈利水平的差异。但是这种观点仍然存在两个问题：一是没有考虑资金的时间价值；二是没有考虑风险问题。

（三）企业价值最大化

企业价值就是企业的市场价值，是企业所能创造的预计未来现金流量的现值。对于股份制企业，企业价值最大化可表述为股东财富最大化。对于上市的股份公司，股东财富最大化可用股票市价最大化来代替，股票市价是企业经营状况及业绩水平的动态描述，代表了投资大众对公司价值的客观评价。股票价格是由公司未来的收益和风险决定的，其股价的高低，它不仅反映了资本和获利之间的关系，而且体现了预期每股收益的大小、取得的时间、所冒的风险以及企业股利政策等诸多因素的影响。企业追求其市场价值最大化，有利于避免企业在追求利润上的短期行为，因为不仅目前的利润会影响企业的价值，预期未来的利润对企业价值的影响所起的作用更大。

企业是一个通过一系列合同或契约关系将各种利益主体联系在一起的组织形式。企业应将长期稳定发展摆在首位，强调在企业价值增长中满足与企业相关各利益主体的利益，企业只有通过维护与企业相关者的利益，承担起应有的社会责任（如保护消费者利益、保护环境、支持社会公众活动等），才能更好的实现企业价值最大化这一财务管理目标。

以企业价值最大化作为财务管理的目标，其优点主要表现在：（1）该目标考虑了资金的时间价值和风险价值，有利于统筹安排长短期规划、合理选择投资方案有效筹措资金、合理制定股利政策等；（2）该目标反映了对企业资产保值增值的要求，从某种意义上说，股东财富越多，企业市场价值就越大，追求股东财富最大化的结果可促使企业资产保值或增值；（3）该目标有利于克服管理上的片面性和短期行为；（4）该目标有利于社会资源的合理配置。社会资金通常流向企业价值最大化或股东财富最大化的企业或行业，有利于实现社会效益最大化。

以企业价值最大化作为财务管理的目标也存在以下问题：（1）尽管对于股票上市企业，股票价格的变动在一定程度上揭示了企业价值的变化，但是股价是受多种因素影响的结果，特别是在资本市场效率低下的情况下，股票价格很难反映出企业所有者权益的价值；（2）为了控股或稳定购销关系，现代企业不少采用环形持股的方式，相互持股，法人股东对股票市价的敏感程度远不及个人股东，对股票价值的增加没有足够的兴趣；（3）对于非股票上市企业，只有对企业进行专门的评估才能真正确定其价值。而在评估企业的资产时，由于受评估标准和评估方式的影响，这种估价不易做到客观和准确，这也导致企业价值确定的困难。

企业价值最大化目标已被理论界与实务界广泛接受。

另外，还有相关利益者利益最大化作为财务管理目标等观点，在此不再一一赘述。

本书采纳企业价值最大化来作为企业财务管理目标的观点。

三、不同利益主体财务管理目标的矛盾与协调

企业从事财务管理活动，必然发生企业与各个方面的经济利益关系，在企业财务关系中最为重要的关系是所有者、经营者与债权人之间的关系。企业必须处理、协调好这三者之间的矛盾与利益关系。

（一）所有者与经营者的矛盾与协调

企业是所有者的企业，企业价值最大化代表了所有者的利益。现代公司制企业所有权与经营权完全分离，经营者不持有公司股票或持部分股票，其经营的积极性就会降低，因为经营者拼命干的所得不能全部归自己所有。此时，他会干的轻松点，不愿意为提高股价而冒险，并想方设法用企业的钱为自己谋福利，如坐豪华轿车，奢侈的出差旅行等，因为这些开支可计入企业成本由全体股东分担，甚至蓄意压低股票价格，以自己的名义借款买回，导致股东财富受损，自己从中渔利。因而，经营者和所有者的主要矛盾就是经营者希望在提高企业价值和股东财富的同时，能更多的增加享受成本；而所有者或股东则希望以较小的享受成本支出带来更高的企业价值或股东财富。由于两者行为目标不同，必然导致经营者利益和股东财富最大化的冲突，即经理个人利益最大化和股东财富最大化的矛盾。

为了协调所有者与经营者的矛盾，防止经理背离股东目标，一般有两种方法：

1. 监督。经理背离股东目标的条件是，双方的信息不一致。经理掌握企业实际的经营控制权，对企业财务信息的掌握远远多于股东。为了协调这种矛盾，股东除要求经营者定期公布财务报表外，还应尽量获取更多信息，对经理进行必要的监督。但监督只能减少经理违背股东意愿的行为，因为股东是分散的，得不到充分的信息，全面监督实际上做不到，也会受到合理成本的制约。

2. 激励。就是将经理的管理绩效与经理所得的报酬联系起来，使经理分享企业增加的财富，鼓励他们自觉采取符合股东目标的行为。如允许经理在未来某个时期以约定的固定价格购买一定数量的公司股票。股票价格提高后，经理自然获取股票涨价收益；或以每股收益、资产报酬率、净资产收益率以及资产流动性指标等对经理的绩效进行考核，以其增长率为标准，给经理以现金、股票奖励。但激励作用与激励成本相关，报酬太低，不起激励作用；报酬太高，又会加大股东的激励成本，减少股东自身利益。可见，激励也只能减少经理违背股东意愿的行为，不能够解决全部问题。

通常情况下，企业采用监督和激励相结合的办法使经理的目标与企业目标协调起来，力求使监督成本、激励成本和经理背离股东目标的损失之和最小。

（二）所有者与债权人的矛盾与协调

企业的资本来自股东和债权人。债权人的投资回报是固定的，而股东收益随企业经营效益而变化。当企业经营的好时，债权人所得的固定利息只是企业收益中的一小部分，大

部分利润归股东所有。当企业经营状况差陷入财务困境时，债权人承担了资本无法追回的风险。这就使得所有者的财务目标与债权人可望实现的目标可能发生矛盾。首先，所有者可能未经债权人同意，要求经营者投资于比债权人预计风险要高的项目，这会增加负债的风险。若高风险的项目一旦成功，额外利润就会被所有者独享；但若失败，债权人却要与所有者共同负担由此而造成的损失。这对债权人来说风险与收益是不对称的。其次，所有者或股东未征得现有债权人同意，而要求经营者发行新债券或借新债，这增大了企业破产风险，致使旧债券或老债券的价值降低，侵犯了债权人的利益。因此，在企业财务拮据时，所有者和债权人之间的利益冲突加剧。

债权人为了防止其利益被伤害，除了寻求立法保护、优先于股东分配剩余财产等外，通常还可以采取以下措施：

1. 限制性借款。它是通过对借款的用途限制、借款的担保条款和借款的信用条件来防止和迫使股东不能利用上述两种方法剥夺债权人的债权价值。

2. 收回借款或不再借款。它是当债权人发现公司有侵蚀其债权价值的意图时，采取收回债权和不给予公司重新放款，从而来保护自身的权益。

除债权人外，与企业经营者有关的各方都与企业有合同关系，都存在着利益冲突和限制条款。企业经营者若侵犯职工雇员、客户、供应商和所在社区的利益，都将影响企业目标的实现。所以说企业是在一系列限制条件下实现企业价值最大化的。

第四节　财务管理环境

企业的财务管理环境又称理财环境，是指对企业财务活动和财务管理产生影响作用的企业内外部的各种条件。任何理财活动都是在一定环境之下开展的，所以，理财首先要分析财务管理环境的现状、变化及其趋势。通过环境分析，提高企业财务行为对环境的适应能力、应变能力和利用能力，以便更好地实现企业财务管理目标。

回首 20 世纪，从中外财务管理的发展史中，可以总结出一条基本规律：财务管理发展与创新的动力来自财务管理环境的变化。展望 21 世纪财务管理的发展趋势，同样离不开对当前与今后一段时间内企业所处的环境分析。

一、财务管理环境的含义及其分类

从系统论的观点来看，所谓环境，就是指存在于研究系统之外的，对研究系统有影响作用的一切系统的总和。那么，财务管理以外的，对财务管理系统有影响作用的一切系统的总和，便构成财务管理的环境。如国家的政治经济形势，国家经济法规的完善程度，企业面临的市场状况，经济全球化的浪潮，信息技术、通信技术、电子商务的蓬勃发展，虚拟公司的兴起等，都会对财务管理产生重要影响，因此，都属于财务管理环境的组成内容。通过财务管理环境的概念可得知，财务管理环境是一个多层次、多方位的复杂系统，它纵横交错，相互制约，对企业财务管理有着重要影响。为了能对财务管理的环境做更深入细致的研究，下面对企业财务管理环境进行简单分类。

1. 按其包括的范围，可分为宏观理财环境和微观理财环境。宏观理财环境是对财务管理有重要影响的宏观方面的各种因素，其内容十分广泛，包括经济、政治、社会、自然条件等各种因素。从经济角度来看，主要包括国家经济发展的水平、产业政策、金融市场状况等。宏观理财环境的变化，一般对各类企业的财务管理均产生影响。微观理财环境是对财务管理有重要影响的微观方面的各种因素，如企业的组织结构、生产经营活动、产品的市场销售状况等。微观环境的变化一般只会对特定企业的财务管理产生影响。

2. 按其与企业的关系划分，可分为内部财务管理环境和外部财务管理环境。企业内部财务管理环境是指企业内部的影响财务管理的各种因素，如企业的生产状况、技术状况、经营规模、资产结构、生产经营周期等。内部环境较简单，具有能比较容易把握和加以利用等特点。企业外部财务管理环境是指企业外部的影响财务管理的各种因素，如国家政治、经济形势、法律制度、企业所面临的市场状况以及国际财务管理环境等。外部环境构成比较复杂，需要认真调查，搜集资料，以便分析研究，全面认识。

3. 按其变化的情况分，可分为静态财务管理环境和动态财务管理环境。静态财务管理环境是指那些处于相对稳定状态的影响财务管理的各种因素，它对财务管理的影响程度相对平衡，起伏不大。因此，对这些环境无须经常予以调整和研究，而是作为已知条件来对待。财务管理环境中的地理环境、法律制度等，属于静态财务管理环境。动态财务管理环境是指那些处于不断变化状态的、影响财务管理的各种因素。例如：在市场经济体制下，商品市场上的销售量及销售价格，资金市场的资金供求状况及利息率的高低，都是不断变化的，属于动态财务管理环境。在财务管理中，应重点研究、分析动态财务管理环境，并及时采取相应对策，来提高对财务管理环境的适应能力和应变能力。

二、财务管理环境的变化及其对财务管理的挑战

21 世纪财务管理的环境发生了巨大的变化，从宏观环境看，主要表现在：经济全球化浪潮势不可挡；知识经济方兴未艾；信息技术、通信技术与电子商务的蓬勃发展等等。从微观环境看主要表现为：公司内部机构重组；公司之间的购并与重组；虚拟公司的兴起等方面。而每一方面的变化对财务管理都提出了挑战。

（一）经济的全球化浪潮

近 20 年来，在技术进步与各国开放政策的推动下，经济全球化进程逐步加快，成为世界经济发展的主流。以国际互联网为代表的信息技术在生产、流通、消费等领域得到广泛应用。主要表现为：一是网络经济的发展带动电信、银行、保险、运输等全球服务业市

场迅速扩张，形成时间上相互连续、价格上联动的国际金融交易网络。二是跨国公司的规模和市场份额的不断扩大使生产、营销、消费日益具有全球性。三是 WTO 等多边组织，国际政策协调集团，非政府组织的国际网络和区域性经济组织，通过全球范围或区域内贸易和投资自由化安排，将在推动经济全球化进程中发挥越来越重要的作用。在经济全球化的浪潮中，对财务管理有直接影响的是金融全球化。金融全球化对企业来说是一柄双刃剑。它使企业筹资、投资有更多的选择机会，客观上提升了企业的价值；但从 1997 年的亚洲金融风暴可以看出，在金融全球化的背后，是极大的风险。在金融工具和衍生金融工具不断创新的今天，如何寻求机遇，规避风险，是财务管理当前和今后一段时间所面临的最重要的课题。

（二）知识经济的兴起

知识经济是建立在知识和经验的生产、分配和使用上的经济，知识经济的兴起标志着一个崭新时代的到来。主要表现在：一是知识对传统产业的高度渗透，全面提高传统企业的技术含量，促进产业不断升级；二是高新技术产业的迅速发展，带动了传统产业的换代，从而建立了一种良性循环的经济发展格局。对财务管理来说，知识经济改变了企业资源配置结构，使传统的以厂房、机器、资本为主要内容的资源配置结构转变为以知识为基础的，知识资本为主的资源配置结构。

（三）电子商务蓬勃发展

电子商务是计算机技术和通信技术两者结合的成果。随着电子商务的发展，传统的财务管理也演化到网络财务时代。其显著的特点是实时报告，企业可以进行在线管理。网络财务的前景是诱人的，但它引起的安全问题同样让人担心。

（四）企业重构

企业重构自 20 世纪 80 年代从美国兴起以来，愈演愈烈，到了 20 世纪 90 年代后期开始出现虚拟企业。虚拟企业是这样一种网络组织，由于信息技术和通信技术高度发达，企业之间的合作关系已突破传统的长期固定的合作关系，如合资企业、跨国公司等等。通过网络、应用信息技术和通信技术进行分散的互利的合作，一旦合作的目的达到，这种合作关系便宣告解除。因此，这是一种暂时的、空间跨度很大的合作形式。企业重构对企业本身，甚至对社会都产生了巨大的冲击，也对财务管理提出了严峻的挑战。如公司内部重构时如何进行资产剥离；公司之间的购并如何进行资本运作；跨国购并时如何进行国际财务管理；而虚拟的财务管理更是无章可循，目前仍处于摸索的阶段。

三、影响企业外部财务环境的主要因素

由于内部财务环境存在于企业内部，是企业可以从总体上采取一定的措施施加控制和改变的因素。而外部财务环境，由于存在于企业外部，它们对企业财务行为的影响无论是

有形的硬环境，还是无形的软环境，企业都难以控制和改变，更多的是适应和因势利导。因此，本节主要介绍外部财务环境。影响企业外部财务环境有各种因素，包括政治、经济、金融、法律、技术、文化等许多方面，其中最主要的有经济环境、法律环境和金融环境等因素。

（一）经济环境

企业的理财活动必须融于宏观经济运行中，微观理财主体的投入产出效益和宏观经济环境是密切相连的，因此，才有所谓股市是宏观经济的晴雨表之说。宏观经济环境也是一个十分宽泛的概念，大的方面包括世界经济环境、洲际经济环境、国家或地区的经济环境，小的方面包括行业经济环境、产品的市场经济环境等方面。无论是哪一方面，对其做出正确的分析、评估，是企业采取适应性财务行为，规避风险的基本条件。

1.经济周期

经济周期是指总体经济活动的扩张和收缩交替反复出现的过程，也称经济波动。每一个经济周期都可以分为上升和下降两个阶段。上升阶段也称为繁荣，最高点称为顶峰。然而，顶峰也是经济由盛转衰的转折点，此后经济就开始进入下降阶段，即衰退。衰退严重则经济进入萧条，衰退的最低点称为谷底。当然，谷底也是经济由衰转盛的一个转折点，此后经济进入上升阶段。经济从一个顶峰到另一个顶峰，或者从一个谷底到另一个谷底，就是一次完整的经济周期。现代经济学关于经济周期的定义，建立在经济增长率变化的基础上，指的是增长率上升和下降的交替过程。

经济周期的各个阶段都具有一些典型特征，大致如下：

（1）繁荣阶段：该阶段的经济活动水平高于趋势水平，经济活动较为活跃，需求不断增加，产品销售通畅，投资持续增加，产量不断上升，就业不断扩大，产出水平逐渐达到高水平，经济持续扩张。不过，繁荣阶段一般持续时间不长，当需求扩张开始减速时就会诱发投资减速，经济就会从峰顶开始滑落。通常，当国内生产总值连续两个季度下降时，可以认为经济已经走向衰退。

（2）衰退阶段：该阶段经济活动水平开始下降，消费需求也开始萎缩，闲置生产能力开始增加，企业投资开始以更大的幅度下滑，产出增长势头受到抑制，国民收入水平和需求水平进一步下降，最终将使经济走向萧条阶段。

（3）萧条阶段：这时，经济处于收缩较为严重的时期，逐渐降低到低水平，即低于长期趋势值，就业减少，失业水平提高，企业投资降至低谷，一般物价水平也在持续下跌。当萧条持续一段时间后，闲置生产能力因投资在前些阶段减少逐渐耗尽，投资开始出现缓慢回升，需求水平开始出现增长，经济逐渐走向复苏阶段。

（4）复苏阶段：这时经济活动走向上升通道，经济活动开始趋于活跃，投资开始加速增长，需求水平也开始逐渐高涨，就业水平提高，失业水平下降，产出水平不断增加。随着经济活动不断的恢复，整个经济走向下一个周期的繁荣阶段。

在市场经济条件下，企业家们越来越多地关心经济形势，也就是"经济大气候"的变化。一个企业生产经营状况的好坏，既受其内部条件的影响，又受其外部宏观经济环境和市场环境的影响。一个企业，无力决定它的外部环境，但可以通过内部条件的改善，来积极适应外部环境的变化，充分利用外部环境，并在一定范围内，改变自己的小环境，以增强自身活力，扩大市场占有率。因此，作为企业家对经济周期波动必须了解、把握，并能制定相应的对策来适应周期的波动，否则，将在波动中丧失生机。

经济周期波动的扩张阶段，是宏观经济环境和市场环境日益活跃的季节。这时，市场需求旺盛，订货饱满，商品畅销，生产趋升，资金周转灵便。企业的供、产、销和人、财、物都比较好安排，企业处于较为宽松有利的外部环境中。

经济周期波动的收缩阶段，是宏观经济环境和市场环境日趋紧缩的季节。这时，市场需求疲软，订货不足，商品滞销，生产下降，资金周转不畅。企业在供、产、销和人、财、物方面都会遇到很多困难。企业处于较恶劣的外部环境中。经济的衰退既有破坏作用，又有"自动调节"的作用。在经济衰退中，一些企业破产，退出商海；一些企业亏损，陷入困境，寻求新的出路；一些企业顶住恶劣的气候，在逆境中站稳了脚跟，并求得新的生存和发展。这就是市场经济下"优胜劣汰"的企业生存法则。

对于企业来说，对经济运行周期阶段的识别与评判是评价经济发展现状、预测经济发展趋势的重要前提，也是企业正确规划财务发展战略、选择财务政策的基本前提。

2. 经济发展状况

经济发展状况是指宏观经济的短期运行特征。国家统计部门会定期公布经济发展状况的各种经济指标，如经济增长速度、失业率、物价指数、进出口贸易额增长率、税收收入以及各个行业的经济发展状况指标等。对各种经济发展状况指标的跟踪观察有利于企业正确把握宏观经济运行的态势，及时调整财务的管理策略。任何国家的经济发展都不可能呈长期的快速增长之势，而总是表现为"波浪式前进，螺旋式上升"的状态。当经济发展处于繁荣时期，经济发展速度较快，市场需求旺盛，销售额大幅度上升。企业为了扩大生产，需要增加投资，与此相适应则需筹集大量的资金以满足投资扩张的需要。当经济发展处于衰退时期，经济发展速度缓慢，甚至出现负增长，企业的产量和销售量下降，投资锐减，资金时而紧缺、时而闲置，财务运作出现较大困难。另外，经济发展中的通货膨胀也会给企业财务管理带来较大的不利影响，主要表现在：资金占用额迅速增加；利率上升，企业筹资成本加大；证券价格下跌，筹资难度增加；利润虚增资金流失等。

3. 宏观调控政策

宏观调控政策是政府对宏观经济进行干预的重要手段，主要包括产业政策、金融政策和财政政策等。政府通过宏观经济政策的调整引导微观财务主体的经济行为，实现调控宏观经济的目的。这些宏观经济调控政策对企业财务管理的影响是直接的，企业必须按国家政策办事，否则将寸步难行。例如，国家采取收缩的调控政策时，会导致企业的现金流入减少，现金流出增加、资金紧张、投资压缩。反之，当国家采取扩张的调控政策时，企业财务管理则会出现与之相反的情形。所以，作为微观的市场竞争主体，企业必须关注宏观经济政策的取向及其对企业经济行为的影响，并根据宏观经济政策的变化及时调整自身的行为，以规避政策性风险对企业财务运行的影响。

（二）法律环境

财务管理的法律环境是指企业和外部发生经济关系时所应遵守的各种法律、法规和规章。企业在其经营活动中，要和国家其他企业或社会组织、企业职工或其他公民，及国外的经济组织或个人发生经济关系。国家管理这些经济活动和经济关系的手段包括行政手段、经济手段和法律手段三种。在市场经济条件下，行政手段逐步减少，而经济手段，特别是法律手段日益增多，越来越多的经济关系和经济活动的准则用法律的形式固定下来。同时，众多的经济手段和必要的行政手段的使用，也必须逐步做到有法可依，从而转化为法律手段的具体形式，真正实现国民经济管理的法治化。一方面，法律提出了企业从事一切经济业务所必须遵守的规范，从而对企业的经济行为进行约束；另一方面，法律也为企业合法从事各项经济活动提供了保护。

1. 企业组织法律规范

企业组织必须依法成立。组建不同的企业，要依照不同的法律规范。它们包括《中华人民共和国公司法》(以下简称《公司法》)、《中华人民共和国全民所有制工业企业法》《中华人民共和国外资企业法》《中华人民共和国中外合资经营企业法》《中华人民共和国中外合作经营企业法》《中华人民共和国个人独资企业法》《中华人民共和国合伙企业法》等。这些法律规范既是企业的组织法，又是企业的行为法。

例如，《公司法》对公司企业的设立条件、设立程序、组织机构、组织变更和终止的条件和程序等都做了规定，包括股东人数、法定资本的最低限额、资本的筹集方式等。只有按其规定的条件和程序建立的企业，才能称为"公司"。《公司法》还对公司生产经营的主要方面做出了规定，包括股票的发行和交易、债券的发行和转让、利润的分配等。公司一旦成立，其主要的活动，包括财务管理活动，都要按照《公司法》的规定来进行。因此，《公司法》是公司企业财务管理最重要的强制性规范，公司的理财活动不能违反该法律，公司的自主权不能超出该法律的限制。

其他企业也要按照相应的企业法来进行其理财活动。

2. 税务法律规范

任何企业都有法定的纳税义务。有关税收的立法分为三类：所得税的法规、流转税的法规、其他地方税的法规。税负是企业的一种费用，会增加企业的现金流出，对企业理财有着重要影响。企业无不希望在不违反税法的前提下减少税务负担。税负的减少，只能靠精心安排和筹划投资、筹资和利润分配等财务决策，而不允许在纳税行为已经发生时去偷税漏税，精通税法，对财务主管人员有重要意义。

3. 财务法律规范

财务法律规范主要是《企业财务通则》及有关财务制度。分为三个层次：第一层次是企业财务通则，明确了财政管理边界、投资者与经营者的游戏规则、财务制度的内涵和范围；第二层次是具体财务规范，是关于具体财务行为与财政资金相关的操作性规定；第三层次是企业财务管理指导意见，属于服务性公共产品，引导企业形成共同的财务理念。

《企业财务通则》是企业财务管理的基本准则，是各类企业进行财务活动、实施财务管理的基本规范。《企业财务通则》明确其适用于"在中华人民共和国境内依法设立的具备法人资格的国有及国有控股企业"。由于金融企业在资产管理、财务运行、财务风险控制、财政监管等方面具有一定特殊性，财政部专门发布了《金融企业财务规则》，该规则适用于在我国境内依法设立的国有及国有控股金融企业、金融控股公司、担保公司、城市商业银行、农村商业银行、农村合作银行和信用社等。

（三）金融环境

企业总是需要资金来从事投资和经营活动。而资金的取得，除了自有资金外，主要从金融机构和金融市场取得。金融政策的变化必然影响企业的筹资、投资和资金运营活动。所以，金融环境是企业最主要的环境因素之一。

1.金融市场

金融市场是指资金筹集的场所。广义的金融市场，是指一切资本流动（包括实物资本和货币资本）的场所，其交易对象为：货币借贷、票据承兑和贴现、有价证券的买卖、黄金和外汇买卖、办理国内外保险、生产资料的产权交换等。狭义的金融市场一般是指有价证券市场，即股票和债券的发行和买卖市场。

（1）金融市场的分类

①按交易的期限分为：短期资金市场和长期资金市场。短期资金市场是指期限不超过一年的资金交易市场，因为短期有价证券易于变成货币或作为货币使用，所以也叫货币市场。长期资金市场，是指期限在一年以上的股票和债券交易市场，又因为发行股票和债券主要用于固定资产等资本货物的购置，所以也叫资本市场。

②按交易的性质分为：发行市场和流通市场。发行市场是指从事新证券和票据等金融工具买卖的转让市场，也叫初级市场或一级市场。流通市场是指从事已上市的旧证券或票据等金融工具买卖的转让市场，也叫次级市场或二级市场。

③按交易的直接对象分为：同业拆借市场、国债市场、企业债券市场、股票市场和金融期货市场等。

④按交割的时间分为：现货市场和期货市场。现货市场是指买卖双方成交后，当场或几天之内买方付款、卖方交出证券的交易市场，期货市场是指买卖双方成交后，在双方约定的未来某一特定的时日才交割的交易市场。

（2）金融市场对财务管理的影响

①金融市场为企业提供了良好的投资和筹资的场所。金融市场能够为资本所有者提供多种投资渠道，为资本筹集者提供多种可供选择的筹资方式。企业需要资金时，可以到金融市场选择适合自己需要的方式筹资，企业有了剩余的资金，也可以在市场上选择合适的

投资方式，为其资金寻找出路。

②促进企业资本灵活转换。企业可通过金融市场将长期资金，如将股票、债券变现转为短期资金；也可以通过金融市场将短期资金转化为长期资金，如购进股票、债券等。金融市场为企业的长短期资金相互转化提供了方便。

③金融市场为企业财务管理提供有意义的信息。

金融市场的利率变动反映资金的供求状况，有价证券市场的行情反映投资人对企业经营状况和盈利水平的评价。这些都是企业生产经营和财务管理的重要依据。

2. 金融机构

金融机构包括银行业金融机构和其他金融机构。社会资金从资金供应者手中转移到资金需求者手中，大多都要通过金融机构。

（1）中国人民银行。中国人民银行是我国的中央银行，它代表政府管理全国的金融机构和金融活动，经理国库。其主要职责是制定和实施货币政策，保持货币币值稳定；依法对金融机构进行监督管理，维持金融业的合法、稳健运行；维护支付和清算系统的正常运行；持有管理、经营国家外汇储备和黄金储备；代理国库和其他与政府有关的金融业务；代表政府从事有关的国际金融活动。

（2）政策银行。政策性银行，是指由政府设立，以贯彻国家产业政策、区域发展政策为目的，不以营利为目的的金融机构。政策性银行与商业银行相比，其特点在于：不面向公众吸收存款，而以财政拨款和发行政策性金融债券为主要资金来源；其资本主要由政府拨付；不以营利为目的，经营时主要考虑国家的整体利益和社会效益；其服务领域主要是对国民经济发展和社会稳定有重要意义，而商业银行出于盈利目的不愿借贷的领域；一般不普遍设立分支机构，其业务由商业银行代理。但是，政策性银行的资金并非财政资金，也必须有偿使用，对贷款也要进行严格审查，并要求还本付息、周转使用。我国目前有三家政策性银行：中国进出口银行、国家开发银行、中国农业发展银行。

（3）商业银行。商业银行是以经营存款、放款、办理转账结算为主要业务，以盈利为主要经营目标的金融企业。商业银行的建立和运行，受《中华人民共和国商业银行法》规范。我国的商业银行可以分成三类：一类是国有独资商业银行，是由国家专业银行演变而来的，包括中国工商银行、中国农业银行、中国银行、中国建设银行。另一类是股份制商业银行，是 1987 年以后发展起来的，包括交通银行、深圳发展银行、中信实业银行、中国光大银行、华夏银行、招商银行、兴业银行、上海浦东发展银行、中国民生银行以及各地方的商业银行、城市信用合作社等，最后一类是外资银行。按照中国与世界贸易组织签订的协议，中国金融市场要逐渐对外开放，外资银行可以在中国境内设立分支机构或营业网点，可以经营人民币业务。

（4）非银行金融机构。目前，我国主要的非银行金融机构有金融资产管理公司、保险公司、信托投资公司、证券机构、财务公司、金融租赁公司等。

金融资产管理公司的主要使命是收购、管理、处置商业银行剥离的不良资产。1999

年 4 月 20 日，中国信达资产管理公司在北京成立，这是经中国人民银行批准，中国第一家经营、管理、处置国有银行不良资产的公司。随后不久，我国又先后成立了长城、东方、华融三家金融资产管理公司。与国外相比，我国 4 家金融资产管理公司除了上述使命外，还同时肩负着推动国有企业改革的使命，即运用债权转股权、资产证券化、资产置换、转让和销售等市场化债权重组手段，实现对负债企业的重组，推动国有大中型企业优化资本结构、转变经营机制，最终建立现代企业制度，达到脱困的目标。

保险公司，主要经营保险业务，包括财产保险、责任保险、保证保险和人身保险。目前，我国保险公司的资金运用被严格限制在银行存款政府债券、金融债券和投资基金范围内。

信托投资公司，主要是以受托人的身份代人理财。其主要业务有经营资金、财产委托、代理资产保管、金融租赁、经济咨询以及投资等。

证券机构，是指从事证券业务的机构，包括：①证券公司，其主要业务是推销政府债券、企业债券和股票，代理买卖和自营买卖已上市流通的各类有价证券，参与企业收购、兼并，充当企业财务顾问等；②证券交易所，提供证券交易的场所和设施，制定证券交易的业务规则，接受公司上市申请并安排上市，组织、监督证券交易，对会员和上市公司进行监管等；③登记结算公司，主要是办理股票交易中所有权转移时的过户和资金的结算。

财务公司，通常类似于投资银行。我国的财务公司是由企业集团内部各成员单位入股，向社会募集中长期资金，为企业技术进步服务的金融股份有限公司。它的业务被限定在本集团内，不得从企业集团之外吸收存款，也不得对非集团单位和个人贷款。自 1987 年我国第一家企业集团财务公司—东风汽车工业财务公司成立之日起，至今全国能源电力、航天航空、石油化工、钢铁冶金、机械制造等关系到国计民生的基础产业和各个重要领域的大型企业集团几乎都拥有了自己的财务公司。

金融租赁公司，是指办理筹资租赁业务的公司组织。其主要业务有动产和不动产的租赁，转租赁、回租租赁、委托租赁等。

3. 金融市场利率

在金融市场上，利率是资金使用权的价格，其计算公式为：

利率 = 纯利率 + 通货膨胀附加率 + 风险附加率

纯利率是指没有风险和通货膨胀情况下的平均利率。在没有通货膨胀时，国库券的利率可以视为纯利率。

通货膨胀附加率是由于通货膨胀会降低货币的实际购买力，为弥补其购买力损失而在纯利率的基础上加上通货膨胀附加率。

风险附加率是由于存在违约风险、流动性风险和期限风险而要求在纯利率和通货膨胀之外附加的利率。其中，违约风险附加率是指为了弥补因债务人无法按时还本付息而带来的风险，由债权人要求附加的利率；流动性风险附加率是指为了弥补因债务人资产流动不好而带来的风险，由债权人要求附加的利率；期限风险附加率是指为了弥补因偿债期长而带来的风险，由债权人要求附加的利率。

第五节 财务管理原则

财务管理的原则，也称理财原则，是指人们对财务活动的共同的、理性的认识。它是联系理论与实务的纽带。财务管理理论是从科学角度对财务管理进行研究的成果，通常包括假设、概念、原理和原则等。财务管理实务是指人们在财务管理工作中使用的原则、程序和方法。理财原则是财务管理理论和实务的结合部分。

理财原则具有以下特征：（1）理财原则是财务假设、概念和原理的推论，它们是经过论证的、合乎逻辑的结论，具有理性认识的特征。（2）理财原则必须符合大量观察和事实，被多数人所接受，财务理论有不同的流派和争论，甚至存在完全相反的理论。而原则不同，它们被现实反复证明并被多数人接受，具有共同认识的特征。（3）理财原则是财务交易和财务决策的基础。财务管理实务是应用性的，"应用"是指理财原则的应用。各种财务管理程序和方法，是根据理财原则建立的。（4）理财原则为解决新的问题提供指引。已经开发出来的、被广泛应用的程序和方法，只能解决常规问题，当问题不符合任何既定程序和方法时，原则为解决新问题提供预先的感性认识，指导人们寻找解决问题的方法。（5）原则不一定在任何情况下都绝对正确。原则的正确性与应用环境有关，在一般情况下它是正确的，而在特殊情况下不一定正确。

对于如何概括理财原则，人们的认识不完全相同。道格拉斯·爱默瑞和约翰·芬尼特的观点具有代表性，他们将理财原则概括为三类，共12条。

一、有关竞争环境的原则

有关竞争环境的原则，是对资本市场中人的行为规律的基本认识。

（一）自利行为原则

自利行为原则是指企业在决策时以财务利益最大化为导向，在其他条件相同时会选择对其最有利的方案。自利行为原则的依据是理性的经济人假设。把握自利行为原则，就是要理解企业的筹资、投资及利润分配等财务决策，因为它们都是建立在自利行为原则的基础之上的。当然，现代企业是各投资者、债权人等众多利益集团的契约联结体，企业的行为往往是他们各自利益相互协调的结果。同时，企业的自利行为是企业基于一定量的财务信息而做出的，而且是合乎理性的。财务信息的拥有量直接制约着企业行为的理性程度。

自利行为原则的一个重要应用是委托—代理理论。根据该理论，应当把企业看成是各种自利的人的集合。如果企业只有业主一个人，他的行为将十分明确和统一。如果企业是一个大型的公司，情况就变得非常复杂，因为这些关系人之间存在利益冲突。一个公司涉及的利益关系人包括普通股东、优先股东、债券持有者、银行、短期债权人、政府、社会公众、经理人员、员工、客户、供应商、社区等。这些人或集团，都是按自利行为原则行事的。企业和各种利益关系人之间的关系，大部分属于委托代理关系。这种相互依赖又相互冲突的利益关系，需要通过"契约"来协调。因此，委托代理理论是以自利行为原则为基础的。有人主张，把"委托代理关系"单独作为一条理财原则，可见其重要性。

自利行为原则的另一个应用是机会成本的概念。当一个人采取某个行动时，就等于取消了其他可能的行动，因此，他必然要用这个行动与其他的可能行动进行相比，看该行动是否对自己最有利。采用一个方案而放弃另一个方案时，被放弃方案的收益是被采用方案的机会成本，也称择机代价。尽管人们对机会成本或择机代价的概念有分歧，它们的计算也经常会遇到困难，但是人们都不否认机会成本是一个在决策时不能不考虑的重要问题。

譬如，公司可在下列行为中运用此原则：（1）公司进行投资时，常会寻找能提供风险调整后的最大的期望真实报酬率的投资项目；（2）公司在金融证券投资时，常将证券卖给出价最高者；（3）市场参与者进行金融证券交易，必然会促使证券的市场价格趋于公平价格，否则便会存在套利者；（4）公司股东与公司代理人签订财务合约时，常会给代理人提供一些激励措施，以使代理人的决策有利于股东；（5）公司在给予购货方信用额度时，常会评价顾客的信用，以免发生坏账；（6）公司在购买货物时，常会检查供应商提供的产品和劳务质量是否符合自己的要求；（7）公司经常寻找获利机会租赁资产而不借款购买该资产，即使对希望购买的资产，也要安排项目筹资或合作筹资；（8）公司作为债权人卷入重组活动时，常会寻找机会来增大其所能收回的价值。

（二）双方交易原则

双方交易原则是指每一项财务交易都至少存在两方，并且双方都按照最符合其经济利益的要求进行交易。从财务分析活动来说，至少存在着财务活动主体和财务分析主体。作为财务分析主体，一定要能预见出财务活动主体的反应。

双方交易原则的建立依据是商业交易至少有两方、交易是"零和博弈"，以及各方都是自利的。在"零和博弈"中，双方都按自利行为原则行事，谁都想获利而不是吃亏。成交的关键在于买卖双方信息不对称，因而对金融证券产生不同的预期。不同的预期导致了证券买卖，高估股票价值的人买进，低估股票价值的人卖出，直到市场价格达到他们一致的预期时交易停止。如果对方不认为对自己有利，他就不会和你成交。因此，在决策时不仅要考虑自利行为原则，而且还要使对方有利，否则交易就无法实现。

双方交易原则要求在理解财务交易时不能"以我为中心"，在谋求自身利益的同时要注意对方的存在，以及对方也在遵循自利行为原则行事。这条原则要求我们不要总是"自以为是"，错误认为自己优于对手。

双方交易原则还要求在理解财务交易时要注意税收的影响。由于税收的存在，主要是利息的税前扣除，使得一些交易表现为"非零和博弈"。因为凡是交易政府都要从中收取税金，所以，减少政府的税收，交易双方都可以受益。避税就是寻求减少政府税收的合法交易形式。避税的结果使交易双方受益但其他纳税人会承担更大的税收份额，从更大范围来看并没有改变"零和博弈"的性质。有的人主张把"税收影响决策"单独作为一条理财原则，由于税收会影响所有的交易。

譬如，公司可在下列行为中运用此原则：（1）公司进行金融证券投资时，常使用金融证券的公平价格计算其报酬率；（2）公司股东与代理人订立财务合约时，既要从委托人角度又要从代理人角度来考虑每一种环境；（3）公司进行筹资时，必须考虑在自己的筹资条件下交易另一方是否愿意参加，或者在对方给定的条件下公司是否愿意继续筹资；（4）公司利用商业信用进行短期筹资，不应以牺牲供应商利益的不道德行为来获取短期利益，否则只能损害甚至毁掉长期有利的合作关系；（5）公司可以利用衍生证券将财务风险转移给他人，但也可能会牺牲一部分额外报酬；（6）公司作为债权人被卷入破产时，所收回的价值的每一点增加，都会以其他方所收回的价值减少为代价；（7）拟收购一家公司时，通常要溢价支付，否则目标公司的股东不会出卖他们的股票。

（三）信号传递原则

信号传递原则是指行动可以传递信息，并且比企业的声明更有说服力。这一原则要求在进行财务分析时，要善于利用企业的行为来判断其未来收益等财务活动的结果。

信号传递原则要求根据公司的行为判断它未来的收益状况，经常配股的企业产生现金的能力可能很差，而大量购买国债或者委托贷款的企业，则说明其没有很好的投资机会。事实上，当行动和企业的宣告不一致时，行动通常比语言更有说服力。

信号传递原则还要求公司在决策时不仅要考虑行动方案本身，还要考虑该项行动可能给人们传达的信息。在资本市场上，每个人都在利用他人交易的信息，自己交易的信息也会被别人所利用，因此应考虑交易的信息效应。需要特别注意的是，企业往往会利用这一原则来传递某方面并不可靠的信息。因此，财务分析人员要善于识别企业的虚假信号，洞察其真实的一面。

譬如，公司可在下列行为中运用此原则：（1）公司股东与代理人签订财务合约时，应认识到建立和维持良好声誉所具有的激励价值，这将给外部传递一个对公司有正效用的信息；在金融市场中，公司可以利用他人的信息来计量所投资证券的现行市场价值或期望带来的价值；（2）筹资时，公司应分析任何与资本结构和股利政策有关的可能变化，因为任何变化会将信息传递到外部使用者，并可能引起他们的误会。公司应意识到，宣布一种普通股即将公开销售，常会导致股票市场的消极反应，因为这种行为暗示，公司认为其股票已被高估。因此，短期筹资比长期筹资效果要好，长期负债比普通股筹资效果要好。

（四）引导原则

引导原则是指寻找一个值得依赖的榜样来作为自身行为的向导。这是在理解力存在局限性或者寻找最优方案的成本过高时所采取的策略。引导原则不会帮你找到最好的方案，却常常可以使你避免采取最差的行动。它是一个次优化准则，其最好结果是得出近似最优的结论，最差的结果是模仿了别人的错误。这一原则虽然有潜在的问题，但是我们经常会遇到理解力、成本或信息受到限制的情况，无法找到最优方案，需要采用引导原则来解决问题。

引导原则的一个重要应用，是行业标准概念。例如，资本结构的选择问题，理论不能提供公司最优资本结构的实用化模型。观察本行业成功企业的资本结构，或者多数企业的资本结构，不要与它们的水平偏离太远，就成了资本结构决策的一种简便、有效的方法。

引导原则的另一个重要应用就是"免费跟庄（搭便车）"概念。一个"领头人"花费资源得出一个最佳的行动方案，其他"追随者"通过模仿节约了信息处理成本。《中华人民共和国专利法》和《中华人民共和国著作权法》是在知识产权领域中保护领头人的法律，强制追随者向领头人付费，以避免自由跟庄问题的影响。在财务领域中并不存在这种限制。许多小股民经常跟随"庄家"或机构投资者，以节约信息成本。当然，"庄家"也会利用免费跟庄（搭便车）现象，进行恶意炒作，损害小股民的利益。因此，各国的证券监管机构都禁止操纵股价的恶意炒作，以维持证券市场的公平性。

譬如，公司可在下列行为中运用此原则：（1）在进行资本结构决策时，公司应参考其他公司的融资交易行为，分析其资本结构决策所包含的信息，并据此来进行决策；（2）在进行股利政策决策时，公司应充分利用从其他公司取得的有关股利政策的信息；（3）在进行现金、应收账款、存货、营运资金管理时，公司应利用行业惯例作为参考。

二、有关创造价值的原则

有关创造价值的原则，是人们对增加企业财富基本规律的认识。研究有关创造价值的原则就是要在财务分析中牢牢把握住将给企业带来价值的核心资产和项目，充分考察和判断其获利能力。核心资产和项目是企业价值创造的源泉，在进行财务分析时，判断核心资产和项目的依据不在于其是否被登记入账或其入账金额的大小。有关创造价值的原则包括有价值的创意原则、比较优势原则、期权原则和净增效益原则。

（一）有价值的创意原则

有价值的创意原则，是指新创意能获得额外报酬。

竞争理论认为，企业的竞争优势可以分为经营奇异和成本领先两方面。经营奇异，是指产品本身、销售交货、营销渠道等客户广泛重视的方面在产业内独树一帜。任何独树一帜都来源于新的创意。创造和保持经营奇异性的企业，如果其产品溢价超过了为产品的独特性而附加的成本，它就能获得高于平均水平的利润。正是由于许多新产品的发明，使得发明人和生产企业变得非常富有。

有价值的创意原则主要应用于直接投资项目。重复过去的投资项目或者别人的已有做法，最多只能取得平均的报酬率，维持而不是增加股东财富。新的创意迟早要被别人效仿，失去原有的优势，因此，创新的优势都是暂时的。企业长期的竞争优势，只有通过一系列的短期优势才能维持。只有不断创新，才能维持经营的奇异性并不断增加股东的财富。

譬如，公司可在下列行为中运用此原则：（1）公司涉足金融证券投资时，应寻找富于创造性的管理或信息服务；（2）公司在与员工签订具有独创性的财务合约时，应提防"免费乘客"，他们会非法抄袭你在此方面的有价值的创意，而降低该创意的效用；（3）公司在进行项目投资时，应运用自下而上或自上而下的程序来增加揭示有价值创意的项目组合；（4）在面对收购决策时，公司应寻找机会重新设计证券及收购交易活动以期增值；（5）在国际投资时，公司应发展新的衍生证券或做出合理安排，以使公司能在国外经营中更好的应付其面对的风险，同时公司还应发展能产生净现值的国际融资机制。

（二）比较优势原则

比较优势原则是指专长能创造价值。在市场上要想赚钱，必须发挥你的专长。没有比较优势的人，很难取得超出平均水平的收入；没有比较优势的企业，很难增加股东财富。

比较优势理论的核心内容是"两利取重，两害取轻"。

比较优势原则的依据是分工理论。让每一个人去做最适合他做的工作，让每一个企业生产最适合它生产的产品，社会的经济效率才会提高。

比较优势原则的一个应用是"人尽其才、物尽其用"。在有效的市场中，你不必要求自己什么都能做得最好，但要知道谁能做得最好。对于某一件事情，如果有人比你自己做得更好，就支付报酬让他代你去做。同时，你去做别人做得更好的事情，让别人给你支付报酬。

比较优势原则的另一个应用是优势互补。一方有某种优势，另一方有其他优势，两者结合可以使各自的优势快速融合，并形成新的优势。

比较优势原则要求企业把主要精力放在自己的比较优势上，而不是日常的运行上，建立和维持自己的比较优势，是企业长期获利的根本。

譬如，公司可在下列行为中运用此原则：（1）寻找能利用公司的比较优势的资本预算项目而不是靠日常筹资来增加公司价值；（2）在进行存货等是自行生产还是从外部购买等决策时，如果外部的供应商能提供更廉价、更适当的产品和服务，公司应考虑将此业务转包给外部的供应商；（3）在发行证券时，如果证券承销商能以较低价格承担新发行证券的定价风险，公司应与他们签订合同；（4）在进行衍生证券决策时，公司应考虑如果其他团体能以更便宜的价格承担这些风险，那么向它们转移风险对自身将十分有利；（5）在进行收购决策时，公司应考虑到具有不同比较优势的公司之间的兼并可能会产生净现值。

（三）期权原则

期权是指不附带义务的权利，它是有经济价值的。期权原则是指在估价时要考虑期权的价值。

期权概念最初产生于金融期权交易，它是指所有者（期权购买人）能够要求出票人（期权出售者）履行期权合同上载明的交易，而出票人不能要求所有者去做任何事情，在财务上，一个明确的期权合约经常是指按照预先约定的价格买卖一项资产的权利。

广义的期权不限于财务合约，任何不附带义务的权利都属于期权。许多资产都存在隐含的期权。例如，一个企业可以决定某个资产出售或者不出售，如果价格不令人满意就什么事也不做，如果价格令人满意就出售。这种选择权是广泛存在的。一个投资项目，本来预期有正的净现值，因此被采纳并实施了，上马以后发现它并没有原来设想的那么好。此时，决策人不会让事情按原计划一直发展下去，而会决定方案下马或者修改方案，使损失降到最低。这种后续的选择权是有价值的，它增加了项目的净现值。在评价项目时就应考虑到后续选择权是否存在以及它的价值有多大，有时一项资产附带的期权比该资产本身更有价值。

譬如，公司可在下列行为中运用此原则：（1）公司与员工签订财务合约时，应考虑或有事件及其对激励因素和价值的影响；（2）在进行项目投资时，公司应考虑确认扩充、延迟或放弃该项目所拥有的选择权的价值，有可能将期权价值考虑后会产生与原来未考虑前时截然相反的决策；（3）在进行股利政策决策时，公司应考虑用可转让卖出认股权作为股票购回的替代方法；（4）公司在进行营运资金和基金管理时，应认识到某一情况下潜在的选择权的价值；（5）公司应清楚地意识到，在以认股权方式发行股票时，认股权的价值、债券的提前偿债选择权所具有的价值，以及租约中的取消权对承租人的价值、包含在衍生金融工具中期权的价值；（6）当公司准备拖欠有关款项时，只有在拖欠支付对公司更有益时，才应选择拖欠支付。

（四）净增效益原则

净增效益原则是指财务决策建立在净增效益的基础上，一项决策的价值取决于它和替代方案相比所增加的净收益。

一项决策的优劣，是与其他可替代方案（包括维持现状而不采取行动）相比较而言的。如果一个方案的净收益大于替代方案，我们就认为它是一个比替代方案好的决策，其价值是增加的净收益。在财务决策中净收益通常用现金流量计量，一个方案的净收益是指该方案现金流入减去现金流出的差额，也称为现金流量净额。一个方案的现金流入是指该方案引起的现金流入量的增加额。一个方案的现金流出是指该方案引起的现金流出量的增加额。"方案引起的增加额"，是指这些现金流量依存于特定方案，如果不采纳该方案就不会发生这些现金流入和流出。

净增效益原则的应用领域之一是差额分析法，也就是在分析投资方案时只分析它们有区别的部分，而省略其相同的部分。例如，一项新产品投产的决策引起的现金流量，不仅包括新设备投资，还包括动用企业现有非货币资源对现金流量的影响；不仅包括固定资产投资，还包括需要追加的营运资金；不仅包括新产品的销售收入，还包括对现有产品销售积极或消极的影响；不仅包括产品直接引起的现金流人和流出，还包括对公司税务负担的影响等。

净增效益原则的另一个应用是沉没成本概念。沉没成本是指已经发生、不会被以后的决策改变的成本。沉没成本与将要采纳的决策无关，因此，在分析决策方案时应将其排除。

譬如，公司可在下列行为中运用此原则：（1）公司进行项目投资决策时，应计算项目的净增效益；（2）公司在进行金融证券投资时，应计量持有金融证券的净增效益，也就是它的期望未来净现金流量；（3）公司在与员工签订财务合约时，应根据净增效益来衡量激励因素；（4）公司在进行资本结构决策时，应寻找所有的可能途径以最大程度减少由于资本市场缺陷（如不对称税负、不对称信息和交易成本）而招致的价值损失，同时，在进行融资交易时，应考虑所有的交易成本；（5）公司在进行营运资金管理时，应计算和决策相关的净增税后现金流量，在考虑长期负债的替续时，应计算替换的净增税后现金流量；（6）公司在进行收购决策时，应计算收购所带来的收购净利益。

三、有关财务交易的原则

有关财务交易的原则，是人们对于财务交易基本规律的认识。

（一）风险—报酬权衡原则

风险—报酬权衡原则是指风险和报酬之间存在一个对等关系，投资人必须对报酬和风险做出权衡，为追求较高报酬而承担较大风险，或者为减少风险而接受较低的报酬。所谓"对等关系"，是指高收益的投资机会必然伴随着巨大风险，风险小的投资机会必然只有较低的收益。

在财务交易中，当其他一切条件相同时人们倾向于高报酬和低风险。如果两个投资机会除了报酬不同以外，其他条件（包括风险）都相同，人们会选择报酬较高的投资机会，这是自利行为原则所决定的。如果两个投资机会除了风险不同以外，其他条件（包括报酬）都相同，人们会选择风险小的投资机会，这是风险反感决定的。

由于竞争的存在，现实的市场中只有高风险同时高报酬和低风险同时低报酬的投资机会。

如果你想有一个获得巨大收益的机会，你就必须冒可能遭受巨大损失的风险，每一个市场参与者都在他的风险和报酬之间作权衡。有的人偏好高风险高报酬，有的人偏好低风险、低报酬，但是每个人都要求风险与报酬对等，不会去冒没有价值的风险。

譬如，公司可在下列行为中运用此原则：（1）公司在金融证券投资时，应意识到金融证券的估值和必要报酬率应反映其风险，妥善选择多种证券的投资组合，以达到公司选择的投资风险水平和期望的报酬率；（2）公司在与员工签订财务合约时，应意识到专有资产的风险越高，其要求的报酬越高；（3）公司在进行项目投资时，应在确定项目的资本成本（必要报酬率）时考虑项目的风险；（4）在进行资本结构决策时，以公正的有价证券价格进行交易所引起的资本结构改变，以及在进行股利政策决策时，公开市场交易中的公司股利和资本利得间的选择都仅是一种风险报酬权衡，不会影响公司价值（一些可能的信息影响除外）；（5）在进行营运资金管理时，出售一种能降低投资者风险的新证券，可以使公司支付的利率比类似的常规证券所需利率低得多；（6）在破产重组时，公司在取得债权人的同意修改其债券契约的条款时，需要对债权人风险的增高提供补偿；（7）在进行兼并决策时，通过股权置换的方法合并两个公司对双方的债券持有人都有好处，因为他们预期的回报将增加而风险将下降。

（二）投资分散化原则

投资分散化原则的理论依据是投资组合理论。马克维茨的投资组合理论认为，若干种股票组成的投资组合，其收益是这些股票收益的加权平均数，但其风险要小于这些股票的加权平均风险，所以投资组合能降低风险。投资分散化原则就是指不要把全部财富投资于一个公司，而要进行分散投资。

分散化原则具有普遍意义，不仅仅适用于证券投资，公司各项决策都应注意分散化原则。不应当把公司的全部投资集中于个别项目、个别产品和个别行业；不应当把销售集中于少数客户；不应当使资源供应集中于个别供应商；重要的事情不要依赖一个人完成；重要的决策不要由一个人做出。凡是有风险的事项，都要贯彻分散化原则，以降低风险。

譬如，公司可在下列行为中运用此原则：（1）进行金融证券投资时，应投资于多种证券的组合，以在不降低预期报酬的情况下减少风险；（2）在与员工签订财务合约时，应对高度专业化的人力资本支付更高的报酬；（3）可以通过混合兼并实现经营多样化，但是这一方式只有在股东自身无法取得经营多样化效果时才对股东有利；（4）在进行国际投资时，当国外投资项目的报酬率不与其任何国内报酬率组合完全相关时，在国际范围内投资就显得非常有价值了。

（三）资本市场有效原则

资本市场有效原则是指资本市场上频繁交易的金融资产的市场价格反映了所有可获得的信息，而且信息的使用者在面对所有新信息的情况下能够完全、迅速的进行调整。此项原则要求企业通过直接投资创造财富，而不能依靠筹资来增加企业价值。它要求在进行财务分析时，要充分重视企业主营业务收入和营业利润及它们分别在收入和利润中所占的比重。因为企业的关联交易和资产置换行为所带来的收益是不可靠的，只有可靠的主营业务收入和营业利润才能说明企业能否持续经营下去。

资本市场有效原则要求理财时重视市场对企业的估价。股价可以综合反映公司的业绩，弄虚作假、人为地改变会计方法对于企业价值的提高毫无用处。

市场有效性原则要求理财时慎重使用金融工具。如果资本市场是有效的，购买或出售金融工具的交易的净现值就为零。在资本市场上，只获得与投资风险相称的报酬，很难增加股东财富。

譬如，公司可在下列行为中运用此原则：（1）在进行资本结构决策时，应意识到通过改变资本结构来提高公司价值的做法的潜力是有限的；（2）在进行公司价值评估时，可把公司普通股交易活跃时的股票市价作为衡量的最佳尺度；（3）投资者可以利用公司财务报表附注中所揭示的租赁信息来衡量所有租约的真实财务效应，而这些租约一般是不出现在资产负债表内的；（4）在一个有效市场中，利息率、金融商品的价格和外币汇率具有重大随机成分，公司应使用与金融市场总体上一致的预测，并利用金融衍生工具将风险转移给他人；（6）在进行收购决策时，公司应意识到收购的会计方法并不会影响股东从中得到的好处。

（四）货币时间价值原则

重视资金的时间价值，进行资金时间价值分析，是公司理财分析的首要原则，或者说是最基本的原理。资金时间价值是指货币或资金随着时间的推移而形成的增值，即同样数额的资金在不同时间的价值是不同的。一般而言，在不考虑通货膨胀的情况下，当前时刻货币的价值高于未来时刻等额货币的价值，这种不同时期发生的等额货币在价值上的差别就是货币的时间价值。

货币时间价值原则的首要应用是现值概念。由于现在的1元货币比将来的1元货币经济价值大，不同时间的货币价值不能直接加减运算，需要进行折算。通常，要把不同时间的货币价值折算到"现在"时点，然后进行运算或比较，把不同时点的货币折算为"现在"时点的过程，称为"折现"，折现使用的百分率称为"折现率"，折现后的价值称为"现值"。财务估价中，广泛使用现值计量资产的价值。

货币时间价值的另一个重要应用是"早收晚付"观念。对于不附带利息的货币收支，与其晚收不如早收，与其早付不如晚付。货币在自己手上，可以立即用于消费而不必等待将来消费，可以投资获利而无损于原来的价值，可以用于预料不到的支付，因此，早收、晚付在经济上是有利的。

譬如，公司可在下列行为中运用此原则：（1）公司在进行投资决策时，应运用贴现现金流量分析方法来计算投资项目的净现值，从而决定项目的可行性；（2）公司在投资金融证券时，应通过计算金融证券的期望未来现金流量的现值，来确定证券价值；（3）公司在考虑期权价值时，要考虑货币的时间价值对期权价值的影响，尤其是期权总价值中的时间溢价部分；（4）公司在进行资本结构决策时，应考虑从资本结构变动中所获取的税收利益的货币时间价值；（5）公司在进行股利政策结构的决策时，应考虑从股利政策所获得的税收利益的货币时间价值；（6）公司在进行是租赁还是购买的决策时，应利用贴现现金流量分析把租赁筹资的成本和效益与借款购买的成本和效益进行比较；（7）公司在考虑破产重组时，应利用贴现现金流量分析来确定重组是否比清算可取，并比较可选择的多种重组计划；（8）公司在进行收购决策时，应利用贴现现金流量分析来衡量收购利益。

借助于理财原则可以帮助财务分析人员更好、更快的找到企业财务活动中存在的问题。当然，理财原则并不是在任何情况下都适用。我们在借鉴的同时，也要努力找出我国企业财务活动中存在的一般规律。

第二章 财务估价

第一节 资金的时间价值

资金时间价值是现代财务管理的基础观念之一，因其非常重要且涉及所有理财活动，故有人称之为理财的"第一原则"。

一、资金时间价值的概念

（一）资金时间价值的含义

资金的时间价值是指一定量资金在不同时点上价值量的差额，也称为货币的时间价值。资金在周转过程中会随着时间的推移而发生增值，使资金在投入、收回的不同时点上价值不同，形成价值差额。

在日常生活中会发现，一定量的资金在不同时点上具有不同价值，现在的一元钱比将来的一元钱更值钱。例如我们现在有 1000 元，存入银行，银行的年利率为 5%，1 年后可得到 1050 元，于是现在 1000 元与 1 年后的 1050 元相等。因为这 1000 元经过 1 年的时间增值了 50 元，这增值的 50 元就是资金经过 1 年时间的价值。同样，企业的资金投到生产经营中，经过生产过程的不断运行，资金的不断运动，随着时间的推移，会创造新的价值，使资金得以增值。因此，一定量的资金投入生产经营或存入银行，会取得一定利润或利息，从而产生资金的时间价值。

资金时间价值是企业筹资决策和投资决策所要考虑的一个重要因素，也是企业估价的基础。

（二）资金时间价值产生的原因

资金时间价值产生的前提条件，是由于商品经济的高度发展和借贷关系的普遍存在，出现了资金使用权与所有权的分离，资金的所有者把资金使用权转让给使用者，使用者必须把资金增值的一部分支付给资金的所有者作为报酬，资金占用的金额越大，使用的时间越长，所有者所要求的报酬就越高。而资金在周转过程中的价值增值是资金时间价值产生的根本源泉。

按照马克思的劳动价值理论，资金时间价值产生的源泉并非表面的时间变化而是劳动者为社会劳动而创造出来的剩余价值。如果将一大笔钱放在保险柜里，随着时间的变化不可能使资金增值，而是必须投入周转使用，经过劳动过程才能产生资金时间价值。马克思的剩余价值观揭示了资金时间价值的源泉剩余价值。资金需求者之所以愿意以一定的利率借入资金，是由于因此而产生的剩余价值能够补偿所支付的利息，根据剩余价值观点，资金具有时间价值是有条件的，即资金必须用于周转使用，作为分享剩余价值的要素资本参与社会扩大再生产活动。

因此，资金时间价值的概念可以表述为：资金作为要素资本参与社会再生产活动，经过一定时间的周转循环而发生的增值，这种增值能够给投资者带来更大的效用。

对于资金时间价值也可以理解为：如果放弃资金的使用权利（投资、储蓄等），则相对失去某种收益的机会，也就相当于付出一定代价，而由此产生的一种机会成本。

（三）资金时间价值的表示

资金的时间价值可用绝对数（利息）和相对数（利息率）两种形式表示，通常用相对数表示。资金时间价值的实际内容是没有风险和没有通货膨胀条件下的社会平均资金利润率，是企业资金利润率的最低限度，也是使用资金的最低成本率。由于资金在不同时点上具有不同的价值，不同时点上的资金就不能直接比较，必须换算到相同的时点上才能比较。因此掌握资金时间价值的计算就很重要。

二、一次性收付款项的终值和现值

一次性收付款项是指在某一特定时点上一次性支出或收入，经过一段时间后再一次性收回或支出的款项。例如，现在将一笔 10 000 元的现金存入银行，5 年后一次性取出本利和。

资金时间价值的计算，涉及两个重要的概念：现值和终值。现值又称本金，是指未来某一时点上的一定量现金折算到现在的价值。终值又称将来值或本利和，是指现在一定量的现金在将来某一时点上的价值。由于终值与现值的计算与利息的计算方法有关，而利息的计算有复利和单利两种，因此，终值与现值的计算也有复利和单利之分。在财务管理中，一般按复利来计算。

（一）单利的终值和现值

单利是指只对本金计算利息，利息部分不再计息的一种方式。通常用 P 表示现值，F 表示终值，i 表示利率（贴现率、折现率），n 表示计算利息的期数，I 表示利息。

1. 单利的利息

$$I = P \times i \times n$$

2. 单利的终值

$$F = P \times (1 + i \times n)$$

3.单利的现值

$$P = \frac{F}{1+i \times n}$$

（二）复利的终值和现值

复利是指不仅对本金要计息，而且对本金所生的利息也要计息，即"利滚利"。

1.复利的终值

复利的终值是指一定量的本金按复利计算的若干年后的本利和。

复利终值的计算公式为：

$$F = P(1+i)^n = P(F/P,i,n)$$

上式中（1＋i）n 称为"复利终值系数"或"1元复利终值"，用符号（F/P，i，n）表示，其数值可查阅1元复利终值表。

三、年金的终值和现值

在现实经济生活中，还存在一定时期内多次收付的款项，即系列收付的款项。如果每次收付的金额相等，这样的系列收付款项便称为年金。换言之，年金是指一定时期内，每隔相同的时间等额收付的系列款项。年金的形式多种多样，如保险费、折旧费、租金、税金、养老金、等额分期收款或付款、零存整取或整存零取储蓄等，都可以是年金形式。年金具有连续性和等额性的特点。连续性要求在一定时间内，间隔相等时间就要发生一次收支业务，中间不得中断，必须形成系列。而等额性要求每期收、付款项的金额必须相等。

年金根据每次收付发生的时点不同，可分为普通年金、预付年金、递延年金和永续年金四种。

（一）普通年金

普通年金是指在每期的期末，间隔相等时间，收入或支出相等金额的系列款项。每一间隔期，有期初和期末两个时点，由于普通年金是在期末这个时点上发生收付，故又称为后付年金。

1.普通年金的终值

普通年金的终值是指每期期末收入或支出的相等款项，按复利计算，在最后一期所得的本利和。每期期末收入或支出的款项用 A 表示，利率用 i 表示，期数用 n 表示，那么每期期末收入或支出的款项，换算到第 n 年的终值之和 F 为：

$$F = A + A \times (1+i)^2 + \cdots + A \times (1+i)^{n-2} + A \times (1+i)^{n-1}$$

利用等比数列前 n 项和公式，经整理：$F = A \times \dfrac{(1+i)^n - 1}{i}$

其中，$\dfrac{(1+i)^{n-1}}{i}$ 称为"年金终值系数"或"1元年金终值系数"，记为（F/A，i，n），表示年金为1元、利率为i、经过n期的年金终值是多少，可直接查1元年金终值表。因此，上式也可写作：

$$F=AX(F/A，i，n)$$

2. 年偿债基金

偿债基金是指为了在约定的未来某一时点清偿某笔债务或积聚一定数额的资金而必须分次等额形成的存款准备金。因为每次形成的等额准备金类似年金存款，因而同样可以获得按复利计算的利息，所以债务实际上等于年金终值，每年提取的偿债基金等于年金A。也就是说，偿债基金的计算实际上是年金终值的逆运算。计算公式如下：

$$A = F \dfrac{i}{(1+i)^{n}-1}$$

式中的分式 $\dfrac{i}{(1+i)^{n}-1}$ 称作"偿债基金系数"，记为（A/F，i，n），可查阅偿债基金系数表，也可根据年金终值系数的倒数进行推算出来。即：（A/F，i，n）=1/（F/A，i，n）。因此，上式也可以写作：

$$A = F \times (A/F,i,n) = \dfrac{F}{(F/A,i,n)}$$

利用偿债基金系数可把年金终值折算为每年需要支付的年金数额。

3. 普通年金的现值

普通年金的现值是指一定时期内每期期末等额收支款项的复利现值之和。实际上就是指为了在每期期末取得或支出相等金额的款项，现在需要一次投入或借人多少金额，年金现值用P表示，其计算公式如下：

$$P = A \times (1+i)^{-1} + A \times (1+i)^{-2} + \cdots A \times (1+i)^{-n-1} + A \times (1+i)^{-n}$$

利用等比数列前n项和计算公式，整理得：

$$P = A \times \dfrac{1-(1-i)^{-n}}{i} = A \times (P/A,i,n)$$

其中，$\dfrac{1-(1-i)^{-n}}{i}$ 称为"年金现值系数"或"1元年金现值系数"，记作（P/iA，i，n），表示年金1元，利率为i，经过n期的年金现值是多少，可查1元年金现值表。因此，上式又可写作：

$$P=AX（P/A，i，n）$$

4.年资本回收额

年资本回收额是指在约定年限内等额回收初始投入或清偿所欠债务的金额。年资本回收额的计算是年金现值的逆运算。其计算公式如下：

$$A = P \times \frac{i}{1-(1+i)^{-n}}$$

其中，$\dfrac{i}{1-(1+i)^{-n}}$ 称作"资本回收系数"，记作（A/P，i，n），是年金现值系数的倒数，可查表获得，也可利用年金现值系数的倒数来进行求得。

（二）预付年金

预付年金是指每期收入或支出相等金额的款项是发生在每期的期初，而不是期末，也称先付年金或即付年金。

预付年金与普通年金的区别在于收付款的时间点不同，普通年金在每期的期末收付款项，预付年金在每期的期初收付款项。

1. 预付年金的终值

预付年金的终值是其最后一期期末时的本利和，是各期收付款项的复利终值之和。由于其付款时间不同，n期预付年金终值要比n期普通年金终值多计一期的利息。因此，在普通年金的终值的基础上，乘上（1+i）便可计算出预付年金的终值。其计算公式为：

$$F = A \times \frac{(1+i)^n - 1}{i} \times (1+i)$$
$$= A \times \frac{(1+i)^{n+1} - (1+i)}{i}$$
$$= A \times \left[\frac{(1+i)^{n+1} - 1}{i} - 1 \right]$$

其中，$\left[\dfrac{(1+i)^{n+1} - 1}{i} - 1 \right]$ 称作"预付年金终值系数"，记作 [（F/A，i，n+1）-1]，可利用普通年金终值表查得（n+1）期的终值，然后减去1，就可得到1元预付年金终值。

2. 预付年金的现值

虽然n期预付年金现值与n期普通年金现值的期限相同，但由于其付款时间不同，则n期预付年金现值比n期普通年金现值少折现一期，因此，在n期普通年金的现值基础上，乘上（1+i）便可计算出n期预付年金的现值。其计算公式为：

$$P = A \times \frac{1-(1+i)^{-n}}{i} \times (1+i)$$

$$= A \times \frac{(1+i)-(1+i)^{-(n-1)}}{i}$$

$$= A \times \left[\frac{1-(1+i)^{-(n-1)}}{i} + 1 \right]$$

其中，$\left[\dfrac{1-(1+i)^{-(n-1)}}{i} + 1 \right]$ 称作"预付年金现值系数"，记作 [(P/A，i，n-1)+1]，可利用普通年金现值表查得（n-1）期的现值，然后加上 1，就可得到 1 元预付年金的现值。

第二节　风险衡量和风险报酬

企业的经济活动大都是在风险和不确定的情况下进行的，离开了风险因素就无法正确评价企业收益的高低。风险价值原理揭示了风险同收益之间的关系，它同资金时间价值原理一样，是财务管理的基本依据。

一、风险和风险管理基本概念

（一）风险的含义

某一行动的结果具有多种可能而不肯定，就叫有风险；反之，若某一行动的结果很肯定，就叫没有风险。企业决策者一般都讨厌风险，并尽可能地回避风险。愿意要肯定的某一报酬率，而不愿要不肯定的某一报酬率，是决策者的共同心态，这种现象就叫风险反感。由于风险反感心理的普遍存在，故一提到风险，多数人都将其理解为与损失是同一概念。事实上，风险不仅能带来超出预期的损失，呈现其不利的一面，而且还可能带来超出预期的收益，呈现其有利的一面。一般来说，投资者对意外损失比意外收益更加关注，因而在研究风险时主要从不利的方面来进行考察，经常把风险看成是不利事件发生的可能性。从财务管理角度理解，风险也是对企业目标产生负面影响的事件发生的可能性。所以，一般情况下，从财务管理角度来说，风险就是实际收益无法达到预期收益的可能性。或者说，风险是在企业各项财务活动中，由于各种难以预料或无法控制的因素作用，使企业的实际收益与预计收益发生背离，从而蒙受经济损失的可能性。

（二）风险的类别

风险可以从不同角度进行分类。

1.从投资主体角度划分，风险可以分为系统风险和非系统风险

系统风险是指对所有企业产生影响的因素引起的风险。系统风险大多是由于宏观经济形势和政治形势的变化造成的，如国家政治形势的变化、国家经济政策的调整、自然灾害、战争、经济周期的变化、通货膨胀以及世界能源状况的变化等，这些因素往往会对证券市场上所有资产的收益产生影响，因此，系统风险不可能通过多角化投资来分散。由于系统风险是影响整个资本市场的风险，所以也称"市场风险"。由于系统风险不能通过分散化投资的方法消除，所以也称"不可分散风险"。系统风险虽然对整个证券市场产生影响，但是，对于不同行业，不同企业的影响是不同的，有些行业或企业受其影响较大，有些则受其影响要小一些。

非系统风险是指发生于个别公司的特有事件造成的风险，如罢工、诉讼失败、失去销售市场等。这种风险不是每个企业都面临的，而是发生于个别企业，而且事件发生的可能性是不确定的，因而，要想回避这个风险可以通过多角化投资来分散。即非系统风险可以通过将资金同时投资于多种资产来有效的分散。例如，一家公司的工人罢工、新产品开发失败、失去重要的销售合同、诉讼失败，或者宣告发现新矿藏、取得一个重要合同等。这类事件是非预期的、随机发生的，它只影响一个或少数公司，不会对整个市场产生太大影响。这种风险可以通过多样化投资来分散，即发生于一家公司的不利事件可以被其他公司的有利事件所抵消。由于非系统风险是个别公司或个别资产所特有的，因此也称"公司特有风险"。由于非系统风险可以通过投资多角化分散掉，因此也称为"可分散风险"。

从公司经营本身划分，风险又可分为经营风险和财务风险

经营风险是指因生产经营方面的原因给企业盈利带来的不确定性。企业的供、产、销等各种生产经营活动都存在着很大的不确定性，都会对企业收益带来影响，因而经营风险是普遍存在的。产生经营风险的因素既有内部的因素，又有外部的因素。如原材料供应地政治经济情况变动，运输方式改变，价格变动等，这些因素会造成供应方面的风险；由于所生产产品质量不合格，生产组织不合理，设备事故等因素而造成生产方面的风险；由于出现新的竞争对手，消费者爱好发生变化，销售决策失误，产品广告推销不力以及货款回收不及时等因素带来的销售方面的风险。所有这些生产经营方面的不确定性，都会引起企业的利润或利润率的变化，从而会导致经营风险。

财务风险又称筹资风险，是指由于举债而给企业财务成果带来的不确定性。企业举债经营，全部资金中除自有资金外还有一部分借入资金，这会对自有资金的盈利能力造成影响；同时，借入资金需还本付息，一旦无力偿付到期债务，企业便会陷入财务困境甚至破产。当企业息税前资金利润率高于借入资金利息率时，使用借入资金而获得的利润除了补偿利息外，还有剩余，因而使自有资金利润率提高。但是，当息税前资金利润率低于借入资金利息率时，借入资金所获得的利润不足以支付利息，需动用自有资金利润来支付利息，从而使自有资金利润率降低。总之，由于诸多因素的影响，使得息税前资金利润率与借入资金利息率具有不确定性，从而引起自有资金利润率的变化，这种风险即为财务风险。其

风险大小受借入资金与自有资金比例的影响，借入资金比例越大，风险程度越大；借入资金比例减小，风险程度就会随之减小。对财务风险的管理，关键是要保证有一个合理的资金结构，维持适当的负债水平，既要充分利用举债经营这一手段获取财务杠杆利益，提高资金盈利能力，又要注意防止过度举债而引起的财务风险加大，避免陷入财务的困境。

（三）风险管理的意义

随着风险的日趋严重和竞争的日益激烈，风险管理已经逐渐被提到议事日程上来，越来越多的金融机构和跨国公司已经设置了专门的风险管理机构。风险管理（RiskManagement）是经济单位通过对风险的确认和评估，采用合理的经济和技术手段对风险进行规避或者控制，缩小实际和期望之间的偏差，达到保护风险管理者目的的一种管理活动。以上定义有三层含义:(1) 风险管理的主体是经济单位，即个人、家庭、社会团体、企业和政府机关都可以运用风险管理来进行自我保护；(2) 风险管理过程中，风险辨识和风险评估是基础，而选择合理的风险控制手段才是关键；(3) 风险管理必须采取合理经济的手段，也就是说，如果风险规避是有成本的话，那么只有当规避风险产生的收益大于规避风险的成本时，风险规避才有意义。

风险管理的意义在于:如果一个公司采取积极有效的措施管理其经营风险和财务风险，公司价值的波动就会下降。公司的风险管理行为有利于公司价值的最大化，公司应该采取积极的态度开展风险管理活动。

（四）风险衡量

客观存在的风险时刻影响着企业的财务活动，因此，正视风险并将风险程度予以量化，进行较为准确的衡量，便成为企业财务管理中的一项重要工作。对于投资活动来讲，由于风险是与投资收益的不确定相联系的，对风险的计量必须从投资收益的概率分布开始分析，尤其是在长期投资决策中，投资者必须考虑风险，而且还要对风险程度进行衡量。

1. 概率分布和预期收益

一般情况下，风险的大小与未来各种可能结果变动程度的大小有直接关系，人们在对风险进行计量时，往往采用概率和数理统计的方法来进行。

在经济活动中，某一事件在相同的条件下可能发生也可能不发生，这类型事件称为随机事件。概率就是用来表示随机事件发生可能性大小的数值。通常，把必然发生的事件的概率定为 1，把不可能发生的事件的概率定为 0。

将随机事件的各种可能后果按其可能性数值的大小顺序排列，并列出各种后果的相应概率，这一完整的描述，称为概率分布。

如果随机变量（如收益率）只取有限个值，并且对应于这些值有确定的概率，则称随机变量是离散型分布。如果随机变量的取值为无数多个，也对应着无数个相应的概率，则随机变量的概率分布为连续型分布，比如正态分布就是连续型分布的一种常见的形态。我们在进行投资分析时，为了简化计算，通常假设经济情况的个数是有限个的，并为每一种经济情况赋予一定的概率，这种概率分布就是属于离散型分布。

离散型概率分布必须符合以下两条规则：

（1）所有的概率（Pi）都在 0 和 1 之间，即：$0 \leq P_i \leq 1$

（2）所有的概率之和必须等于 1，即：

$$\sum_{i=1}^{n} P_i = 1$$

（n 为可能出现结果的个数）。

在投资活动中，我们一般用概率来表示每一种经济情况出现的可能性，同时也就是各种不同预期收益率出现的可能性。在这里，收益率作为一个随机变量，受到多种因素的影响和制约。但为了简化计算，我们一般假设其他的因素都相同，只有经济情况这一个因素影响收益率。

但需注意的是，实际上出现的经济情况往往远不止几种，有无数种可能的情况发生，如果对每种情况都赋予一个概率，并分别测定其收益率，则可以用连续型分布来描述。统计上，我们常用正态分布这种连续型分布。虽然实际上并非所有的问题都符合正态分布，但是，根据统计学的理论，无论总体分布是正态还是非正态，当样本很大时，其样本平均数都呈正态分布。一般说来，如果被研究的变量受彼此独立的大量偶然因素的影响，并且每个因素在总的影响中只占很小部分，那么，这个总影响所引起的数量上的变化，就近似服从于正态分布。

随机变量的各个取值，以相应的概率为权数的加权平均数，叫作随机变量的期望值（数学期望或均值），它反映随机变量取值的平均化。在投资活动中，我们以各种经济情况出现的概率（即各种收益率出现的概率）为权数计算收益率的加权平均数，即期望收益。期望收益率计算公式如下：

$$\overline{R} = \sum_{i-1}^{n} R_i P_i$$

式中：$\overline{R}$ 表示预期收益率；P 表示第 i 种经济情况出现的概率；Ri 表示第 i 种结果出现后的期望报酬率；n 表示所有可能的经济情况的数目。

2. 风险程度的衡量

实际生活中存在着很多投资机会，它们的期望收益相同，但是它们的收益率的概率分布差别很多，也就是说它们能否达到期望收益的可能性相差很大，这就是我们所说的投资风险。为了定量地衡量风险大小，还需使用统计学中衡量概率分布离散程度的指标。统计学中表示随机变量离散程度的指标很多，包括平均差，方差、标准差和全距等，最常用的是方差、标准差和标准离差率。

二、单项资产投资的收益与风险

在有效市场假设条件下，风险与报酬是相互匹配的，即高风险高报酬、低风险低报酬。投资者可以根据自身风险承受能力的大小选择适度风险的投资品种，获得预期报酬。

美国经济学家哈里·马科维茨（Harry M.Markowitz）通过对投资者的行为特征进行研究发现，理性投资者具有两个基本特征：一是追求收益最大化；二是厌恶风险。这两个特征决定着理性投资者在投资决策时必定会遵循以下两条基本原则：一是在两个风险水平相同的投资项目中，投资者会选择预期收益较高的投资项目，二是在两个预期收益相同的投资项目中，投资者会选择风险较小的投资项目。尽管人们对风险的厌恶程度不完全相同，有的人对风险厌恶程度较强，有的较弱，甚至有的人可能偏好风险，但是，从理论上讲，理性投资者一般是厌恶风险的。对于厌恶风险的理性投资者来说，要使之接受风险较大的投资项目，就必须给予风险补偿，风险越大，风险补偿也应越高。投资者在进行投资时总是追求效益最大化，效用最大化就是投资者上述两个行为特征的综合反映，其中投资收益带来正效用，风险带来负效用，因此，投资者效用函数就取决于投资的预期收益和风险两个因素。

由于我们假定了资产交易的参与者都是风险回避者，因此他们都会寻求风险和收益的一.种权衡。对风险的厌恶并不意味着他们会不惜任何代价来回避风险，对风险的消极态度能被较高的收益水平所抵消。对于每项资产，投资者都会因承担风险而要求额外的补偿，其要求的最低收益率应该包括无风险收益率与风险收益率两部分。因此，对于每项资产来说，所要求的必要收益率可以用以下的模式来度量：

必要收益率 = 无风险收益率 + 风险收益率

其中，无风险收益率（通常用 Rf 表示）是纯粹利率与通货膨胀补贴率之和，通常用短期国债的收益率来近似地替代，而风险收益率表示因承担该项资产的风险而要求的额外补偿，其大小则视所承担风险的大小及投资者对风险的偏好程度而定。

从理论上来说，风险收益率可以表述为风险价值系数（b）与标准离差率（V）的乘积。即：

$$风险收益率=bXV$$

因此，

$$必要收益率R=Rf+bXV$$

标准离差率（V）反映了资产全部风险的相对大小；而风险价值系数（b）则取决于投资者对风险的偏好。对风险的态度越是回避，要求的补偿也就越高，因而要求的风险收益率就越高，所以风险价值系数（b）的值也就越大；反之，如果对风险的容忍程度越高，则说明风险的承受能力较强，那么要求的风险补偿也就没那么高，故风险价值系数的取值就会较小。

　　风险价值系数 b 的计算可采用统计回归方法对历史数据进行分析得出估计值，也可结合管理人员的经验分析判断而得出。但是，由于 b 受风险偏好的影响，而风险偏好又受风险种类、风险大小及心理因素的影响，因此，对于 b 的准确估计就变得相当困难和不够可靠。

三、资产组合的收益与风险

　　两个或两个以上资产所构成的集合，称为资产组合。如果资产组合中的资产均为有价证券，则该资产组合也可称为证券组合。采取资产组合方式进行投资决策，必然会遇到如何计算资产组合的收益率及其风险的问题。

　　现代资产组合理论（ModernPortfolioTheory，简称 MPT），也有人将其称为现代证券投资组合理论、证券组合理论或投资分散理论等。现代资产组合理论的提出主要是针对化解投资风险的可能性。该理论认为，有些风险与其他证券无关，分散投资对象可以减少个别风险。现代投资组合理论发端于美国经济学家哈里·马科维茨于 1952 年 3 月份在《金融杂志》上发表的题为《资产组合》的文章及于 1959 年出版的同名专著。在上述文章和专著中，马科维茨详细阐述了"资产组合"的基本假设、理论基础与一般原则，从而奠定了其"资产组合"理论开创者的历史地位。

（一）资产组合的预期收益率

　　资产组合的预期收益率就是组成资产组合的各种资产的预期收益率的加权平均数，其权数等于各种资产在组合中所占的价值比例。其计算公式为：

$$E\left(R_p\right)=\sum_{i=1}^{n} W_i \times R_i$$

　　式中，E（Rp）表示资产组合的预期收益率；Ri 表示第 i 项资产的预期收益率；Wi 表示第 i 项资产在整个组合中所占的价值比例。

（二）资产组合风险的度量

　　1. 两项资产组合的风险

　　两项资产组合收益率的方差满足以下关系式：

$$\sigma_p^2 = W_1^2 \sigma_1^2 + W_2^2 \sigma_2^2 + 2W_1 W_2 \rho_{1,2} \sigma_1 \sigma_2$$

　　式中，σ_p^2 表示资产组合的方差，它衡量的是组合的风险；σ_1 和 σ_2 分别表示组合中两项资产的标准差；W_1 和 W_2 分别表示组合中两项资产所占的价值比例；$\rho_{1,2}$ 反映两项资产收益率的相关程度，即两项资产收益率之间相对运动的状态，称为相关系数。理论上，相关系数介于区间 [-1，1] 内。

　　当 $\rho_{1,2}=1$ 时，表明两项资产的收益率具有完全正相关的关系，即他们的收益率变化方向和变化幅度完全相同，这时，$\sigma_p^2 = (W_1\sigma_1 + W_2\sigma_2)^2$，即 σ_p^2 达到最大。由此表明，组合的风险等于组合中各项资产风险的加权平均值。换句话说，当两项资产的收益率完全正相关时，两项资产的风险完全不能互相抵销，所以这样的组合不能降低任何风险；当 $\rho_{1,2} = -1$ 时，表明两项资产的收益率具有完全负相关的关系，即他们的收益率变化方向和变化幅度完全相反。这时，$\sigma_p^2 = (W_1\sigma_1 - W_2\sigma_2)^2$，即 σ_p^2 达到最小，甚至可能是零。因此，当两项资产的收益率具有完全负相关关系时，两者之间的风险可以充分的相互抵销，甚至完全消除。因而，由这样的资产组成的组合就可以最大限度地抵消风险。

在实际中，两项资产的收益率具有完全正相关和完全负相关的情况几乎是不可能的。绝大多数资产两两之间都具有不完全的相关关系，即相关系数小于：1 且大于—1（多数情况下大于零）。因此，会有 $0 < \sigma_p < (W_1\sigma_1 + W_2\sigma_2)$，即：资产组合的标准差小于组合中各资产标准差的加权平均，也即资产组合的风险小于组合中各资产风险之加权平均值，因此，资产组合才可以分散风险，但不能完全消除风险。

2. 多项资产组合的风险

一般来讲，随着资产组合中资产个数的增加，资产组合的风险会逐渐降低，当资产的个数增加到一定程度时，资产组合的风险程度将趋于平稳，这时组合风险的降低将非常缓慢直到不再降低。有经验数据显示,当资产组合中不同行业的资产数量达到二十个左右时，绝大多数非系统性风险已被消除。此时，如果继续增加资产数目，对分散风险已经没有多大的实际意义。此外，不要指望通过资产多样化达到完全消除风险的目的，因为系统风险是不能够通过风险的分散来消除的。资产组合风险的分散情况如图 2-1 所示。

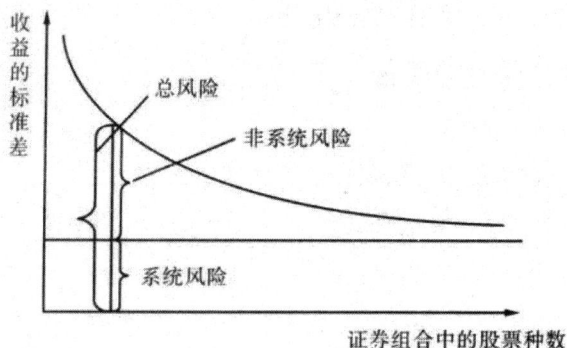

图 2-1　风险构成及其分散效应

如果投资分散于多种不同的资产，资产组合的投资收益波动幅度将会下降。如果资产组合中各种资产的收益并不随时间同时一致地变动，即它们不完全相关，则收益风险就会降低。因为，资产组合的投资收益率等于各种资产投资收益率的加权平均数，但资产组合的方差不等于各种资产方差的加权平均数，而是比方差的加权平均数要小。

因为公司特有风险或非系统风险可以通过分散投资予以消除，所以，证券市场不会为此风险给予额外收益的补偿。因此，对风险的度量应放在一种股票或资产组合如何随市场全部证券组合而波动规律的预测上。

（三）系统风险的衡量

如前所述，从投资主体角度划分，风险可以分为系统风险和非系统风险。非系统风险可以通过有效的资产组合分散掉，因此，投资者在组合投资中只需考虑系统风险。

尽管绝大部分企业和资产都不可避免地受到系统风险的影响，但并不意味着系统风险对所有资产或所有企业有相同的影响。有些资产受系统风险的影响大一些，而有些资产受的影响则较小。单项资产或资产组合受系统风险影响的程度，可以通过系统风险系数（β系数）来衡量。

1. 单项资产的系统风险系数（β系数）

系统性风险通常用β系数来计量。β系数是一种风险指数，它用于衡量个股收益率的变动对市场组合收益率变动的敏感性。β系数具有多种计算方法，实际计算过程十分复杂，通常由一些投资服务机构定期计算并公布。在美国有很多服务机构提供一些公司的β系数数据资料。这些β系数资料通常是根据过去3-5年间的周收益率或月收益率为基础计算出来的。从这些服务机构取得β数据较为方便。证券收益率的单位时段可以按日、按周、按月计算。计算单位时段长短不同，可能会对β系数产生影响。如果投资者认为某股票过去的系统风险适用于未来，则过去的β值可以代替预期的β值。

作为整体的证券市场的β系数为1。如果某种股票的风险情况与整个证券市场的风险情况一致，则这种股票的β系数等于1；如果某种股票的β系数大于1，说明其风险大于整个市场的风险；如果某种股票的β系数小于1，说明其风险小于整个市场的风险。

或者说，如果β=1，说明该资产（或资产组合）的风险溢价变化与市场是同步的。假设市场风险溢价为5%，那么，该项资产（或资产组合）的风险溢价也是5%。如果β=0.5，说明该资产（或资产组合）的风险溢价变化是市场的1/2，市场风险溢价为5%，该项资产（或资产组合）的风险溢价为2.5%。如果β=0，说明该项资产（或资产组合）的系统风险为零。如果β>1，说明该项资产（或资产组合）的系统风险超越了市场风险。通常情况下，股票的β系数取值范围在0.60至1.60之间。

上述内容侧重讨论β系数的直观含义。实际上，β系数的定义是：

$$\beta_i = \frac{Cov(R_i, R_m)}{\sigma_m^2}$$

其中，$Cov(R_i, R_m)$是第 i 种证券的收益与市场组合收益之间的协方差；σ_m^2是市场组合收益的方差。

协方差是一个用于测量投资组合中某一具体投资项目相对于另一投资项目风险的统计

指标。从本质上讲，组合内各种投资组合相互变化的方式影响着投资组合的整体方差，从而影响其风险。其与相关系数的关系式是：

$$Cov(R_1, R_2) = \rho_{1,2}\sigma_1\sigma_2$$

这里 $Cov(R_1, R_2)$ 为投资于两种资产收益率的协方差，R1 为投资第一种资产的投资收益率，R2 为投资第二种资产的投资收益率，σ_1 和 σ_2 分别为投资第一种资产和投资第二种资产的收益率的标准差。协方差的计算结果可能为正值，也可能为负值，符号与相关系数相同，它们分别显示了两个投资项目之间收益率变动的方向。当协方差为负值时，表示两种资产的收益率呈相反方向变化。协方差的绝对值越大，表示这两种资产收益率的关系越密切，协方差的绝对值越小，则这两种资产收益率的关系越疏远。

根据前述公式可得：

$$\beta_i = \frac{Cov(R_i, R_m)}{\sigma_m^2} = \frac{\rho_{i,m}\sigma_i\sigma_m}{\sigma_m^2} = \rho_{i,m} \times \frac{\sigma_i}{\sigma_m}$$

式中，$\rho_{i,m}$ 表示第 i 项资产的收益率与市场组合收益率的相关系数；σ_i，是该项资产收益率的标准差，表示该资产的风险大小；σ_m 是市场组合收益率的标准差，表示市场组合的风险。

根据上式可以看出，一种股票的 β 值的大小取决于：①该股票与整个股票市场的相关性；②它自身的标准差；③整个市场的标准差。β 系数的一个最重要的特征是：当以各种股票的市场价值占市场组合总的市场价值的比重为权数时，所有证券的 β 系数的平均值等于 1，即

$$\sum_{i=1}^{n} W_i\beta_i = 1$$

其中，Wi 代表各种股票的市场价值占市场组合的比重。显然，如果将所有的证券按照它们的市场价值进行加权，组合的结果就是市场的组合。

2. 资产组合的系统风险系数（β 系数）

投资组合的 β 系数是单个证券 β 系数的加权平均数，权数为各种证券在投资组合中所占的比重。其计算公式是：

$$\beta_p = \sum_{i=1}^{n} W_i\beta_i$$

式中：β_p 代表证券组合的 β 系数；Wi 代表证券组合中第 i 种股票所占的比重；β_i 代表第 i 种股票的系数；n 为证券组合中股票的数量。

四、资本资产定价模型

在西方金融学和财务管理学中，有许多模型论述风险和收益率的关系，其中一个最重要的模型为资本资产定价模型（CapitalAssetPricingModel，简写为CAPM）。1964年，诺贝尔奖获得者威廉·夏普（William Sharpe）根据投资组合理论提出了资本资产定价模型（CAPM），从那时起，它就对财务管理有重要的启示作用。尽管其他模型也想更好地描述市场行为，但CAPM仍是一个概念简单、贴近现实的模型。这里的资本资产，是指股票、债券等有价证券，它表示对真实资产所产生的收益的求偿权利。资本资产定价模型的重要贡献在于它提供了一种与组合资产理论相一致的有关个别证券的风险量度。这种模型使投资者能够估计单项资产的不可分散风险，形成最优的投资组合，引导投资者做出合适的投资决策。同时，这种模型对于财务学的发展有着极其重要的作用，并且被广泛的用于资本预算编制、资产估价，以及确定股权资本的成本和解释利率的结构风险。

这一模型为：

$$R_i = R_f + \beta_i \times \left(R_m - R_f\right)$$

式中：Ri为第i种股票或第i种证券组合的必要收益率；Rf为无风险收益率；β_i为第i种股票或第i种证券组合的β系数；Rm为所有股票或所有证券的平均收益率。

公式中（Rm-Rf）是投资者为补偿承担超过无风险收益的平均风险而要求的额外收益，称为风险溢价，反映市场作为整体对风险的平均"容忍"程度，也就是市场整体对风险的厌恶程度。对风险越是厌恶和回避，要求的补偿就越高，因此，市场风险溢价的数值就越大。反之，如果市场的抗风险能力强，则对风险的厌恶和回避就不是很强烈，因此，要求的补偿就越低，所以，市场风险溢价的数值就越小。某项资产的风险收益率是市场风险溢价与该资产系统风险系数的乘积，即：

风险收益率=β×（Rm-Rf）

无风险收益率加风险收益率即为必要报酬率。

必要报酬率是指投资者购买或持有一种资产所要求的最低报酬率，这种资产可能表现为一种证券、证券组合或一项投资项目。这一定义考虑了投资者投资时的资本机会成本，也就是说，如果投资者将资本投入了某个项目，那么，投资者就失去了将资本投向次优方案可能带来的收益，这种失去的收益就是投资者选择投资于某项目的机会成本，因此，也是投资者要求的必要报酬率。否则，投资者会选择次优的投资方案。换言之，投资者之所以投资是因为购买一项资产的价格足够低，并确保未来能够获得的现金流足以弥补必要的报酬率要求。

资本资产定价模型说明如下结论：

1.任何风险性资产的期望收益率等于无风险利率加风险收益率。风险收益率决定于投资者的风险回避程度。

2. 一种股票的风险由两部分组成：系统风险和非系统风险。

3. 非系统风险可通过多角化投资来消除。对于那些理性的、从事多角化投资的投资者来说，只有系统风险才是与他们相关的风险，因为他们能消除可分散风险。

4. 投资者承担风险必须得到补偿，一股票风险越大，必要报酬率越高。但是，要求补偿的风险只是不能通过多角化投资加以消除的不可分散风险。如果可分散风险的溢价存在，证券组合的投资者将购买这部分股票（对这些投资者来说，它们没有特殊的风险）从而抬高其价格，它们最后的（均衡的）期望报酬率，只反映不可分散的市场风险。

例如，假定股票 A 的风险一半是市场风险（因为它随着市场波动而产生），另一半是可分散风险。你只持有股票 A，则将会面临所有的风险。作为对承担如此多风险的补偿，你需要超过国库券利率 10% 之外的 8% 的风险溢价，你所要求的必要报酬率为：R=10%+8%=18%。但假定其他投资者实行证券组合投资，他们同样持有股票 A，但他们消除了可分散风险。因此，面临比你小一半的风险，他们的风险溢价也为你的一半，所要求的必要报酬率为：R=10%+4%=14%。

如果股票 A 在市场上的报酬率高于 14%，实行组合的投资者将会购买它，如果它的报酬率达到 18%，你也愿意购入。但组合投资者的大量买入将抬高股价，导致报酬率下降。因此，你不能以较低的价格购买到能给你提供 18% 报酬率的这种股票，最后，你不得不接受 14% 的报酬率，否则，你只有将钱存入银行。在投资者为理性的并且实行组合投资的市场里，风险溢价只能反映出市场的风险。

5. 股票的市场风险可通过股票的 β 系数来衡量。β 系数是股票相对波动性的指数。一些可用来作为参照的 β 系数如下：

β=0.5 表示该股票的波动或风险仅为平均股票风险的一半。

β=1.0 表示该股票的风险与平均股票风险相同。

β=2.0 表示该股票的风险是平均股票风险的两倍。

6. 若个别证券的 β 系数低，则由它们所构成的投资组合的 β 系数也低，这是因为投资组合的 β 系数是组合中各个股票的 β 系数的加权平均。

五、有效市场理论

所谓有效市场理论，是指金融市场上的预期等于运用所有可知信息做出最佳预测，它是理性预期理论在证券定价上的应用。

（一）有效市场理论的提出

美国芝加哥大学教授欧根·珐玛（Eugene F.Fama）通过对股价的大量实证研究，于 1965 年、1970 年分别在美国的《商业学刊》和《金融月刊》上发表了"股票市场价格的行为"和"有效资本市场：对理论和实证工作的评价"两篇文章。他在文章中指出，由于有大量的分析家和交易商在积极寻找定价错误的证券并积极进行无险套利交易，从而影响到证券的价格，因此，在任何给定时间，证券价格已反映了投资者的知识和判断，充分反映了全部市场信息。如果价格已经很快反映了新信息，那么通过传统分析方法就不能击败市场，即不能获得高于市场平均水平的投资收益，这就叫作有效市场理论。根据这一理论，珐玛认为有效市场是指这样的一个市场：投资者都试图利用可获得的信息获得更多的报酬；证券价格对新的市场信息的反应迅速而准确；市场竞争使证券价格从一个平衡水平过渡到另一个平衡水平。

在有效市场里，任何新的信息都会迅速而充分地反映在价格中，证券的价格能迅速而充分地对这些信息做出反应。有利的信息会立刻导致证券价格的上升，不利的信息会使证券价格立即下跌。因此，任何时候的证券价格都已经充分反映了当时所得到的一切有关信息。其特征有：（1）有效市场上证券的价格充分反映新信息；（2）有效市场上的证券价格是其价值的可靠反映；（3）有效市场上证券价格的变动是随机的；（4）有效市场上的投资者不能获得超常利润。

根据市场对以上三类信息的不同反映，一般将有效市场分为以下三种类型：

1. 弱式有效市场。其特征是：证券的现行价格反映了证券本身所有的信息，过去的证券价格不影响未来的证券价格，未来的证券价格与其过去的价格之间没有任何关系。在弱势有效市场，由于目前的证券价格充分反映了过去证券价格所提供的各种信息，过去价格变动的历史不包括任何对预测未来价格变动有用的信息，有关证券的历史信息与现在和未来的证券价格或收益无关，这就说明有关证券的历史信息已被投资者所充分利用，因此，任何投资者都不可能在弱势有效市场上通过分析历史信息来决定何时买卖证券而获取超额收益。

2. 半强式有效市场。其特征是：证券的现行价格反映了所有已经公开的信息，这些信息不仅包括证券价格和交易量等历史信息，而且包括所有公开发表的信息，如公司收益、股利分配、拆股和利率、汇率等宏观指标以及有关政治与社会信息等。因此，在半强式有效市场上，不但所有证券价格变化的历史资料，而且所有公开发表的最新信息也都对判断证券价格的变化趋势毫无用处，因为所有对证券价格有影响的信息都会马上在证券价格上体现出来。

3. 强式有效市场。其特征是：证券的价格充分反映了已公开和未公开的所有信息，这些信息不仅包括历史信息和公开信息，而且包括内幕信息和私人信息。显然强式有效市场是一个极端的假设，是一个理想的市场状态，它以市场参与者无信息垄断为前提，以信息传播系统具有多元、自由、无时滞为条件，以证券市场价格对信息的反应迅速而无偏差为基础。大量的实证研究结果表明，目前各国的证券市场都未达到强式有效。

有效市场类型的划分表明，证券价格总是不同程度地反映各类相关信息。其中，弱式有效市场所描述的信息是半强式有效市场中所描述的信息集的一个子集，而半强式有效市场中所描述的信息又恰好是强式有效市场所描述的信息集的一个子集。因此，强式有效隐含着半强式有效，半强式有效又隐含着弱式有效。在有效市场上，价格所反映的信息来源越广，反应的速度越快，投资者就越难通过证券交易获得超额回报。

（二）有效市场理论对会计信息披露的重要意义

会计信息反映着上市公司的经营状况，而这一状况必将及时的被市场价格所反映。公司市场价值的升降，是各种信息（包括会计信息）综合作用的结果。也就是说公司必须按照有效市场的要求，生产符合标准的会计信息，并输出到资本市场，使市场了解企业，这对于提升公司价值、提高资本市场效率具有双重作用，有效市场理论对会计信息的披露提供了有益的启示。

1. 充分认识会计信息的非唯一性。有效市场理论认为，证券价格能同步的反映全部有关的和可用的信息，这些信息既包括企业所披露的信息，如会计信息、统计信息和管理信息等，又包括宏观经济发展所反映出的信息。投资者在获取会计信息的同时，会最大限度的使用其他的信息。但就目前而言，会计信息对投资者还是普遍适用的，因为会计信息的披露有着科学而系统的方法，并具有真实性、连续性和综合性的特点，从而使其成为包含一定信息量而又具有成本效益的披露工具。反过来讲，如果会计不能够提供投资者所需的准确、及时、可靠的信息，会计的有用性就会令人质疑，甚至有可能被其他渠道的信息所替代。

2. 在会计报表上不存在幻觉。财务估价论认为，任何资产的市场价值都是其未来现金流量的折现值，因此，投资者只关心公司财务决策所带来的现金流量。在有效市场上，信息表面的变化并不会影响企业的风险程度和预期的现金流入，当然也不会影响证券的价格。因为市场有效意味着证券市场接受的是所披露信息的真实内容，而不是信息披露的形式。因此，只要会计政策的选择不会带来现金流量的差别，或者公司以任何形式向公众披露所采用的会计政策，投资者和证券分析师都会做出必要的分析，以判断这些会计政策的改变对现金流带来的变化，公司所采用的会计政策不会影响证券的价格，也不会提升其价值。因此，试图通过会计处理方法的选择来提供表面的、虚假的会计信息，实属无益之举。

3. 充分披露会计信息。首先，弱式有效市场表明，所有过去价格变动的结果对于未来的价格变动趋势毫无影响，即在目前的股票价格中，不包含任何有助于预测未来的有用信息。经济学家将这种状况称作"市场没有记忆"。因此，会计报告的披露应具有较大的信息含量，特别是应向市场及时传递企业未来发展趋势的会计信息。其次，在半强式有效市场中，有效仅指是对公众可获得信息的有效，但在现实经济生活中确实存在信息的不对称，由此导致的逆向选择和道德风险会降低市场配置资源的效率。会计信息的充分披露，包括内部信息和可能泄露竞争优势信息的披露，无疑会增加公众所获取信息的含量，最终会在一定程度上降低由于信息不对称造成的市场不完全性。公司应认识充分披露所带来的正面效应。

4. 披露真实而公允的会计信息。会计信息的质量特征，对资本市场效率的有效发挥有着重要的影响。相关可靠的会计信息，能使投资者做出正确的决策，实现社会资本的优化配置。而虚假的、不可靠的、不相关的会计信息，则会误导投资者做出错误决策，扭曲资本市场正常反应机能，同时也会引发人们的投机行为，使资本市场大起大落，也使得企业的经营业绩难以取信于民，引发信用危机，导致股价下跌，企业财富缩水。

第三节　证券价值估算

证券是商品经济和社会化大生产发展的产物，其含义非常广泛。从法律意义上说，证券是指各类记载并代表一定权利的法律凭证的统称。它代表了一定量的财产权利、证明证券持有人有权按期取得一定的利息或股息等收入并可自由转让和买卖的所有权或债权凭证。包括股票、债券及其衍生品等。本节主要介绍债券与股票的估价。

一、债券估价

债券是发行者为筹集资金，按法定程序向债权人发行的，在约定时间支付一定比率的利息，并在到期时偿还本金的一种有价证券。发行者必须在债券上载明债券面值、债券利率、付息日及到期日。目前我国发行的债券有到期一次还本付息债券，分期付息、到期还本债券和贴现发行的债券三种形式。本节仅对估价模型与收益率予以介绍，其余相关知识将在第三章予以阐述。

（一）债券的估价模型

债券的价值是发行者按照合同规定从现在至债券到期日所支付的款项的现值。影响债券价值的因素主要有债券的面值、期限、票面利率和所采取的折现率等因素。计算现值时使用的折现率取决于当前的市场利率和现金流量的风险水平。下面介绍几种最常见的债券估价模型。

1.分期付息、到期还本的债券估价模型

分期付息、到期还本的债券估价模型是债券估价的基本模型，其一般计算公式为：

债券价值 = 未来收取的利息和收回本金的现值合计

= 每期利息 × 年金现值系数 + 债券面值 × 复利现值系数

即：

$$V = \sum_{t=1}^{n} \frac{I}{(1+k)^t} + \frac{M}{(1+k)^n}$$
$$= I \times (P/A, k, n) + M \times (P/F, k, n)$$

式中：I——每期利息；M——债券面值或到期本金；k——市场利率或投资者要求的最低报酬率；n——付息期数。

2. 贴现发行债券的估价模型

债券以贴现方式发行，没有票面利率，到期按面值偿还，这种债券也称为零票面利率债券。这种债券以贴现方式发行，即以低于面值的价格发行，到期按面值偿还。其估价模型为：

债券价值 = 债券面值 × 复利现值系数

即：

$$V = \frac{M}{(1+k)^n} = M \times (P/F, k, n)$$

公式中的符号含义同前式。

（二）债券的收益率

债券的收益水平通常用到期收益率来衡量。到期收益率是指以特定价格购买债券并持有至到期日所能获得的收益率。它是使未来现金流量现值等于债券购入价格的折现率，相当于投资者按照当前市场价格购买并且一直持有到满期时可以获得的年平均收益率。

一般的债券到期都按面值偿还本金，所以，随着到期日的临近，债券的市场价格也会越来越接近面值。

1. 短期债券到期收益率

对处于最后付息周期的附息债券、贴现债券和剩余流通期限在一年以内（含一年）的到期一次还本付息债券，其到期收益率的计算公式为：

$$到期收益率 = \frac{(到期本息和 - 债券买入价)/债券买入价}{剩余到期年限} \times 100\%$$

2. 长期债券到期收益率

（1）到期一次还本付息债券

剩余流通期限在一年以上的到期后一次还本付息债券的到期收益率采取复利计算。计算公式为：

$$PV = (M + M \times i \times n) \times (P/F, k, t)$$

式中，k——到期收益率；PV——债券买入价；i——债券票面年利率；n——债券有效年限；M——债券面值；t——债券的剩余年限。

（2）按年付息债券

不处于最后付息期的固定利率附息债券的到期收益率可用下面的公式计算，各字母代表的含义同上式：

$$PV = M \times i \times (P/A, k, n) + M \times (P/F, k, t)$$

二、股票估价

股票是股份有限公司为筹措股权资本而发行的有价证券，是公司签发的证明股东持有公司股份的凭证。股票作为一种所有权的凭证，代表着对发行公司净资产的所有权。股票只能由股份有限公司发行。本节仅对估价模型与收益率予以介绍，其余相关知识将在第三章予以阐述。

（一）股票估价模型

股票作为一种投资，现金流出是其购买价格，现金流入是股利和出售价格。股票未来现金流入的现值，称为股票的价值或股票的内在价值。股票的价值不同于股票的价格，受社会、政治、经济变化和心理等诸多因素的影响，股票的价格往往会背离股票的价值。

下面介绍几种最常见的股票估价模型：

1. 短期持有股票，未来准备出售的股票估价模型

一般情况下，投资者投资于股票，不仅希望得到股利收入，而且更期望在股票价格上涨时出售股票获得资本利得中。如果投资者不打算永久地持有该股票，而在一段时间后出售，他的未来现金流入是几次股利和出售时的股价。此时的股票估价模型为：

$$V = \sum_{t=1}^{n} \frac{D_t}{(1+k)^t} + \frac{P_n}{(1+k)^n}$$

式中：V——股票的内在价值，

D_t——第 t 期的预期股利；

P_n——未来出售时预计的股票价格；

K——贴现率，一般采用当时的市场利率或投资人要求的必要收益率；

N——预计持有股票的期数。

2. 长期持有、股利稳定不变的股票估价模型

在每年股利稳定不变，投资人持有期限很长的情况下，股票的估价模型可在第一种模型的基础上简化为：

$$V = \frac{D}{k}$$

式中：V 为股票的内在价值，D 为每年固定股利，k 为投资人要求的必要收益率。

3. 长期持有、股利固定增长的股票估价模型

如果一个公司的股利不断增长，投资者的投资期限又非常长，则股票的估价就相对复杂，只能计算近似值。设今年股利为 D_0。第 t 年股利为 D_1，每年股利比，上年增长率为 g，则：

$$V = \frac{D_0(1+g)}{k-g} = \frac{D_1}{k-g}$$

4.非固定增长股票的价值

在现实生活中，有的公司股利是不固定的。例如，在一段时间里高速增长，在另一段时间里正常的固定增长或固定不变。在这种情况下，就要进行分段计算才能确定股票的价值。

（二）股票投资的收益率

股票投资收益是指投资者从购入股票开始到出售股票为止整个持有期间所获得的收益，这种收益由股利收入和股票买卖差价两方面组成。

股票投资收益率是指能够使得股票未来现金流量的折现值等于目前的购买价格时的折现率，也就是股票投资的内涵报酬率（或内部收益率）。股票投资收益率可按下式计算：

$$P = \sum_{t=1}^{n} \frac{D_t}{(1+k)^t} + \frac{P_n}{(1+k)^n}$$

式中：P——股票的买入价格，

Dt——第 t 期的股利；

Pn——股票的卖出价格；

K——股票投资收益率；

n——持有股票的期限。

第三章　筹资管理

第一节　筹资概述

财务管理的核心是适时、适量和低成本的筹集并有效运用各项资金，以确保企业一定时期内经营目标的实现。所以，财务管理部门必须根据企业具体经营目标的要求，通过对企业编制公司长短期的资金预算和相应计划，来直接制定和实施企业的筹资决策方案。同时，在进行筹资决策时，必须对各种可能的筹资方式、筹资规模和时间、筹资成本和筹资后企业资本结构的变化等多种因素，作综合的比较和分析，选择出最合理的筹资方案。

一、筹资的含义与动机

筹资是企业根据生产经营等活动对资金的需要，通过一定的渠道，采取适当的方式获取所需资金的一种行为，企业筹资的基本目的是自身的生存和发展。具体说来，企业的筹资动机有以下几种：

设立性筹资动机，是企业设立时为取得资本金而产生的筹资动机。

扩张性筹资动机，是企业为扩大生产经营规模或增加对外投资而产生的动机。具有良好的前景、处于扩张期的企业一般具有这样的筹资动机。

调整性筹资动机，是企业因调整现有资金结构的需要而产生的筹资动机。随着企业经营情况的变化，需要对资金结构来进行相应的调整。

混合性筹资动机，是企业为同时实现扩大规模以及调整资金结构等几个目标而产生的筹资动机。

二、筹资渠道与筹资方式

企业筹资活动需要通过一定的渠道并采用一定的方式来完成。

（一）筹资渠道

筹资渠道是指客观存在的筹措资金的来源方向与通道。认识和了解各筹资渠道及其特点，有助于企业充分拓宽和正确利用筹资渠道。目前，我国企业的筹资渠道主要包括以下方面：

1. 银行信贷资金

间接融资是中国企业最主要的融资方式，而在间接融资中，银行信贷资金又是最重要的方式，因此，银行对企业的各种贷款，成为我国目前各类企业最为重要的资金来源。

2. 其他金融机构资金

其他金融机构主要指信托公司、保险公司、租赁公司、证券公司、财务公司等。它们所提供的各种金融服务，既包括信贷资金投放，又包括物资的融通，还包括为企业承销证券等金融服务。

3. 其他企业资金

企业在生产经营过程中，往往形成部分暂时闲置的资金，并为一定的目的而进行相互投资；另外，企业间的购销业务可以通过商业信用方式来完成，从而形成企业间的债权债务关系，形成债务人对债权人的短期信用资金占用。企业间的相互投资和商业信用的存在，使其他企业资金也成为企业资金的重要来源之一。

4. 居民个人资金

企业职工和居民个人的结余资金，作为游离于银行及非银行金融机构等之外的个人资金，可用于对企业进行投资，形成民间资金来源渠道，从而为企业所用。

5. 国家财政资金

国家对企业的直接投资是国有企业特别是国有独资企业获得资金的主要渠道。现有的国有企业的资金来源中，其资本部分大多是由国家财政以直接拨款方式形成的。

6. 企业自留资金

它是指企业内部形成的资金，也称企业留存收益，主要包括提取公积金和未分配利润等。这些资金的重要特征之一是，它们无须通过一定的方式去筹集，而是直接由企业内部自动生成或转移。

不同的筹资渠道提供资金的数量和筹资的方便程度不尽相同。有些渠道的资金供应量比较多，如银行信贷资金和非银行金融机构资金等，而有些相对较少，如企业自留资金等。这种资金供应量的多少，在一定程度上取决于财务管理环境的变化，特别是宏观经济体制、银行体制和金融市场发展速度等因素。因此，企业需要根据自身情况以及宏观环境来确定适合自身的筹资渠道。

（二）筹资方式

筹资方式是指可供企业在筹措资金时选用的具体筹资形式。筹资管理的重要内容是如何针对客观存在的筹资渠道，选择合理的筹资方式进行筹资，降低筹资成本，提高筹资效益。目前我国企业筹资方式主要有以下几种：

1. 吸收直接投资

吸收直接投资是指企业通过协议等形式吸收投资者直接投入资金的筹资方式。

2. 发行股票

发行股票是指股份公司通过股票发行筹措资金的一种筹资方式。

3. 发行债券

发行债券是指企业按照债券发行协议通过发售债券进行直接筹资，形成企业债务资金的一种筹资方式。

4. 银行借款

银行借款是指企业按照借款合同从银行等金融机构贷款而获得债务资金的一种筹资方式。

5. 商业信用

商业信用是指企业通过赊购商品、预收货款等商品交易行为获得债务资金的一种筹资方式。

6. 融资租赁

融资租赁是指企业按照租赁合同租入资产从而筹措资金的特殊筹资方式。其中，利用前两种方式筹措的资金为权益资金，利用后四种方式筹措的资金为债务资金。

三、筹资原则

企业筹资决策涉及筹资渠道与方式、筹资数量、筹资时机、筹资结构、筹资风险、筹资成本等等。其中筹资渠道受到筹资环境的制约，外部的筹资环境和企业的筹资能力共同决定了企业的筹资方式；筹资数量和筹资时机受到企业筹资战略的影响，反映了企业发展的战略目标；筹资结构取决于企业所处的发展阶段，是企业通过控制和利用财务风险来实现企业价值最大化的决策，它和企业的经营风险以及财务风险大小有关。企业筹资应当有利于实现企业顺利健康成长和企业价值最大化。企业筹资原则必须在宏观筹资体制的框架下做出选择，因此，受到国家金融制度的约束。

具体说来，企业筹资应遵循以下基本原则：

1. 规模适当原则

企业筹资规模受到企业债务契约约束、企业规模大小等多方面因素的影响，且不同时期企业的资金需求不断变化。因此，企业财务人员要认真分析企业的经营状况，采用一定的方法，合理确定筹资规模。这样，既能避免因资金筹集不足，影响生产经营的正常进行，又可防止资金筹集过多，造成资金闲置的现象。

2. 筹措及时原则

企业财务人员在筹集资金时必须熟知资金时间价值的原理和计算方法，以便根据资金需求的具体情况，合理安排资金的筹集时间，适时获取所需资金。这样，既能避免过早筹集资金形成资金投放前的闲置，又能防止取得资金的时间滞后，错过资金投放的最佳时间。一般说来，期限越长，手续越复杂的筹款方式，其筹款时效越差。

3. 来源合理原则

资金的来源渠道和资本市场为企业提供了资金的源泉和筹资场所，它反映出资金的分布状况和供求关系，决定着筹资的难易程度。不同来源的资金，对企业的收益和成本有不同影响。因此，企业应该认真研究资金来源渠道和资本市场，合理选择资金来源。

4. 方式经济原则

在确定筹资数量、筹资时间、资金来源的基础上，企业在筹资时还必须认真研究各种筹资方式。不同筹资方式下的资本成本有高有低，为此需要对各种筹资方式进行分析、对比，选择经济、可行的筹资方式。与筹资方式相联系的问题是资本结构的问题，企业应确定合理的资本结构，以便降低成本，减少风险。

四、筹资类型

企业可以从不同的渠道，利用不同的方式来筹集资金。根据不同的性质可以将它们划分为不同类型，各种类型资金的结合就构成了企业具体的筹资组合。为了保证企业筹资组合的有效性，必须正确认识各种不同的筹资类型。

（一）股权性筹资、债务性筹资和混合性筹资

企业筹集的资金，按资金性质的不同可分为权益资金和债务资金两类，与此对应，筹资的类型可以分为股权性筹资、债务性筹资和混合性筹资三种。

1. 股权性筹资

股权性筹资形成企业的股权资金，也称权益资金、自有资金，是企业依法筹集、长期拥有、自主支配的资金。权益资金由投资者的原始投资和投资积累形成，主要包括实收资本（或股本）资本公积、盈余公积和未分配利润等。权益资金的多少，反映了企业的资金实力，在相当程度上可以反映企业财务状况的稳定程度以及企业适应生产经营客观环境变化的能力，企业权益资金可以采用吸收直接投资、发行股票和留存利润等方式筹措取得。

2. 债务性筹资

债务性筹资形成企业的债务资金，也称借入资金，是企业通过债务方式取得，依约使用、按期偿还的资金。这部分资金在一定期限内归企业使用。但到期必须偿还，因而其偿债压力大。债务资金包括应付账款、应付票据、银行借款、应付债券及其他各种应付的款项，可采用银行借款、发行债券、融资租赁和商业信用等方式进行筹措取得。

3. 混合性筹资

混合性筹资是指兼具股权性筹资和债务性筹资双重属性的筹资类型，主要包括发行优先股筹资和发行可转换债券筹资。优先股股本属于企业的股权资金，但优先股股利同债券利率一样，通常是固定的，因此优先股筹资归为混合性筹资。可转换债券在其持有者将其转换为公司股票之前，属于企业的债务资金，在其持有者将其转换为发行公司股票之后，

则属于企业的股权资金。可见，发行优先股筹资和发行可转换债券筹资都具有股权性筹资和债务性筹资双重属性，因此属于混合性筹资。

（二）短期筹资与长期筹资

企业筹集的资金，按资金的使用期限可分为短期资金和长期资金两类，与此对应，筹资的类型可以分为短期筹资和长期筹资。

1. 短期筹资

短期筹资是指为满足企业周转性资金需要而进行的，资金使用期限在 1 年以内的筹资活动，也称短期负债筹资。短期筹资方式主要包括短期借款筹资、商业信用筹资、短期债券筹资等。

2. 长期筹资

长期筹资是指为满足企业长期生存与发展而进行的，资金使用期限在 1 年以上的筹资活动，是企业筹资的主要方面。长期资金主要用于新产品新项目的开发和推广、生产规模的扩大、厂房和设备的更新与改造等。长期筹资方式主要包括吸收直接投资、发行股票、发行长期债券、长期借款、融资租赁等。

（三）直接筹资与间接筹资

企业筹资活动，按是否通过金融机构可以划分为直接筹资和间接筹资两种类型。

1. 直接筹资

直接筹资是指企业不通过金融机构而直接面对资金供应者进行的筹资活动，一般是通过吸收直接投资、发行股票、发行债券等方式进行筹资。随着金融法规的逐渐健全、证券市场的不断完善，我国居民、企业参与直接筹资的机会大大增加，参与方式也日趋多样化。所以，直接筹资的范围将会越来越广。

2. 间接筹资

间接筹资是企业通过金融媒介进行的筹资活动，一般通过银行或其他金融机构进行。这种筹资具有筹资手续简单、效率高、费用低等优点，但筹资范围相对较窄，筹资渠道与方式相对单一。长期以来，间接筹资一直在我国企业的筹资活动中占主导地位。但是，随着金融市场的不断完善，间接筹资的地位比以前有所削弱，尤其是伴随着现代企业制度建设的深化，越来越多的企业把筹资方向转向资本市场，进行直接融资。

（四）内部筹资和外部筹资

企业筹资按金来源的范围不同，可分为内部筹资和外部筹资两种类型，企业一般应在充分利用内部筹资来源之后，再考虑外部筹资问题。

1. 内部筹资

内部筹资是指企业利用内部留存收益而形成的资本来源，是企业内部自然形成的，因此被称为"自动化的资本来源"，一般无须花费筹资费用，其数量通常由企业可分配的利润规模和利润分配政策所决定。

2. 外部筹资

外部筹资是指企业在内部筹资不能满足需要时，向企业外部筹资而形成的资本来源。企业外部筹资方式包括吸收直接投资、发行股票、银行借款、发行债券和融资租赁等。企业的外部筹资大多需要花费筹资费用，但筹资数量相对较大。

第二节　权益资金筹资

权益资金是指投资者投入企业以及企业生产经营过程中所形成的积累性资金。它反映企业所有者的权益，可以被企业长期占有和支配，是企业一项最基本的资金来源。它的筹集方式具体可分为吸收直接投资、发行股票、利用留存收益等。

一、吸收直接投资

吸收直接投资是指企业按照"共同出资、共同经营、共担风险、共享利润"的原则，从国家、法人、个人、外商等外部主体来吸收投资的一种方式。它不以证券为媒介，直接形成企业生产能力，投入资金的主体成为企业的所有者，参与企业经营，按其出资比例承担风险、分享收益。

（一）吸收直接投资的方式

吸收直接投资可以采用多种方式：

1. 吸收现金投资

吸收现金投资是企业吸收直接投资最为主要的形式之一。这是因为与其他筹资方式相比，现金在使用上具有较大灵活性，它既可用于购置资产，也可用于支付费用。因此，企业应尽量动员投资者采用现金出资方式。

2. 吸收非现金投资

吸收非现金投资分为两类：一是吸收实物资产投资，二是吸收无形资产投资。与现金出资方式相比，非现金投资直接形成经营所需资产，因此，有利于缩短企业经营筹备期，提高效率。但是，应注意以下两个问题：

（1）资产作价。《公司法》第二十七条第二款规定："对作为出资的非货币财产应当评估作价，核实财产，不得高估或者低估作价。法律、行政法规对评估作价有规定的，从其规定。"投资方和被投资方在确认资产价值时，必须本着客观、公正的原则进行资产作价，如按第三方（中介评估机构）的资产评估确定其价值，或者按双方签订的合同、协议约定的价值进行作价。

（2）出资标的物应符合国家规定。《公司登记管理条例》第十四条明确规定："股东不得以劳务、信用、自然人姓名、商誉、特许经营权或者设定担保的财产等作价出资。"

（二）吸收直接投资的管理

吸收直接投资的管理，主要包括以下几方面的内容：

1. 合理确定吸收直接投资的总量

企业资本筹集规模要与生产经营相适应。企业在创建时必须注意其资本筹集规模与投资规模的关系，要求从总量上协调两者的关系，以避免因吸收直接投资规模过大而造成资产闲置，或者因规模不足而影响资产的经营效益。

2. 正确选择出资方式，以保证其合理的出资结构与资产结构

由于吸收直接投资形式下各种不同出资方式形成的资产的周转能力与变现能力不同，对企业正常生产经营能力的影响也不相同，应在吸收投资时确定较合理的结构关系。这些结构关系包括：现金出资与非现金出资间的结构关系；实物资产与无形资产间的结构关系；流动资产与长期资产间的结构关系（包括流动资产与固定资产间的结构关系）等。

3. 明确投资过程中的产权关系

不同投资者的投资数额不同，则其所享有的权益也不相同。因此，企业在吸收投资时必须明确一系列产权关系，包括企业与投资者之间的产权关系，以及各投资者之间的产权关系。

（三）吸收直接投资的优缺点

吸收直接投资是非股份制企业筹集资金的主要方式，也是我国企业筹资中最早采用的一种方式。

1. 吸收直接投资的优点

（1）吸收直接投资所筹资本属于权益资本，能提高企业的资信和借款能力。

（2）吸收直接投资不仅可筹集现金，而且能够直接取得所需的先进设备和技术，能尽快地形成企业的生产经营能力。

（3）与股票筹资相比，吸收直接投资方式所履行的法律程序相对简单，从而筹资速度相对较快。

（4）与债务筹资相比，吸收直接投资的财务风险较低。

2. 吸收直接投资的缺点

（1）吸收直接投资的成本较高。

（2）由于不以证券为媒介，产权关系有时不够明晰，不便于产权交易，也不利于吸引广大投资者进行投资。

二、发行普通股股票

股票是公司签发的证明股东所持股份的凭证。股票持有人即为股东，股东作为出资人按投入资本额享有获得资产收益、参与制定公司重大决策和选择管理者等权利，并以其所持股份为限对公司承担责任。股票筹资是股份公司筹集资本的主要方式之一。

（一）股票的类型

股份有限公司根据筹资与投资的需要，可发行各种不同种类的股票。

1. 按股东权益的不同分为普通股与优先股

普通股是公司发行的代表股东享有平等的权利和义务，不加以特别限制且股利不固定的股票，它是公司最基本的股票。普通股股东具有以下权利：

（1）管理权。普通股股东的管理权主要体现在重大决策参与权、经营者选择权、财务监控权、公司经营的建议和质询权、股东大会召集权等方面。

（2）利润分配权。普通股股东有权从公司利润分配中得到股利。普通股的股利是不固定的，由公司的盈利状况及其分配政策决定。普通股股东必须在优先股股东取得固定股息之后才有权享受股利分配权。

（3）优先认股权。如果公司需要扩张而增发普通股股票时，现有普通股股东有权按其持股比例，以低于市价的某一特定价格优先购买一定数量的新发行股票，从而保持其对企业所有权的原有比例。

（4）剩余财产分配权。当公司破产或清算时，若公司的资产在偿还欠债后还有剩余，其剩余部分按先优先股股东、后普通股股东的顺序进行分配。

优先股是指依照公司法，在一般规定的普通种类股份之外，另行规定的其他种类股份，其股份持有人优先于普通股股东分配公司利润和剩余财产，但参与公司决策管理等权利受到限制。有关优先股的具体问题将在第四节混合筹资中介绍。

2. 按票面是否记名分为记名股票和无记名股票，

记名股票是在股票票面记载股东的姓名或者名称的股票，股东姓名或名称要记入公司的股东名册。记名股票一律用股东本名，其转让、继承要办理过户手续。

无记名股票则是在股票票面不记载股东的姓名或名称的股票，公司只记载股票数量、编号及发行日期。无记名股票的转让、继承无须办理过户手续。

3. 按票面是否标明金额分为有面额股票和无面额股票

有面额股票的票面标有金额。它有两个基本特点：（1）可通过计算间接的反映股东所持公司股份的多少。（2）有利于会计核算。票面总金额直接代表公司注册资本的多少。按票面总金额即可直接记入股本中，而超过面额部分则体现为资本公积。但它的最大缺陷是容易使人们误认为票面金额即为该股票所代表的价值。

无面额股票的票面不标有金额，而只有股票上载明所占公司股本总额的比例或股份数。它的最大特点是股票能直接代表股份，从而直接体现其实际价值，但它存在不能直接反映股票溢价，从而不利于会计核算的缺点。

4. 按投资主体的不同，可分为国家股、法人股、个人股等

国家股是有权代表国家投资的部门或机构以国有资产向企业投资而形成的股份。

法人股是企业法人依法以其可支配的财产向企业投资而形成的股份，或具有法人资格的事业单位和社会团体以国家允许用于经营的资产向企业投资而形成的股份。

个人股是社会个人或公司内部职工以个人合法财产投入企业而形成的股份。

（二）股票发行的规定与条件

按照我国《公司法》的有关规定，股份有限公司发行股票，应符合以下规定和条件：

1. 每股金额相等。规定同次发行的股票，每股的发行条件和价格应当相同。

2. 股票发行价格可以按票面金额，也可以超过票面金额，但不得低于票面金额。

3. 股票应当载明公司名称、公司成立日期、股票种类、票面金额及代表的股份数、股票编号等主要事项。

4. 向发起人、法人发行的股票，应当为记名股票；对社会公众发行的股票，可以为记名股票，也可以为无记名股票。

5. 公司发行记名股票的，应当置备股东名册，记载股东的姓名或名称及住所，各股东所持股份，各股东所持股票编号，各股东取得其股份的日期；发行无记名股票的，公司应当记载其股票数量、编号及发行日期。

6. 公司发行新股，应由股东大会做出有关下列事项的决议：新股种类及数额；新股发行价格；新股发行的起止日期；向原有股东发行新股的种类及数额。

（三）股票发行价格决策

股票发行价格的确定受法律等外在因素的限制，如不得进行折价发行。但股票价格决定于其内在价值。在具体确定股票价格时，人们通常以下述方法作为股票发行价格的参考依据：

1. 每股净资产法

每股净资产是所有资产按账面价值，在支付了全部债务（含优先股）后，每股公司所有者权益的价值。它等于公司账面总资产减去负债后的资产净值除以公开发行在外的平均普通股的总数。

2. 市盈率法

市盈率是指每股市价与每股收益的比率。它反映股票市价（即股东购买的成本）与股票收益间的对应关系，即价格对收益的倍数。因此，公司可以用每股收益额乘某一参考市盈率（如行业平均数）来确定其股票发行价格。其公式是：

发行价格 ＝ 预期每股收益 × 参考市盈率

3. 未来收益现值法

投资者购买股票是为了获取股利。因此，每只股票的价值等于预期未来可收到的全部股利的现值。

（四）普通股筹资的优缺点

1. 普通股筹资的优点

（1）筹资风险小。一方面，普通股筹资具有永久性，无到期日，不需要归还，这对保证公司最低资本要求维持公司的长期稳定发展非常有利；另一方面，普通股筹资不存在固定的股利支付义务，没有还本付息的风险。

（2）能提高企业的资信和借款能力。发行股票筹集的是权益资金，较多的权益资金可为债权人提供较大的损失保障。因而，发行股票筹资既可以提高公司的信用程度，又可为使用更多的债务资金提供有力的支持。

（3）普通股筹集的资金在使用上不受投资者的直接干预。相对于其他筹资方式，股本的使用较为灵活，既可用于长期资产投资，在某种程度上也可用于永久性占用的流动资产进行投资。

2.普通股筹资的缺点主要表现为：

（1）资本成本比较高。首先，由于普通股投资风险比较大，按照风险—收益配比原理，投资者所期望的投资报酬相应提高，从而使公司通过股本筹资的期望资本成本也加大。其次，相对于其他筹资方式，由于普通股股利是从税后收益中支付的，不存在负债等其他筹资方式下的税收抵免，从而直接加大了公司资本成本。第三，普通股票的发行成本相对于其他筹资方式较高，加大了筹资成本。

（2）容易分散公司控制权。当企业发行新股时，引进新股东，会稀释原有股权结构，导致公司控制权的分散。

（3）股票发行过量会直接影响公司股票市价。新股东分享公司未发行新股前积累的盈余，会降低普通股的净收益，从而可能会引起股价的下跌。

三、利用留存收益

（一）留存收益的性质

留存收益包括盈余公积和未分配利润。从性质上看，企业通过合法有效经营所实现的税后利润，都属于企业的所有者。因此，属于所有者的利润包括分配给所有者的利润和尚未分配留存于企业的利润。企业将本年度的利润部分甚至全部留存下来的原因很多，主要包括：第一，收益的确认和计量是建立在权责发生制基础上的，企业有利润，但企业不一定有相应的现金净流量增加，做企业不一定有足够的现金将利润全部或部分派给所有者。第二，法律法规从保护债权人利润和要求企业可持续发展等角度出发，限制企业将利润全部分配出去。《公司法》规定，企业每年的税后利润，必须提取 10% 的法定盈余公积金。第三，企业基于自身的扩大再生产和筹资需求，也会将一部分利润留存下来。

（二）利用留存收益筹资的特点

利用留存收益筹集资金是企业筹集权益资金的方式之一，它是企业将留存收益转化为投资的过程，其实质为原股东对企业追加的投资。利用留存收益筹资具有以下特点：

1.不发生筹资费用。与普通股筹资相比，留存收益筹资不需要发生筹资费用，资本成本相对较低。

2.维持公司的控制权分布。利用留存收益筹资，不用对外发行新股或吸收新投资者，由此增加的权益资本不会改变公司的股权结构，不会稀释原有股东的控制权。

3.筹资数额有限。留存收益的最大数额是企业本期的净利润和以前年度未分配的利润之和。

第三节 长期债务筹资

债务资金筹资是企业最主要的筹资形式之一。这是因为：第一，权益资金筹资一般都受到一定的限制，这就决定了企业必须借助于债务资金筹资形式来满足企业生产经营的需要；第二，从企业发展速度与规模上，如果不依赖于债务资金筹资将难以利用财务杠杆扩大其生产经营规模；第三，债务资金筹资对提高权益资金收益率具有重要的意义。从类型来看，企业债务资金筹资方式包括银行借款、企业债券、融资租赁、商业信用等多种形式；从所筹资金的期限看，则有长期债务资金和短期债务资金两类。本节介绍长期债务资金的筹资方式。

一、长期借款

长期借款是企业向银行等金融机构借入的，期限在一年以上的各种借款。它以企业的生产经营及获利能力为依托，用于企业长期资产投资和永久性流动资产投资。

（一）长期借款的种类

1.按提供借款的机构可分为政策性银行借款、商业性银行借款、其他金融机构借款。政策性银行借款是指执行国家政策性贷款业务的银行提供的借款，通常为长期借款。商业性银行借款是指由各商业银行向工商企业提供的借款，这类借款主要是为满足企业生产经营的资金需要，以盈利为目的。其他金融机构借款是指除商业银行以外其他可以从事贷款业务的金融机构提供的借款，如信托公司、保险公司、企业财务公司等提供的借款。

2.按是否提供担保分为抵押借款和信用借款。抵押借款的抵押品可以是不动产、机器设备等实物资产，也可以是股票、债券等有价证券。企业到期不能还本付息时，银行等金融机构有权处置抵押品，以保证其贷款安全。信用借款则是凭借贷款企业的信用或其保证人的信用而取得的借款。它通常由借款企业出具签字文书，借贷双方严格执行借款的合同，信守约定。

3.按借款用途可分为基本建设借款、更新改造借款、科研开发和新产品试制借款等。

（二）长期借款协议的保护性条款

一旦银行做出长期贷款承诺，就需在较长时间内将一定量的资金，提供给借款人，银行为了保护其自身权益，保证到期能收回贷款并获得收益，要求企业保持良好的财务状况，并做出承诺，这就是长期借款协议的保护性条款。它主要包括一般保护性条款、例行性保护条款和特殊性保护条款。

1.一般保护性条款

一般保护性条款包括四项限制条款。①流动资本要求：旨在维持公司目前的地位及偿还贷款的能力，规定公司在承诺期内必须保持流动资本的最低限额，如规定企业保持一定的流动比率和速动比率等。②红利和股票回购的现金限制：旨在限制现金用于业务以外的其他用途，以维持企业的清偿能力。最常用的方法是将支付的红利和股票回购的现金限制为净利润的一定比率。③资本支出规模限制：银行为保证维持公司目前财务状况，通过直接限制资本支出规模，目的在于减少企业日后不得不变卖固定资产以偿还贷款的可能性，着眼于保持借款企业资金的流动性。④其他债务限制：例如，防止其他贷款人取得对企业资产的优先求偿权等。

2.例行性保护条款

例行性保护条款主要是一些常规条例，如借款企业必须定期向银行提交财务报表；不准在正常情况下出售较多资产，以保持企业正常的生产经营能力；不得为其他单位或个人提供担保；限制租赁固定资产规模，以防止过多的租金支付；禁止应收账款的转让；及时清偿到期债务（特别是短期债务）等等。

3.特殊性保护条款

特殊性保护条款是针对某些特殊情况而出现在部分借款合同中，主要包括：①贷款专款专用；②不准企业投资于短期内不能收回资金的项目；③限制企业高级职员的薪金和奖金总额；④要求企业主要领导人在合同有效期间担任领导职务；⑤要求企业主要领导人购买人身保险等。

（三）长期借款的偿还

贷款本金的偿还通常有两种方式，即到期一次性偿还；定期或不定期地偿还相等或不等金额的款项，借款到期时还清全部本金。从还款方式可以看出，前者能使借款企业在借款期内使用全部所借资金，但到期还款压力大，需要企业事先做好还款计划与还款准备，如建立偿债基金等。后者则使借款企业在借款期内边用边还，将还款与用款结合在一起，所用借款额不完整，且实际利率大于名义利率，但偿债压力较小。从根本上说，采用何种偿还方式，取决于所借款项使用后新增的利润及现金流入的特点。

（四）长期借款筹资的优缺点

1.长期借款筹资的优点

（1）筹资速度快。相对于股票债券等方式，长期借款具有程序简便、迅速、快捷的特点。对企业来说，与一家银行或为数不多的金融机构打交道要比同一大批债券持有者打交道方便得多。

（2）筹资弹性较大。借款时企业与企业直接交涉，有关条件可谈判确定；用款期间企业如因财务状况发生某些变动，亦可与银行再协商，因此，长期借款筹资对企业具有较大的灵活性。而债券筹资面对的是社会广大投资者，协商改善筹资条件的可能性很小。

（3）筹资成本较低。长期借款产生的利息费用属于所得税的税前列支项目，具有节税效应，使其实际负担的成本比权益筹资成本低。同时，与债券筹资相比，借款利率一般低于债券利率，借款的筹资费用也较少。

（4）可发挥财务杠杆作用。企业借人款项后，如能使投资收益率大于长期借款的利息率，公司即可获得财务杠杆利益。

（5）易于企业保守财务秘密。向银行办理借款，可以避免向公众提供公开的财务信息，因而易于减少财务信息的披露面，对保守财务秘密有益。

2.长期借款筹资的缺点

（1）筹资风险较大。借款具有还本付息的固定义务，企业偿债压力大，筹资风险较高。另外，企业有时会因过多借款而无力偿付。

（2）使用限制多。银行对借款的使用附加了很多约束性条款，限制了企业自主调配与运用资金的功能。

（3）筹资数量有限。长期借款一般不如股票、债券那样可以一次筹集到大笔资金。

二、发行债券

公司债券，是指公司依照法定程序发行、约定在一定期限还本付息的有价证券。发行债券是企业筹集债务资本的重要方式，通常是为其大型投资项目一次筹集大笔长期资本。

（一）债券的类型

1.按有无特定的财产担保，分为抵押债券和信用债券

抵押债券是以发行债券公司的财产为抵押品所发行的债券。如债券到期不能偿还，持券人可以行使抵押权，拍卖抵押品作为补偿。抵押债券按抵押品的不同又可分为不动产抵押债券、动产抵押债券和证券抵押债券。其中，证券抵押债券是债券发行人以所持有的有价证券作为抵押品而发行的债券。信用债券又称无抵押担保债券，是仅凭公司自身的信用发行的、没有抵押品作抵押或担保人作担保的债券。在公司清算时，信用债券的持有人因无特定的资产做担保品，只能作为一般债权人参与到剩余财产的分配。

2.按能否转换为本公司股票，分为可转换债券和不可转换债券，可转换债券是指根据发行契约允许持券人按预定的条件、时间和转换率将持有的债券转换为公司普通股的债券。不能享有这种权利的债券则为不可转换债券。对于可转换债券，如债券持有人选择转股，公司应当按照转换办法向债券持有人换发股票，但债券持有人对转换股票或者不转换股票有选择权。

3.按能否提前收兑，分为可提前收兑债券和不可提前收兑债券，可提前收兑债券是公司按照发行时的条款规定，依一定条件和价格在公司认为合适的时间收回债券。这类债券的优点在于：当利率降低时，公司可用"以新换旧"的办法，收回已发行的利率较高的债券，

代之以新的、利率相对较低的债券，以降低债务成本。不可提前收兑债券是指不能从债权人手中提前收回的债券，它只能在证券市场上按市场价格买回，或等到债券到期后收回。

（二）债券的发行定价

债券筹资所面临的财务问题之一是如何对拟发行的债券进行定价，即确定债券发行价格。所谓债券发行价格是指发行公司（或其承销机构）发行债券时所使用的价格，即投资者向发行公司认购债券时实际支付的价格。公司在发行债券之前，必须进行发行价格的决策。

1.影响债券发行价格的因素

（1）债券面值，即债券票面价值。债券发行价格的高低，从根本上取决于面值大小，一般而言，债券票面价值越大，发行价格越高。债券面值是债券的到期价值，即债券的未来价值，而债券发行价格是现在价值，如果不考虑利息因素，仅从资金时间价值来考虑，企业债券应以低于面值的价格出售，即按面值进行贴现。

（2）债券利率，即债券票面利率，通常在发行债券之前即已确定，并在债券票面上注明。一般而言，债券利率越高，发行价格越高；反之，发行价格越低。

（3）市场利率。债券发行时的市场利率是衡量债券利率高低的参照指标，两者往往不一致，共同影响债券的发行价格。一般而言，债券发行时的市场利率越高，债券的发行价格越低，反之，发行价格就会越高。

（4）债券期限。债券发行的起止期限越长，债权人的风险越大，要求的利息报酬越高，债券发行价格就可能较低；反之，发行价格可能较高。

2.债券发行价格的确定

债券通常按债券面值等价发行，但在实践中往往按低于面值折价发行或高于面值溢价发行。这是因为债券利率是参照市场利率制定的，市场利率经常变动，而债券利率一经确定就不能变更，因此，只能依靠调整发行价格（折价或溢价）来调节债券购销双方的利益。

从理论上讲，债券发行价格由债券各期利息的现值与债券面值的现值两部分组成。

（三）债券筹资的优劣分析

1.债券筹资的优点

（1）资本成本相对较低。债券的利息通常要比股票的股利低，同时债券的利息属于所得税税前的列支项目，具有节税效应，故公司实际负担的债券筹资成本应该一般低于股票筹资成本。

（2）可利用财务杠杆作用。无论发行公司的盈利多少，债券持有人一般只收取固定的利息，而更多的收益可用于分配给股东或留存公司经营，从而增加股东和公司的财富。

（3）有利于保障股东对公司的控制权。由于债券持有者无权参与公司管理决策，公司通过债券筹资，既不会稀释股东的控制权，又能扩大公司的投资规模。

（4）有利于调整资本结构。公司在进行发行债券种类的决策时，如果适时选择可转换债券或可提前收兑债券，则对公司主动调整其资本结构十分有利。

2. 债券筹资的不足

（1）财务风险高。债券有固定的到期日，并需定期支付利息，发行公司必须承担按期付息偿本的义务，在公司经营不景气时，也需向债券持有人付息偿本，这会给公司带来更大的财务困难，有时甚至会导致破产。

（2）限制条件较多。发行债券的限制条件一般要比长期借款、租赁融资的限制条件多且严格，从而限制了公司对债券筹资方式的使用，甚至会影响公司以后的筹资能力。

3. 筹资数量有限。公司利用债券筹资要受公司资质及相关条件的约束，在筹资数额上有一定的限度。当公司负债超过一定程度后，债券筹资的成本会迅速上升，有时甚至难以发行出去。

三、融资租赁

租赁是出租人以收取租金为条件，在契约或合同规定的期限内，将资产租给承租人使用的一种经济行为。租赁合约规定双方的权利与义务，其具体内容需要通过谈判来确定，所以租赁的形式是多种多样。

（一）经营租赁和融资租赁

根据承租人的目的，租赁可以分为经营租赁和融资租赁。经营租赁的目的是取得经营活动需要的短期使用的资产；融资租赁的目的是取得了拥有长期资产所需要的资本。

经营租赁是出租人向承租人提供租赁设备，并提供设备维修和人员培训等服务的租赁形式，又称营业租赁或服务租赁。经营租赁具有以下特点：（1）承租人根据需要可随时向出租人提出租赁资产；（2）经营租赁的期限一般短于租赁资产的使用寿命，因此在一次租赁合约中资产的租赁费不能全部补偿资产的购置成本；（3）租赁期限内租赁资产的相关费用，如维修费、保养费一般由出租人承担，租赁资产的折旧也由出租人计提；（4）租赁契约一般包含解约条款，根据此条款，承租人在约定的租赁期结束以前有权取消租赁契约，返还租赁资产，这意味着如果技术发展使资产过时，或承租人业务变化不再需要该资产时，承租人有权终止租赁合约，将资产退回。（5）租赁期满或合同终止时，租赁设备由出租人收回。

融资租赁是指出租人（一般指金融租赁公司或信托公司）按照承租人的要求融资购买租赁资产，并在契约或合同规定的较长期限内提供给承租人使用的信用性业务。融资租赁与经营租赁不同，主要表现为：（1）一般由承租人向出租人提出正式申请，由出租人融资购进设备租给承租人使用；（2）租赁期一般比较长，达到资产预计使用寿命的大部分，因此，租赁设备的购置成本必须全部摊入各期租赁费中，即出租人收取的租金必须等于租赁设备的全部成本加上租赁投资收益；（3）租赁期限内由承租人负责租赁资产的维修、保养和保险等，并对租赁资产计提折旧，但无权自行拆卸改装；（4）融资租赁禁止中途解约，即融资租赁双方签订的租赁合同一般是不可撤销的。（5）租赁期满时，按事先约定的办法处置设备，一般有续租、留购或退回三种选择，但通常情况下是由承租人留购，留购的金额一般是象征意义的价格。

（二）融资租赁的类型

按照融资租赁业务的特点，一般可分为三种类型：

1.直接租赁，指承租人直接向出租人所需要的资产，并向出租人支付租金的形式。直接租赁的出租人主要是制造厂商、租赁公司。除制造厂商外，其他的出租人都是先从制造厂商购买资产后再出租给承租人。

2.售后回租，指承租人根据协议将某资产卖给出租人，再将其租回使用并按期向出租人支付租金的形式。在这种租赁形式下，承租人可得到相当于售价的，一笔资金，同时仍然可以获得资产的使用权。当然，在此期间，该承租人要支付租金并失去了租赁资产的所有权。

3.杠杆租赁，是在传统融资租赁方式上派生出来的一种租赁方式，它一般要涉及承租人、出租人和贷款人三方当事人。从承租人的角度看，这种租赁与其他租赁形式并无区别。但对出租人却不同。出租人只垫支购买资产所需资金的一部分（一般为 20%~40%），其余大部分资金由出租人以租赁资产作抵押向债权人贷款。因此，在这种租赁方式下，出租人一方面收取租赁费，另一方面需要偿还贷款人的贷款本息，若出租人无力偿还贷款，那么资产的所有权就要转归贷款人。由于租赁收益大于借款成本，出租人可获得财务杠杆利益，故被称为杠杆租赁。

（三）融资租赁的程序

不同的租赁业务，具有不同的具体程序，融资租赁的一般程序是：

1.选择租赁公司。企业决定采用租赁方式获取某项设备时，首先需了解各家租赁公司的经营范围、业务能力、资信情况，以及与其他金融机构如银行的关系，取得租赁公司的融资条件和租赁费率等资料，并加以比较，从中择优选择。

2.办理租赁委托。企业选定租赁公司后，便可向其提出申请，办理委托。这时，承租企业需填写"租赁申请书"，说明所需设备的具体要求，同时还要向租赁公司提供企业的财务状况文件，包括资产负债表、利润表和现金流量表等。

3.签订购货协议。由承租企业与租赁公司的一方或双方合作组织选定设备制造厂商，并与其进行技术与商务的谈判，在此基础上签署购货协议。

4.签订租赁合同。租赁合同由承租企业与租赁公司签订，它是租赁业务的重要文件，具有法律效力。融资租赁合同的内容可分为一般条款和特殊条款两部分。

5.办理验货、付款与保险。承租企业按购货协议收到租赁设备时，要进行验收。验收合格后签发交货及验收证书，并提交租赁公司，租赁公司据以向供应厂商支付设备价款。同时，承租企业向保险公司办理投保事宜。

6. 支付租金。承租企业在租期内按合同规定的租金数额、支付方式向租赁公司支付租金。

7. 合同期满处理设备。融资租赁合同期满时，承租企业应按租赁合同规定，对设备退租、续租或留购。租赁期满的设备通常都是以低价卖给承租企业或无偿赠送给承租企业。

（四）融资租赁租金的确定

在租赁筹资方式下，承租企业需按合同规定向租赁公司支付租金。租金的数额和支付方式对承租企业的未来财务状况具有直接的影响，也是租赁筹资决策的重要依据。

1. 租金的构成

融资租赁的租金大致相当于以租赁设备购置金额为基数，按市场利率计算的本息合计值。因此，租金的构成主要包括：（1）租赁设备的购置成本，包括设备的买价、运杂费和途中保险费等；（2）预计设备的残值，即设备租赁期满时预计的可变现净值；（3）利息，指出租人为承租人购置设备融资而应计的利息；（4）租赁手续费，包括出租人承办租赁设备的营业费用以及一定的盈利。租赁手续费的高低一般无固定标准，通常由承租人与出租人协调进行确定，按设备成本的一定比率计算。

2. 每期租金的决定因素

影响每期租金的因素，除了租金的构成外，还包括：

（1）租赁期限，指租赁合同约定的租赁时间。一般认为，租期越长，在租金总额一定的情况下，每期支付的租金越少；反之则较多。

（2）租金的支付方式，不同的支付方式影响每期租金的多少。支付租金的方式有很多种：按支付间隔期，分为年付、半年付、季付或月付；按支付时点，分为期初支付（先付）与期末支付（后付）；按每次支付金额是否等额，分为等额支付与不等额支付。

3. 租金的计算

我国融资租赁实务中，租金的计算大多采用等额年金法。等额年金法是将利息率和手续费率综合成一个折现率，运用年金现值方法计算确定每年应付租金的方法。用这种方法计算出来的每期租金包含租赁手续费在内。

（五）融资租赁筹资的优缺点

1. 融资租赁筹资的优点

（1）筹资速度快，可迅速获得所需资产。融资租赁集"融资"与"融物"于一身，往往比借款购置设备更迅速，可使企业能够尽快形成生产经营能力。

（2）租赁融资限制较少。企业运用股票、债券、长期借款等筹资方式都受到较多的资格条件限制，相比之下，租赁融资的限制条件较少。

（3）可降低设备陈旧过时的风险。随着科学技术的不断进步，固定资产更新周期日趋缩短、企业设备陈旧过时的风险很高，相对于自己拥有设备而言，利用租赁融资可降低这种风险。因为融资租赁的期限一般为资产使用年限的 75% 以下，不会像自己购买设备那样整个期间都承担风险，并且许多租赁协议都规定由出租人承担设备陈旧过时的风险。

（4）有利于减轻所得税负担。以融资租赁方式租人固定资产发生的租赁费中的利息、手续费以及融资租赁设备的折旧费，均属于所得税税前的列支项目，具有节税效应，减轻公司的所得税负担。

（5）融资租赁的全部租金通常在整个租期内分期支付，可以适当降低不能偿付的风险。

2.融资租赁筹资的缺点

（1）资本成本高。一般来说，融资租赁的内涵利率要高于借款融资和债券融资的利息率；同时，在企业处于财务困境时，固定租金的支付也将构成企业一项沉重的负担。

（2）若承租人不享有设备残值，也是一种损失。

第四节　短期债务筹资

短期债务筹资是指为满足公司临时性流动资产需要而进行的筹资活动。根据采用的信用形式不同，短期债务筹资主要包括商业信用、短期借款和短期融资券等。

一、商业信用

商业信用是指商品交易中以延期付款或预收货款进行购销活动而形成的企业之间的自然借贷关系，是企业之间的直接信用行为，属于自然融资。商业信用产生于商品交换之中，其具体形式主要是应付账款、应付票据、预收货款等。随着商业竞争的日趋激烈，商业信用得到了广泛的应用，在短期债务筹资中占有相当大的比重。

（一）应付账款

应付账款即赊购商品，是企业最典型最常用的一种商业信用形式。买卖双方发生商品交易，买方收到商品后不立即支付货款，也不出具借据，而是形成"欠账"，延迟一定时期后才付款。对买方来说，延期付款等于向卖方借用资金购进商品以满足短期的资金需要。

卖方为了尽快收回货款，往往在交易时给予买方一定的信用条件，即规定信用期限、现金折扣率及折扣期。如规定"2/10，n/30"，即买方如在购货后 10 天内付款，可以享受货款 2% 的现金折扣；如在 10 天之后付款，买方必须全额支付货款。其中 30 天为信用期限，10 天为折扣期限，2% 为现金折扣率。

应付账款信用按信用条件分为免费信用、有代价信用和展期信用。免费信用，即买方在规定的折扣期内享受折扣而获得的信用；有代价信用，即买方放弃折扣付出代价而获得的信用；展期信用，即买方超过规定的信用期推迟付款而强制获得的信用。如按上述信用条件，买方在购货后的前10天付款即获得免费信用；在购货后第11天至第30天付款，则须放弃2%的现金折扣，即获得有代价的信用；在信用期限到期的第30天后付款获得展期信用。企业应对上述三种信用进行分析并做出合理的选择。

1. 放弃现金折扣的成本

如果买方购买货物后在卖方规定的折扣期内付款，便可以享受免费信用，这种情况下企业会没有因为享受信用而付出代价。倘若买方放弃折扣，则要承担因放弃折扣而造成的隐含利息成本。

如某公司按"2/10，n/30"的条件购进一批价款为100000元的商品。如果公司在现金折扣期内付款，则可获得最长10天的免费信用期，并可获得现金折扣2000元，免费融资额为98000元。如果公司放弃现金折扣，在第30天付款，付款总额为100000元。即公司为推迟20天付款须多支付2000元，这可以看作一笔为期20天、金额为98000元的借款，利息2000元。由于借款成本通常用相对数表示，且以年为计息期，因此延期20天付款即放弃现金折扣承担的隐含利息成本为：

$$放弃现金折扣成本率 = \frac{2000}{98000} \times \frac{360}{20} \times 100\% = 36.72\%$$

计算结果表明，公司放弃现金折扣以换取这笔为期20天98000元的资本使用权，是以承担36.72%的年利率为代价的。上述计算过程用公式表示如下：

$$放弃现金折扣成本率 = \frac{现金折扣率}{1-现金折扣率} \times \frac{360}{信用期-折扣期} \times 100\%$$

2. 利用现金折扣的决策

公司是否放弃现金折扣，延长资本的使用期限，应与公司短期资本成本和短期投资收益进行比较。

如果公司在规定的时间内没有资金可以付款，但能以低于放弃折扣的隐含利息成本（即放弃现金折扣成本）的利率借入资金，便应在现金折扣期内用借入的资金支付货款，享受现金折扣。

如果公司在规定的时间内有足够的资金付款，但折扣期内将款项用于短期投资，所得的投资收益率高于放弃折扣的隐含利息成本，则应放弃折扣而去追求更高的收益，在信用期的最后一天付款，以降低放弃折扣的成本。

如果公司因缺乏资金而欲展延付款期，则需在降低了的放弃折扣成本与展延付款带来的损失之间做出选择。展延付款带来的损失主要是指因公司信誉恶化而丧失供应商及其他贷款人的信用，或日后招致苛刻的信用条件。

（二）应付票据

应付票据是企业在采购商品物资时，以商业汇票作为结算手段而推迟付款获得的一种商业信用。商业汇票是交易双方根据购销合同的规定在进行延期付款的商品交易时，由出票人开出的反映购销双方债权债务关系的票据。商业汇票开出之后，须由承兑人承兑，并交给持票人，当票据到期时，付款人应无条件支付票款本息。根据承兑人的不同，商业汇票可分为商业承兑汇票和银行承兑汇票两种。

商业承兑汇票是指交易双方约定，由销货企业或购货企业签发，但须经购货企业承兑的商业汇票。销货企业应在提示付款期限内通过开户银行委托收款或直接向付款人提示付款。商业承兑汇票到期时，购货企业的开户银行凭票将票款划给销货企业或贴现银行。如果汇票到期时付款人的存款不足以支付票款，开户银行会将汇票退还至销货企业，银行不负责付款，由购销双方自行处理。

银行承兑汇票是指由承兑申请人开出，由银行承兑的商业汇票。承兑申请人必须在承兑银行开立结算账户，承兑银行经审查同意后进行承兑，并向承兑申请人收取相当于票面金额的一定比例的手续费。购货企业应在银行承兑汇票到期之前将票款足额交存其开户银行，以备由承兑银行在汇票到期日或到期日后的见票日支付票款。如果购货企业在汇票到期日未能向其开户银行足额交存票款，承兑银行也应凭票向持票人无条件付款，同时对购货企业尚未支付的汇票金额按一定比例收取罚息。由此可见，银行承兑汇票与商业承兑汇票还是存在一定区别的，商业承兑汇票是购销企业之间的一种直接信用关系，而银行承兑汇票则具有一定的银行信用的性质。

对于购货企业来说，应付票据是一种短期筹资方式。这种筹资方式是由商品交易而产生的，具有方便、灵活的特点。但是，通常利用商业汇票所筹资本的使用期限较短，如我国有关法律规定，商业汇票的付款期限由交易双方商定，但最长不得超过 6 个月。商业汇票可以是无息票据，也可以是带息票据。在采用无息商业汇票时，购货企业等于得到一笔无息贷款，不需承担资本成本。与应付账款相比，商业汇票等于是付款人给收款人出具的一个书面承诺，因此，其信用会更好一些，如果付款人在汇票到期时仍未能支付票款，对其信誉会产生严重的损害。

（三）预收货款

预收货款是指卖方按合同或协议的规定，在交付商品之前向买方预收部分或全部货款的信用方式。通常买方对于紧俏商品乐意采用这种结算方式办理货款结算；对于生产周期长、售价高的商品，生产者也经常需要向订货者分次预收货款，以缓和本企业经营收支不平的矛盾。

（四）商业信用筹资的优劣分析

1. 商业信用筹资的优点

（1）筹资方便。商业信用伴随着商品购销活动产生，无须正式办理筹资手续，是一种持续性的信贷形式。

（2）限制条件少。如果公司利用银行短期借款筹资，银行往往会对贷款的使用规定一些限制条件，而商业信用限制较少，使用比较灵活且具有弹性。

（3）成本低。大多数商业信用都是由卖方免费提供的，没有实际成本。

2.商业信用筹资的缺点

公司利用商业信用筹资也存在一些缺点。主要是商业信用筹资的期限较短，在有现金折扣的情况下，则筹资的期限会更短，因此所筹资金只能用于公司短期资金的周转使用。

二、短期借款

短期借款指企业向银行和其他非银行金融机构借人的期限在1年以内的借款，主要用于满足公司生产周转性资金、临时资金和结算资金的需求。一般情况下，短期借款是仅次于商业信用的短期债务筹资方式。

（一）短期借款的种类

我国目前的短期借款按照目的和用途分为若干种，主要有生产周转借款、临时借款、结算借款等等。按照国际通行做法，短期借款还可依偿还方式的不同，分为一次性偿还借款和分期偿还借款；依利息支付方法的不同，分为收款法借款、贴现法借款和加息法借款；依有无担保，分为抵押借款和信用借款等等。企业在申请借款时，应根据各种借款的条件和需要加以选择。

（二）借款的信用条件

按照国际通行做法，银行发放短期借款往往带有一些信用条件，主要有：

1.信贷限额

信贷限额是银行对借款人规定的无担保贷款的最高额。信贷限额的有效期限通常为1年，但根据情况也可延期1年。一般来讲，企业在批准的信贷限额内，可随时使用银行借款。但是，银行并不承担必须提供全部信贷限额的义务。如果企业信誉恶化，即使银行曾同意过按信贷限额提供贷款，企业也可能得不到借款。这时，银行不会承担任何法律责任。

2.周转信贷协定

周转信贷协定是银行具有法律义务地承诺提供不超过某一最高限额的贷款协定。在协定的有效期内，只要企业的借款总额未超过最高限额，银行必须满足企业任何时候提出的借款要求。企业享用周转信贷协定，通常要就贷款限额的未使用部分付给银行一笔承诺费。

周转信贷协定的有效期通常超过1年，但实际上贷款每几个月就会发放一次，所以这种信贷具有短期和长期借款的双重特点。

3.补偿性余额

补偿性余额是银行要求借款企业在银行中保持按贷款限额或实际借用额一定百分比（一般为10%~20%）的最低存款余额。从银行的角度讲，补偿性余额可降低贷款风险，补偿遭受的贷款损失。对于借款企业来讲，补偿性余额则提高了借款的实际利率。

4.借款抵押

银行向财务风险较大的企业或对其信誉不甚有把握的企业发放贷款，有时需要有抵押品担保，以减少自己蒙受损失的风险。短期借款的抵押品经常是借款企业的应收账款、存货、股票、债券等。银行接受抵押品后，将根据抵押品的面值决定贷款金额，一般为抵押品面值的 30%~90%。这一比例的高低，取决于抵押品的变现能力和银行的风险偏好。抵押借款的成本通常高于非抵押借款，这是因为银行主要向信誉好的客户提供非抵押贷款，而将抵押贷款看成是一种风险投资，故而收取较高的利率；同时，银行管理抵押贷款要比管理非抵押贷款困难，为此往往另外收取手续费。

企业向贷款人提供抵押品，会限制其财产的使用和将来的借款能力。

5. 偿还条件

贷款的偿还有到期一次偿还和在贷款期内定期（每月、季）等额偿还两种方式。一般来讲，企业不希望采用后一种偿还方式，因为这会提高借款的实际利率；而银行不希望采用前一种偿还方式，是因为这会加重企业的财务负担，增加企业的拒付风险，同时也会降低实际贷款利率。

6. 其他承诺

银行有时还要求企业为取得贷款而做出其他承诺，如及时提供财务报表、保持适当的财务水平（如特定的流动比率），等等。如企业违背所作出的承诺，银行可要求企业立即偿还全部贷款。

（三）短期借款利率及利息支付方法

短期借款的利率多种多样，利息支付方法也不一样，银行将根据借款企业的情况选用。

1. 借款利率

（1）优惠利率，是银行向财力雄厚、经营状况好的企业贷款时收取的名义利率，为贷款利率的最低限。

（2）浮动优惠利率，这是一种随其他短期利率的变动而浮动的优惠利率，即随市场条件的变化而随时调整的优惠利率。

（3）非优惠利率，银行贷款给一般企业时收取的高于优惠利率的利率。这种利率经常在优惠利率的基础上加一定的百分比。比如，银行按高于优惠利率 1% 的利率向某企业贷款；若当时的最优利率为 8%，向该企业贷款收取的利率即为 9%；若当时的最优利率为 7.5%，向该企业贷款收取的利率即为 8.5%。

非优惠利率与优惠利率之间差距的大小，由借款企业的信誉、与银行的往来关系及当时的信贷状况所决定的。

2. 借款利息的支付方法

一般来讲，借款企业可以用三种方法支付银行贷款利息。

（1）收款法，是指在借款到期时向银行支付利息的方法。银行向工商企业发放的贷款大都采用这种方法进行收息。

（2）贴现法，是指银行向企业发放贷款时，先从本金中扣除利息部分，而到期时借款企业则要偿还贷款全部本金的一种计息方法。采用这种方法，企业可利用的贷款额只有本金减去利息后的差额，因此，贷款的实际利率高于名义利率。

（3）加息法，是银行发放分期等额偿还贷款时采用的利息收取方法。在分期等额偿还贷款的情况下，银行要将根据名义利率计算的利息加到贷款本金上，计算出贷款的本息和，要求企业在贷款期内分期偿还本息和。由于贷款分期均衡偿还，借款企业实际上只平均使用了贷款本金的半数，却支付全额利息。这样，企业所负担的实际利率大约高于名义利率1倍。

（四）企业对银行的选择

随着金融信贷业的发展，可向企业提供贷款的银行和非银行金融机构增多，企业可在各贷款机构之间做出选择，以图对己最为有利。选择银行时，重要的是要选用适宜的借款种类、借款成本和借款条件，此外，还应考虑银行对贷款风险的政策、银行对企业的态度、贷款的专业化程度及银行的稳定性等有关因素。

三、短期融资券

短期融资券是由企业依法发行的无担保短期本票。在我国，短期融资券是指企业依照《银行间债券市场非金融企业债务融资工具管理办法》的条件和程序，在银行间债券市场发行和交易并约定在一定期限内还本付息的有价证券，是企业筹措短期（1年以内）资金的直接融资方式。短期融资券又称短期债券，是一种新兴的短期资金筹集方式。

（一）发行短期融资券的相关规定

1. 发行人为非金融企业，发行企业均应经过在中国境内工商注册且具备债券评级能力的评级机构的信用评级，并将评级结果向银行间债券市场进行公示。

2. 发行和交易对象为银行间债券市场的机构投资者，不向社会公众发行和交易。

3. 融资券的发行由符合条件的金融机构承销，企业不得自行销售融资券，发行融资券募集的资金用于本企业的生产经营。

4. 融资券采用实名记账方式在中央国债登记结算有限责任公司（简称中央结算公司）登记托管，中央结算公司负责提供有关服务。

5. 债务融资工具发行利率、发行价格和所涉费率以市场化方式确定，任何商业机构不得以欺诈、操纵市场等行为获取不正当利益。

（二）短期融资券的种类

1. 按发行人分类，短期融资券分为金融企业的融资券和非金融企业的融资券。在我国，目前发行和交易的是非金融企业的融资券。

2. 按发行方式分类，短期融资券分为经纪人承销的融资券和直接销售的融资券。非金融企业发行融资券一般采用间接承销方式进行，金融企业发行融资券一般采用直接发行方式进行。

（三）短期融资券的筹资特点

由于我国目前市场资金较为充分，短期融资券的发行利率较低，加上短期融资券实行余额管理，可以滚动发行，因此，短期融资券是有竞争实力的企业降低融资成本的一种有效融资方式。短期融资券具有以下筹资特点：

1. 筹资成本较低。相对于公司债券筹资，短期融资券的筹资成本较低。
2. 筹资数额比较大。相对于银行借款筹资，短期融资券一次性的筹资数额比较大。
3. 发行条件比较严格。只有具备一定信用等级、实力强的企业，才能发行短期融资券。

第五节　混合性筹资

除了前面介绍的股权性筹资和长短期债务筹资外，还有几种兼具股权性筹资和债务性筹资双重属性的筹资类型，即混合性筹资，主要包括发行优先股筹资和发行可转换债券筹资。本书附带介绍发行认股权证筹资。

一、发行优先股

中国证券监督管理委员会于 2014 年 3 月 21 日公布的《优先股试点管理办法》指出，优先股是指依照《公司法》，在一般规定的普通种类股份之外，另行规定的其他种类股份，其股份持有人优先于普通股股东分配公司利润和剩余财产，但参与公司决策管理等权利受到限制。上市公司可以发行优先股，非上市公众公司可以选择非公开发行优先股。

（一）优先股的特点

优先股是相对普通股而言的，是较普通股具有某些优先权利，同时也受到一定限制的股票。优先股的含义主要体现在"优先权利"上，包括优先分配股利和优先分配公司剩余财产。具体的优先条件须由公司章程予以明确规定。优先股与普通股具有某些共性，如优先股亦无到期日，公司运用优先股所筹资本亦属于股权资本。但是，它又具有公司债券的某些特征。因此，优先股被视为一种混合性证券。

与普通股相比，优先股主要具有如下特点：

1. 优先分配股息且相对固定

优先股股东通常优先于普通股股东分配股息，且股息率事先约定。公司应当以现金的形式向优先股股东支付股息，在完全支付约定的股息之前，不得向普通股股东分配利润。因此，优先股股利受公司经营状况和盈利水平的影响较小，而且一般也不再参与公司普通股的分红，类似固定利息的债券。当然，公司经营情况复杂多变，如果公司当年没有足够的利润支付优先股股息，优先股股东当年的固定收益也就落空了。

2.优先分配剩余财产

公司因解散、破产等原因进行清算时，公司财产在按照公司法和破产法有关规定进行清偿后的剩余财产，应当优先向优先股股东支付未派发的股息和公司章程约定的清算金额，不足以支付的按照优先股股东持股比例分配。

3.表决权限制

优先股股东对公司日常经营管理的一般事项没有表决权；仅在股东大会表决与优先股股东自身利益直接相关的特定事项时，例如，修改公司章程中与优先股相关的条款，优先股股东才有投票权。同时，为了保护优先股股东利益，如果公司在约定的时间内未按规定支付股息，优先股股东按约定恢复表决权；如果公司支付了所欠股息，已恢复的优先股表决权将终止。

（二）优先股的种类

根据不同的股息分配方式，优先股可以分为多个种类：

1.固定股息率优先股和浮动股息率优先股：优先股股息率在存续期内不做调整的，称为固定股息率优先股，而根据约定的计算方法进行调整的，称为浮动股息率优先股。

2.强制分红优先股和非强制分红优先股：公司可以在章程中规定，在有可分配税后利润时必须向优先股股东分配利润的，是强制分红优先股，否则即为非强制分红优先股。

3.可累积优先股和非累积优先股：根据公司因当年可分配利润不足而未向优先股股东足额派发股息，差额部分是否累积到下一会计年度，可分为累积优先股和非累积优先股。累积优先股是指公司在某一时期所获盈利不足，导致当年可分配利润不足以支付优先股股息时，则将应付股息累积到次年或以后某一年盈利时，在普通股的股息发放之前，连同本年优先股股息一并发放。非累积优先股则是指公司不足以支付优先股的全部股息时，对所欠股息部分，优先股股东不能要求公司在以后进行年度补发。

4.参与优先股和非参与优先股：根据优先股股东按照确定的股息率分配股息后，是否有权同普通股股东一起参加剩余税后利润分配，可分为参与优先股和非参与优先股。持有人只能获取一定股息但不能参加公司额外分红的优先股，称为非参与优先股。持有人除可按规定的股息率优先获得股息外，还可与普通股股东分享公司的剩余收益的优先股，称为参与优先股。

5.可转换优先股和不可转换优先股：根据优先股是否可以转换成普通股，可分为可转换优先股和不可转换优先股。可转换优先股是指在规定的时间内，优先股股东或发行人可以按照一定的转换比率把优先股换成该公司普通股，否则是不可进行转换优先股。

6.可回购优先股和不可回购优先股：根据发行人或优先股股东是否享有要求公司回购优先股的权利，可分为可回购优先股和不可回购优先股。可回购优先股是指允许发行公司按发行价加上一定比例的补偿收益回购优先股。公司通常在认为可以用较低股息率发行新的优先股时，就可用此方法回购已发行的优先股股票。而不附有回购条款的优先股则被称为不可回购优先股。

《优先股试点管理办法》第二十八条规定，上市公司公开发行优先股应当在公司章程中规定以下事项：（1）采取固定股息率；（2）在有可分配税后利润的情况下必须向优先股股东分配股息；（3）未向优先股股东足额派发股息的差额部分应当累积到下一会计年度；（4）优先股股东按照约定的股息率分配股息后，不再同普通股股东一起参加剩余利润分配。商业银行发行优先股补充资本的，可就第（2）项和第（4）项事项另行约定。第三十三条规定，上市公司不得发行可转换为普通股的优先股。但商业银行可根据商业银行资本进行监管规定，非公开发行触发事件发生时强制转换为普通股的优先股，并遵守有关规定。

（三）优先股筹资的优缺点

1. 优先股筹资的优点

（1）没有固定的到期日，不用偿付本金。发行优先股筹集资本，实际上相当于得到一笔无限期的长期贷款，公司不承担还本义务。对可赎回优先股，公司可在需要时按一定价格购回，这就使得利用这部分资本更具有弹性。在财务状况较差时发行优先股，又在财务状况转好时购回，有利于结合资本需求加以调剂，同时，也便于掌握公司的资本结构。

（2）股利的支付既固定又有一定的灵活性。一般而言，优先股都采用固定股利，但对固定股利的支付并不构成公司的法定义务。如果公司财务状况不佳，可以暂时不支付优先股股利，即使如此，优先股持有者也不能像公司债权人那样迫使公司破产。

（3）保持普通股股东对公司的控制权。当公司既想向社会增加筹集股权资本，又想保持原有普通股股东的控制权时，利用优先股筹资尤为恰当。

（4）可增强公司的信誉。从法律上讲，优先股股本属于自有资金，发行优先股能增强公司的自有资本基础，提高公司的资本信誉。

2. 优先股筹资的缺点

（1）资本，成本较高。优先股成本虽然低于普通股，但由于优先股股利不可以税前扣除，其税后成本高于债券筹资。

（2）可能形成较重的财务负担。优先股要求支付固定的股利，但又不能在税前扣除，当盈利下降时，优先股的股利可能会成为公司一项较重的财务负担，有时不得不延期支付，从而影响公司形象。

此外，当企业盈利不多时，为了保证优先股股息的支付，普通股股东就可能分配不到股利。

二、发行可转换债券

可转换债券，简称可转债，是指由公司发行并规定债券持有人在一定期限内按约定的条件可将其转换为发行公司普通股的债券。从发行公司的角度看，发行可转换债券具有债务与股权筹资的双重属性，属于一种混合性筹资。按照转股权是否与可转换债券分离，可转换债券可以分为两类：一类是一般可转换债券，其转股权与债券不可分离，持有者直接按照债券面额和约定的转股价格，在约定的期限内将债券转换为股票；另外一类是可分离交易的可转换债券，这类债券在发行时附有认股权证，是认股权证和公司债券的组合，又被称为"可分离的附认股权证的公司债"，发行上市后公司债券和认股权证各自独立流通交易。认股权证的持有者认购股票时，需要按照认购价（行权价）出资购买股票。

（一）可转换债券的基本性质

1. 证券期权性

可转换债券给予了债券持有者未来的选择权，在事先约定的期限内，投资者可以选择将债券转换为普通股票，也可以放弃转换权利，持有至债券到期还本付息。由于可转换债券持有人具有在未来按一定的价格购买股票的权利，因此，可转换债券含有未来的买入期权。

2. 资本转换性

可转换债券在正常持有期间，属于债权性质；转换成股票后，属于股权性质。在债券的转换期间，持有人没有将其转换为股票，发行企业到期必须无条件地支付本金和利息。转换成股票后，债券持有人成为企业的股权投资者。资本双重性的转换，取决于投资者是否行权。

3. 赎回与回售

可转换债券一般都会有赎回条款，发债公司在可转换债券转换前，可以按一定条件赎回债券。通常，公司股票价格在一段时期内连续高于转股价格达到某一幅度时，公司会按事先约定的价格买回未转股的可转换公司债券。同样，可转换债券一般也会有回售条款，公司股票价格在一段时期内连续低于转股价格达到某一幅度时，债券持有人可按事先约定的价格将所持债券回卖给发行公司。

（二）可转换债券的基本要素

可转换债券的基本要素是指构成可转换债券基本特征的必要因素，它们代表了可转换债券与一般债券的区别。

1. 标的股票

可转换债券转换期权的标的物，就是可转换成的公司股票。标的股票一般是发行公司的股票，不过也可以是其他公司的股票，如该公司的上市子公司的股票。

2. 票面利率

可转换债券的票面利率一般会低于普通债券的票面利率，有时甚至还低于同期银行存款利率。因为可转换债券的投资收益中，除了债券的利息收益外，还附加了股票买入期权的收益部分，所以一个设计合理的可转换债券在大多数情况下，其股票买入期权的收益足以弥补债券利息收益的差额。

3. 转换期

可转换债券的转换期是指可转换债券持有人能够行使转换权的有效期限。一般而言，可转换债券的转换期的长短与转换债券的期限相关。在我国，可转换债券的期限按规定最短期限为 1 年，最长期限为 6 年。按照规定，我国上市公司发行可转换债券，在发行结束 6 个月后，持有人可以依照约定的条件随时将其转换为股票。可转换债券转换为股票后，发行公司股票上市的证券交易所应当安排股票上市进行流通。

4. 转换价格

可转换债券的转换价格是指以可转换债券转换为股票的每股价格。这种转换价格通常由发行公司在发行可转换债券时约定。

按照我国的有关规定，上市公司发行可转换债券的，以发行可转换债券前一个月股票的平均价格为基准，上浮一定幅度作为转换价格。由于可转换债券在未来可以行权转换成股票，在债券发售时，所确定的转换价格一般比发售日股票市场价格高出一定比例，如高出 10%~30%。可转换债券的转换价格并非固定不变。公司发行可转换债券并约定转换价格后，由于又增发新股、配股及其他原因引起公司股份发生变动的，应当及时调整转换价格，并向社会进行公布。

例如，南山铝业 2008 年 4 月 18 日发行 2800 万张 5 年期可转换债券，发行总额为 28 亿元，可转换债券按面值发行，每张面值 100 元，发行结束之日起 6 个月后可以转股，初始转股价格为 16.89 元/股，转股比率为 5.92 股。可转换债券出售后，会随着股票分割和股利分配以及市场股票价格变动调整其转换价格。为了反映发行股票价格大幅下跌的情况，根据可转换债券发行时的转股价修正条款，南山铝业于 2009 年 3 月 12 日将南山转债的转股价由 16.89 元/股向下修正为 8.52 元/股。2009 年 6 月 1 日，由于发放股利，公司将南山转债的转股价格由原来的 8.52 元/股调整为 8.42 元/股，调整后的转换比率为 11.88 股。

5. 转换比率

可转换债券的转换比率是债权人通过转换可获得的普通股股数。

$$转换比率 = \frac{可转换债券的面值}{转换价格}$$

可转换债券持有人请求转换时，其所持债券面额有时发生不足以转换为 1 股股票的余额，发行公司应当以现金偿付。

6. 赎回条款

赎回条款是指发债公司按事先约定的价格买回未转股债券的条件规定，赎回一般发生在公司股票价格在一段时期内连续高于转股价格达到某一幅度时。赎回条款通常包括：不可赎回期间与赎回期；赎回价格（一般高于可转换债券的面值）；赎回条件（分为无条件赎回和有条件赎回）等。

发债公司在赎回债券之前，要向债券持有人发出赎回通知，要求他们在将债券转股与卖回给发债公司之间做出选择。一般情况下，投资者大多会将债券转换为普通股。可见，设置赎回条款最主要的功能是强制债券持有者积极行使转股权，因此又被称为加速条款。同时，也能使发债公司避免在市场利率下降后，继续向债券持有人支付较高的债券利率所蒙受的损失。

7. 回售条款

回售条款是指债券持有人有权按照事前约定的价格将债券卖回给发债公司的条件规定。回售一般是发生在公司股票价格在一段时期内连续低于转股价格达到某一幅度时。回售对于投资者而言实际上是一种卖权，有利于降低投资者的持券风险。与赎回一样，回售条款也有回售时间、回售价格和回收条件等规定。

8. 强制性转换调整条款

强制性转换调整条款是指在某些条件具备之后，债券持有人必须将可转换债券转换为股票，无权要求偿还债权本金的规定。可转换债券发行之后，其股票价格可能出现巨大波动，如果股价长期表现不佳，又未设计回售条款，投资者就不会转股。公司可设置强制性转换调整条款，保证可转换债券顺利地转换成股票，预防投资者到期因集中挤兑引发公司破产的悲剧。

（三）可转换债券筹资的优缺点

1. 可转换债券筹资的优点

（1）与普通债券相比，可转换债券使得公司能够以较低的利率取得资金。债权人同意接受较低利率的原因是有机会分享公司未来发展带来的收益。可转换债券的票面利率低于同一条件下的普通债券的利率，降低了公司前期的筹资成本。与此同时，它向投资人提供了转为股权的投资的选择权，使之有机会转为普通股并分享公司更多的收益。值得注意的是，可转换债券转换成普通股后，其原有的低息优势将不复存在，公司要承担普通股的筹资成本。

（2）与普通股相比，可转换债券使得公司取得了以高于当前股价出售普通股的可能性。有些公司本来是想要发行股票而不是债务，但是认为当前其股票价格太低，为筹集同样的资金需要发行更多的股票。为避免直接发行新股而遭受损失，才通过发行可转换债券变相发行普通股。因此，在发行新股时机不理想时，可以先发行可转换债券，然后通过转换实现较高价格的股权筹资。这样做不至于因为直接发行新股而进一步降低公司股票市价，而且因为转换期较长，即使在将来转换股票时，对公司股价的影响也较温和，从而有利于稳定公司股票。

2. 可转换债券筹资的缺点

（1）股价上涨风险。虽然可转换债券的转换价格高于其发行时的股票价格，但如果转换时股票价格大幅上涨，公司只能以较低的固定转换价格换出股票，会降低公司的股权筹资额。

（2）股价低迷风险。发行可转换债券后，如果股价没有达到转股所需要的水平，可转换债券持有者没有如期转换普通股,则公司只能继续承担债务。在订有回售条款的情况下,公司短期内集中偿还债务的压力会更明显。尤其是有些公司发行可转换债券的目的是为了筹集权益资本,股价低迷使其原定目的无法实现。

(3)筹资成本高于纯债券。尽管可转换债券的票面利率比纯债券低,但是加入转股成本之后的总筹资成本比纯债券要高。

三、发行认股权证

认股权证,又称股票认购授权证,是一种由上市公司发行的证明文件,持有人有权在一定时间内以约定价格认购该公司发行的一定数量的股票。广义的权证(Warrant),是一种持有人有权于某一特定期间或到期日,按约定的价格,认购或沽出一定数量的标的资产的期权。按买或卖的不同权利,权证可分为认购权证和认沽权证,又称为看涨权证和看跌权证。本书仅介绍认购权证(即认股权证)。

(一)认股权证的基本性质

1. 证券期权性。认股权证本质上是一种股票期权,属于衍生金融工具,具有实现融资和股票期权激励的双重功能。但认股权证本身是一种认购普通股的期权,它没有普通股的红利收入,也没有普通股相应的投票权。

2. 认股权证是一种投资工具。投资者可以通过购买认股权证获得市场价与认购价之间的股票差价收益,因此,它是一种具有内在价值的投资工具。

(二)认股权证的种类

1. 美式认股证与欧式认股证。美式认股证,指权证持有人在到期日前,可以随时提出履约要求,买进约定数量的标的股票。而欧式认股证,则是指权证持有人只能于到期日当天,才可买进标的股票。无论是属欧式权证还是美式权证,投资者均可在到期日前在市场上出售其持有的认股权证。事实上,只有小部分权证持有人会选择行权,大部分投资者均会在到期前沽出权证。

2. 长期认股权证与短期认股权证。短期认股权证的认股期限一般在90天以内。认股权证期限超过90天的,则为长期认股权证。

(三)认股权证的筹资特点

1. 认股权证是一种融资促进工具,它能促使公司在规定的期限内完成股票发行计划,顺利实现融资。

2. 有助于改善上市公司的治理结构。采用认股权证进行融资,融资的实现是缓期分批来实现的,上市公司及其大股东的利益和投资者是否在到期之前执行认股权证密切相关,因此,在认股权证有效期间,上市公司管理层及其大股东任何有损公司价值的行为,都可能降低上市公司的股价,从而降低投资者执行认股权证的可能性,这将损害上市公司管理层及其大股东的利益。因此，认股权证将有效约束上市公司的败德行为，并激励他们更加努力的提升上市公司的市场价值。

3. 作为激励机制的认股权证有利于推进上市公司的股权激励机制。认股权证是常用的员工激励工具，通过给予管理者和重要员工一定的认股权证，可以把管理者和员工的利益与企业价值成长紧密联系在一起，建立一个管理者与员工通过提升企业价值再实现自身财富增值的利益驱动机制。

第四章 营运资金管理

第一节 营运资金管理概述

一、营运资金的概念与特点

（一）营运资金的概念

营运资金有广义和狭义之分。广义的营运资金又称总营运资金，是指一个企业投放在流动资产上的资金，包括现金、有价证券、应收账款、存货等占用的资金。狭义的营运资金也叫净营运资金，是指流动资产减去流动负债后的差额。营运资金的管理既包括流动资产的管理，也包括流动负债的管理。本章主要介绍流动资产的管理，流动负债的管理包含在相关章节里进行介绍。

1. 流动资产

流动资产是指可以在一年内或超过一年的一个营业周期内变现或运用的资产。流动资产具有占用时间短、易变现等特点。流动资产可以按不同的标准进行不同的分类，常见的分类方式如下：

（1）按经济内容不同划分。流动资产按经济内容不同，可划分为现金、交易性金融资产、应收账款、预付账款和存货等。现金有狭义和广义之分，狭义现金是指企业的库存现金，即为了满足经营过程中零星支付需要而进行保留的现金；广义现金是指货币形态表现的资金，即货币资金，包括库存现金、银行存款和其他货币资金，其中其他货币资金包括外埠存款银行汇票存款、银行本票存款、信用证保证金存款、信用卡存款、存出投资款等。交易性金融资产是指企业为了近期内出售而持有的债券投资、股票投资和基金投资，如以获取资本利得或价差为目的从二级市场购买的债券、股票、基金等。应收账款是指企业在正常的经营过程中因销售商品、产品、提供劳务等业务，应向购买单位所收取的款项。预付账款是指企业按照购货合同的规定，预先以货币资金或货币等价物支付给供应单位的款项。存货是指企业在日常活动中持有以备出售的产成品或商品、处在生产过程中的在产品、在生产过程或提供劳务过程中耗用的材料和物料等。

（2）按占用特征不同划分。流动资产按其占用是否稳定的特征可划分为永久性流动资产和临时性流动资产。一个企业对流动资产的需求数量一般会随产品销售的变化而变化。例如，企业在销售旺季对流动资产占用的需求比较高，而在销售淡季对流动资产占用需求较低。但即便是处于销售的最低水平，企业也存在对流动资产的最低需求，这种最低需求是长期存在的。永久性流动资产就是指那些能满足企业长期最低需求的流动资产，其占用情况通常比较稳定。临时性流动资产则是指那些由于季节性或临时性的原因而形成的流动资产，其占用通常不稳定。当企业销售因季节性或临时性原因而增长时，企业的临时性流动资产占用会随之增长，这种增长是在永久性流动资产占用基础上的变化增长。

此外，还可以按流动资产所处的生产经营环节不同，将其划分为生产领域流动资产、流通领域流动资产以及其他领域流动资产。

2. 流动负债

流动负债是指需要在一年或超过一年的一个营业周期内偿还的债务。流动负债也叫短期负债，具有偿还期短、成本低的特点。流动负债按不同的标准有不同分类，常见的分类方式如下：

（1）按经济内容不同划分。按经济内容不同可将流动负债划分为短期借款、交易性金融负债、应付票据、应付账款、预收账款、应付职工薪酬和应交税费等。短期借款是指企业向银行或非银行金融机构借人的、还款期限不超过一年的借款。交易性金融负债指企业采用短期获利模式进行融资所形成的负债。应付票据是由出票人出票，委托付款人在指定日期无条件支付确定的金额给收款人或持票人的票据，代表委托付款人在一定时期内支付一定款项的允诺。应付账款是企业因购买材料、商品和接受劳务供应等经营活动应支付的款项。预收账款是企业按照合同规定或交易双方之约定，向购买单位或接受劳务的单位在未发出商品或提供劳务时预收的款项。应付职工薪酬是企业根据有关规定应付给职工的各种薪酬，包括职工工资、职工福利、社会保险费、住房公积金、工会经费、职工教育经费、非货币性福利等内容。应交税费是指企业根据在一定时期内取得的营业收入、实现的利润等，按照现行税法规定计提的应缴纳的各种税费。

（2）按应付金额是否确定划分。按应付金额是否确定，可以将流动负债划分为应付金额确定的流动负债和应付金额不确定的流动负债。应付金额确定的流动负债是指那些根据合同或法律规定到期必须偿付确定金额的流动负债，如短期借款、应付票据。应付金额不确定的流动负债是指那些要根据企业生产经营情况，到一定时期或具备一定条件时才能确定的流动负债，或应付金额需要估计的流动负债，如应交税费。

（3）按形成原因不同划分。按流动负债形成原因可将其划分为自然性流动负债和人为性流动负债。自然性流动负债是指由于结算程序或有关法律法规的规定等原因，不需要正式安排而自然形成的流动负债，如应付账款。人为性流动负债是指由财务人员根据企业对短期资金的需求，通过人为安排所形成的流动负债，如短期借款。

（二）营运资金的特点

要想有效地管理企业的营运资金，就必须把握营运资金的特点，以便开展针对性的管理。营运资金一般具有以下特点：

1. 营运资金周转期短

企业占用在流动资产上的资金周转期较短，通常是在一年或超过一年的一个营业周期内收回。根据这一特点，企业可以采用短期的筹资方式来解决对营运资金的需求，如利用短期借款、商业信用等筹资方式提供营运资金。

2. 营运资金占用形态变动性大

营运资金每次循环都要经过采购、生产、销售等过程，例如先用现金购买原材料，再投入生产形成在产品和产成品，然后销售产品形成应收账款，最后收回应收账款得到现金。可见在这个循环过程中，营运资金的占用形态是不断地变化着的。为此，企业有必要在不同形态的流动资产上合理进行配置资金，以促进资金循环周转的顺利进行。

3. 营运资金占用数量波动性强

营运资金占用的数量会随着企业内外经营条件的变化而变化，时高时低，波动很大。特别是季节性生产的企业，其营运资金的占用数量在不同季节之间的波动更加明显。一般而言，在营运资金的波动过程中，流动负债和流动资产的变动方向是相同的。例如，随着销售的增加，存货和应收账款等流动资产的资金占用会增加，同时应付账款等自发性的流动负债也会增加。根据营运资金占用数量波动性强的特点，企业应事先预计不同时期营运资金的需求量，及时筹措所需要的营运资金，合理调整不同时期的营运资金占用量。

4. 营运资金变现性强

交易性金融资产、应收账款和存货等流动资产一般具有较强的变现能力，企业如果遭遇意外情况而现金短缺、资金周转不灵时，可以迅速变卖这些流动资产，获取所需要的现金，帮助企业渡过难关。因此，持有适当的流动资产对企业应付临时性的资金需求具有重要的意义。企业应该根据营运资金变现性强的特点，合理配置资产结构，保留适当比例的流动资产。

5. 营运资金来源灵活多样

企业筹集长期资金的方式一般包括吸收直接投资、发行股票、发行债券等方式。与此相比，企业筹集营运资金的方式更加灵活多样，通常包括短期借款、短期融资券、商业信用、应交税费、应付股利、应付职工薪酬等多种内、外部融资方式。企业应该根据营运资金来源灵活多样的特点，根据筹资需求来选择最合适的筹资方式。

二、营运资金管理原则

（一）满足合理的资金需求

企业营运资金的需求数量与企业生产经营活动有直接关系。一般情况下，当企业产销两旺时，流动资产会不断增加，流动负债也会相应增加；而当企业产销量不断减少时，流动资产和流动负债也会相应减少。企业财务人员应以满足正常合理的资金需求作为首要任务，认真分析生产经营状况，采用一定的方法预测营运资金的需要数量，并及时的筹措、安排所需要的营运资金。

（二）提高资金使用效率

营运资金的周转是指企业的营运资金从现金投入生产经营开始，到最终转化为现金的过程。提高营运资金使用效率的关键就是采取得力措施，缩短营业周期，加速变现过程，加快营运资金周转。企业应在成本效益分析的基础上千方百计的加速存货、应收账款等流动资产的周转，以使用有限的资金服务于更大的产业规模，为企业取得更优的经济效益提供条件。

（三）节约资金使用成本

在营运资金管理中，必须正确处理保证生产经营需要和节约资金使用成本两者之间的关系。要在保证生产经营需要的前提下，尽力降低资金使用成本。一方面，要挖掘资金潜力，加速资金周转，精打细算的使用资金；另一方面，积极拓展融资渠道，合理配置资源，筹措低成本资金，服务于生产经营。

（四）保持足够的短期偿债能力

偿债能力是企业财务风险高低的标志之一。合理安排流动资产与流动负债的比例关系，保持流动资产结构与流动负债结构的适配性，保证企业有足够的短期偿债能力是营运资金管理的重要原则之一。流动负债是在短期内需要偿还的债务，而流动资产则是在短期内可以转化为现金的资产，两者之间的关系能较好地反映企业的短期偿债能力。如果一个企业的流动资产比较多，流动负债比较少，说明企业的短期偿债能力较强；反之，则说明短期偿债能力较弱。但如果企业的流动资产太多，流动负债太少，也不是正常现象，可能是由于企业流动资产闲置或流动负债利用不足而导致的。

企业需要遵循上述营运资金管理原则，评估营运资金管理中的风险和收益，制定流动资产投资策略和融资策略，对企业该拥有多少流动资产以及如何获取流动资产融资进行决策。实践中，这两方面的决策往往需要同时开展并且相互影响。

三、流动资产投资策略

流动资产投资策略的核心问题是选择持有流动资产的数量，这种选择需要权衡资产的收益性与风险性，需要考虑企业经营的内外部环境，还需要考虑行业因素及规模因素的影响，并且受决策者风险偏好的影响。

通常按流动资产占用量与业务量水平的关系，可以将流动资产投资策略划分为保守的流动资产投资策略、冒险的流动资产投资策略和适中的流动资产投资策略三个类型，如图

4-1 所示。

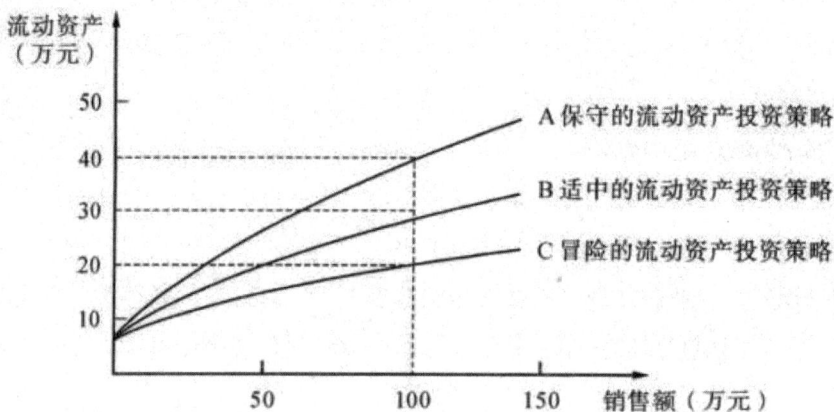

图 4-1　流动资产投资策略

（一）保守的流动资产投资策略

保守的流动资产投资策略要求企业在一定的业务量水平下保持较多的流动资产。在这种策略下，企业在安排流动资产数量时，在正常生产经营需要量和保险储备量的基础上，再加上一部分额外的储备量，以便降低风险。如图 4-1 中的策略 A 为保守的流动资产投资策略，当销售额为 100 万元时，则该策略下的流动资产占用数最多，为 40 万元。采用保守的流动资产投资策略风险较小，收益也相应较低。

（二）冒险的流动资产投资策略

冒险的流动资产投资策略要求企业在一定的业务量水平下保持较少的流动资产。在这种策略下，企业在安排流动资产数量时，只安排正常生产经营需要量，不安排或只安排很少的保险储备量，以减少资金占用，提高投资收益率。图 4-1 中的 C 策略为冒险的流动资产投资策略，当销售额为 100 万元时，该策略下的流动资产占用数最少，为 20 万元。采用冒险的流动资产投资策略风险较大，收益也相应会较高。

（三）适中的流动资产投资策略

适中的流动资产投资策略是对上述两种策略的折中，要求企业在一定的业务量水平下保持适中的流动资产。在这种策略下，企业在安排流动资产数量时，既安排正常生产经营需要量，也安排一定的保险储备量。图 4-1 中的 B 策略即属于适中的流动资产投资策略，当销售额为 100 万元时，流动资产占用数为 30 万元，介于保守的和冒险的流动资产投资策略之间，采用适中的流动资产投资策略风险和收益均适中。

四、流动资产融资策略

在确定流动资产投资水平后，如何运用相关的资金来源去配套，即选择流动资产融资策略，是营运资金管理的又一重要内容。流动资产融资策略的核心问题是如何安排临时性流动资产和永久性流动资产的资金来源。一般来说，永久性流动资产的资金占用长期且稳定，适合通过长期负债融资或权益性融资提供其资金来源；而临时性流动资产的资金占用不稳定，其资金来源可以相对灵活些，比较经济的办法是通过资金成本较低的短期融资来解决。

根据资产的期限结构和资金来源的期限结构两者之间的匹配程度的差异，流动资产融资策略可以划分为保守的流动资产融资策略、中庸的流动资产融资策略和冒险的流动资产融资策略。流动资产融资策略的选择主要取决于管理者的风险偏好，此外，它还受不同期限债务资金利率差异的影响。

（一）保守的流动资产融资策略

保守的融资组合策略是用长期资金来源支持非流动资产、永久性流动资产和部分临时性流动资产的占用，如图 4-2 所示。这种策略下，企业通常以长期资金来源为临时性流动资产的平均占用融资，短期资金来源仅用于融通超过平均水平部分的临时性流动资产。由于这种策略下短期负债等短期资金来源比重较低，企业不用经常性的去举债、还债，因此，较少出现融资困难和不能按时还本付息的风险。但是，由于长期资金来源的资金成本较高，导致长期资金来源比重较高的这种策略收益较低。因此，保守的流动资产融资策略是一种低风险、低收益的策略。

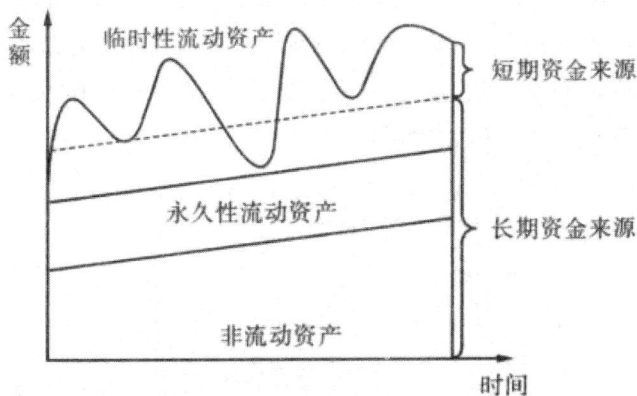

图 4-2　保守的流动资产融资策略

（二）冒险的流动资产融资策略

冒险的流动资产融资策略是用长期资金来源支持非流动资产和部分的永久性流动资产的占用，用短期资金来源支持剩下的永久性流动资产和所有临时性流动资产的占用，如图 4-3 所示。在这种策略下，企业使用较多的短期资金来源。短期资金来源的资金成本通常低于长期资金来源，因此，该策略能降低企业的资金成本，提高资金收益率。此外，由于该策略用短期负债等短期资金来源满足部分长期占用资金的永久性流动资产，必然导致企业要经常性的在短期债务到期后归还债务并重新举债，这种经常性的举债、还债，加大了企业筹资的困难和不能按时还本付息的风险。由此可见，冒险的流动资产融资策略是属于一种高风险、高收益的策略。

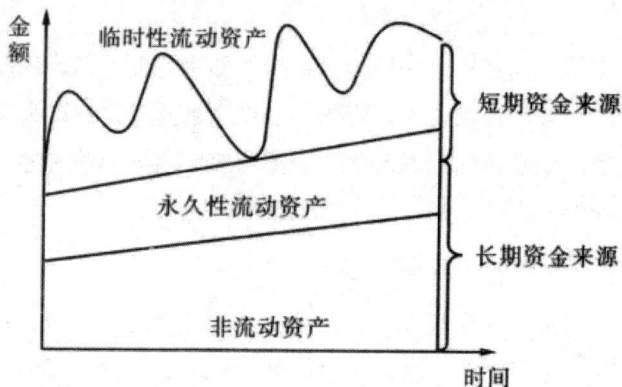

图 4-3　冒险的流动资产融资策略

（三）中庸的流动资产融资策略

中庸的流动资产融资策略用长期资金来源支持非流动资产和永久性流动资产的占用，用短期资金来源来支持临时性流动资产的占用，如图 4-4 所示。这种策略在观念上要将资产的期限结构和资金来源的期限结构匹配，但由于资产的使用期限不确定而还款期限确定等原因，导致资产的期限结构和资金来源的期限结构在实际上是做不到完全匹配的。中庸的流动资产融资策略是对上述两种融资策略的折中，它的风险和收益也介于上述两个策略之间，是一种中等风险、中等收益的策略。

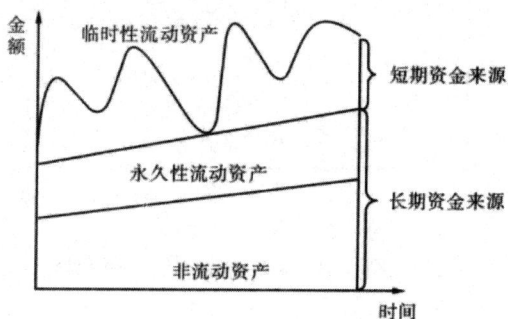

图 4-4　中庸的流动资产融资策略

第二节 现金管理

现金有狭义和广义之分，狭义现金是指企业的库存现金，广义现金是指货币形态表现的资金，包括库存现金、银行存款和其他货币资金等，这里所讲的现金是指广义的现金。

现金是流动资产中流动性最强的资产，拥有较多的现金，企业就具有较强的偿债能力和抗风险能力。但现金的收益性最弱，即使是银行存款，其利率也是很低的，因此，现金的持有量不是越多越好。企业现金管理的目标是要在现金的流动性和收益性之间进行权衡，在确保必要的资产流动性的同时，降低现金持有量，提高现金的使用效率。

一、持有现金的动机

企业持有现金出于以下三方面的动机：交易动机、预防动机和投机动机。

（一）交易动机

交易动机又称支付动机，是指企业为满足正常生产经营活动中的各种支付需要而持有的现金，包括为购买原材料、支付工资、上缴税收等日常支出而持有的现金，这是企业持有现金的主要动机。企业日常生产经营发生很多支出和收入，这些支出和收入很少同时等额发生，因此，企业保留适当的现金余额是完全有必要的，以避免企业的现金收支不平衡时，中断正常的生产经营活动。

（二）预防动机

预防动机是指企业为应付突发事件需要保持一定数量的现金。这种突发事件包括自然灾害、生产事故、未能及时收回货款等。预防性现金量的多少主要取决于以下三个方面：一是企业现金流量预测的可靠性；二是企业临时举债能力的强弱；三是企业愿意承担现金短缺风险的程度。一般而言，现金流量预测的可靠性较高，临时举债能力较强，愿意承担现金短缺风险的程度较高的企业，其预防动机的现金持有量相对较低。

（三）投机动机

投机动机是指为抓住突然出现的获利机会而持有的现金。如抓住市场廉价供给原材料或其他资产的机会，或抓住机会以较低价格购进预计上涨的有价证券等。这种获利机会通常一闪即逝，如果企业没有用于投机的现金，就会错过这种机会。通常，投机动机不是生产型企业的主要现金持有动机。

企业的现金持有量一般小于三种动机下的现金持有量之和，因为三种动机的现金持有量可以在一定程度上能够调剂使用。

二、目标现金持有量的确定

（一）现金周转期模式

现金周转期模式是利用现金周转期求得最佳现金持有量。现金周转期是指从现金投入生产经营开始，到最终转化为现金为止所经历的时间。它大致包括以下三个部分：一是存货周转期，即将原材料转化为产成品并最终出售所需要的时间；二是应收账款周转期，也叫收现期，即从产品销售形成应收账款到收回现金所需要的时间；三是应付账款周转期，即从收到尚未付款的原材料开始到实际支付价款时所用的时间。

现金周转期模式确定最佳现金持有量的步骤如下：

第一，计算现金周转期。其计算公式为：

现金周转期 = 平均存货周转期 + 平均应收账款周转期 - 平均应付账款周转期

第二，计算现金周转率。现金周转率是指一定时期内现金的周转次数，若计算某一年的现金周转率。其计算公式如下：

$$现金周转率 = \frac{360}{现金周转期}$$

第三，计算最佳现金持有量。某一年的最佳现金持有量就等于该年预计现金总需要量除以现金周转率。其计算公式如下：

$$某年最佳现金持有量 = \frac{该年预计现金总需要量}{现金周转率}$$

（二）成本分析模式

成本分析模式需要考虑持有现金所发生的机会成本、管理成本和短缺成本。

1. 机会成本

持有现金的机会成本是指因为持有一定量现金所丧失的再投资收益，即因为持有现金不能将其用于有价证券投资而产生的机会成本，在数额上通常视同为持有现金的资金成本。例如，假设一个企业的资本成本为 10%，年均持有现金 100 万元，则该企业每年持有现金的机会成本为 10 万元（100 × 10%）。在资本成本率既定的条件下，持有现金的机会成本与现金持有量成正比，是一种变动的成本。

2. 管理成本

持有现金的管理成本是指企业因为持有一定量的现金而发生的管理费用，比如现金管理人员的工资、现金安全保护措施所发生的费用等。通常认为，在一定的持有量范围内，持有现金的管理成本不会随持有量的变化而变化，是一种固定成本。

3. 短缺成本

持有现金的短缺成本是指企业因为现金持有量不足且又无法及时通过有价证券变现加

以补充而给企业造成的损失。比如由于现金短缺而无法购进急需的原材料，使企业的生产经营中继而给企业造成的损失，再如由于现金短缺而无法按时支付货款而造成的信用损失。持有现金的短缺成本与现金持有量之间呈负相关关系，其发生额随现金持有量的增加而下降，随现金持有量的减少而上升。

在成本分析模式下，最佳现金持有量是能使机会成本、管理成本和短缺成本的总和达到最小的持有量，如图 4-5 表示。其中，管理成本在现金持有量发生变动时永远保持不变，机会成本随持有量正相关变动，短缺成本随持有量负相关变动，三者总和即总成本达到最低时，则所对应的现金持有量为最佳持有量。

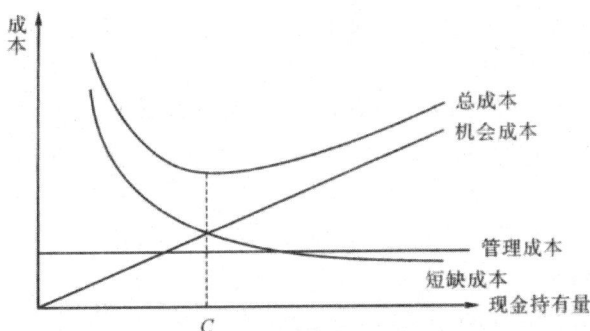

图 4-5　成本分析模式

（三）存货模式

存货模式借鉴存货经济订货批量模型来确定最佳现金持有量。和成本分析模式类似，存货模式确定最佳现金持有量也要使相关总成本达到最低，但两者考虑的相关成本的内容不同。存货模式认为持有现金的管理成本因为比较稳定，与持有量关系不大，是固定成本，因此可以视为决策的无关成本而不需要考虑。此外，由于现金是否会发生短缺、短缺多少、概率多大以及各种短缺情形发生时可能的损失如何，都存在很大的不确定性，并且计量困难，因此存货模式不考虑短缺成本。

存货模式下只考虑机会成本和转换成本。其中转换成本是指企业用现金购入有价证券以及用有价证券换取现金时付出的交易费用，即现金同有价证券之间相互转换的成本，如买卖佣金、手续费、证券过户费，印花税等。转换成本可以分为两类：一是与委托转换的金额相关的费用，如买卖佣金、印花税等，这部分转换成本从某个预算期间（如一年）来看是固定不变的，是一种固定成本，因为委托转换的总额是可预计的，视为常数的预算期现金总需要量；二是与委托金额无关而与转换次数有关的费用，如委托手续费、过户费等，这部分转换成本每次发生额固定不变，但整个预算期内的发生总额与预算期内的转换次数成正比，所以是一种变动成本。由于固定转换成本固定不变，与决策无关，所以存货模式下考虑的转换成本是相关的变动转换成本。在预计现金总需要量不变的条件下，现金持有量越高，每次委托转换的金额越大，预算期内转换的次数就越少，变动转换成本就越低。

存货模式确定最佳现金持有量时有下列基本假设：（1）企业所需现金可确保在需要时通过有价证券变现取得；（2）企业预算期内的现金总需要量可以预计；（3）现金支出过程均衡、稳定；（4）有价证券的投资报酬率以及每次转换发生的固定交易费用稳定、可知。

设 Q 为现金持有量，T 为某个预算期间的现金总需要量，F 为每次出售有价证券以补充现金所发生的固定交易成本，K 为有价证券的投资报酬率即机会成本率，则持有现金的相关总成本（TC）为机会成本与变动转换成本两者的总和：

相关总成本 = 机会成本 + 变动转换成本

用字母表示为：

$$TC = \frac{Q}{2} \cdot K + \frac{T}{Q} \cdot F$$

持有现金总成本与机会成本、转换成本的关系如图 4-6 所示。

对上面公式中的 Q 求导，并令其等于零，即可求得最佳现金持有量 Q*：

$$Q^* = \sqrt{\frac{2F}{K}}$$

将 Q* 代入原公式即可求得最低相关总成本 T*：

$$T^* = \sqrt{2TFK}$$

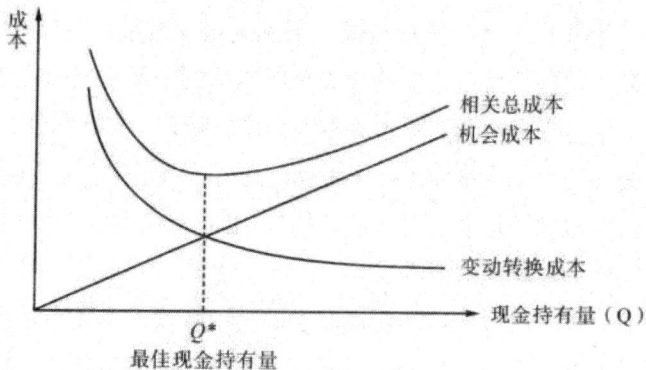

图 4-6　存货模式

（四）随机模式

随机模式认为公司现金流量存在不确定性，在确定公司目标现金的持有量时，必须认真考虑这种不确定性。该模式假定公司每日现金流量的分布接近于正态分布，每日现金流量可能高于也可能低于期望值，其变化是随机的。由于现金流量波动时随机的，只能对现金持有量确定一个控制区域，定出上限和下限。当企业现金余额在上下限之间波动时，表明企业的现金持有量处于合理的水平，不需要在现金和有价证券之间进行转换调整。当企业现金余额达到上限时，则将部分现金用于购买有价证券，使现金持有量下降；当现金余额达到下限时，则变卖部分有价证券，使现金持有量有所回升。随机模式下对现金余额的控制原理如图 4-7 所示。

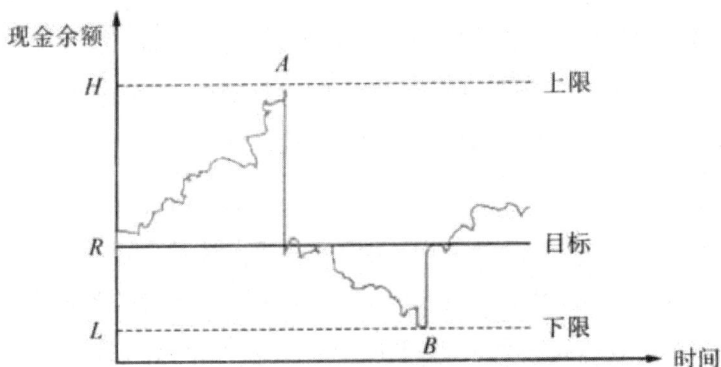

图 4-7　随机模式

图 4-7 中，虚线 H 为现金持有量的上限，虚线 L 为现金持有量的下限，实线 R 为目标返回线。当企业现金余额随机波动至 A 点，达到了现金控制的上限，此时，企业应动用现金购买有价证券，使现金余额回落到目标返回线的水平。当企业现金余额随机波动至 B 点，达到了现金控制的下限，此时，企业应变卖有价证券获取现金，使现金余额回升到目标返回线的水平。当现金余额在 H 和 L 之间波动而未触及上下限时，企业不在现金和有价证券之间进行转换。现金持有量的下限 L 取决于模型之外的因素，其数额由管理者在综合考虑现金短缺的风险承受能力、企业举债能力、企业日常周转所需资金、银行要求的补偿性余额等因素的基础上进行确定。目标返回线 R 可按下列公式计算：

$$R = \sqrt[3]{\frac{3b\sigma^2}{4r}} + L$$

其中：b 表示有价证券固定的每次转换成本；σ 表示每日现金流量变动的标准差；r 表示有价证券的日利息率；L 表示现金持有下限。

现金持有上限 H 的计算公式为：

$$H = 3R - 2L$$

三、现金收支管理

金收支管理的目的在于提高现金使用效率，为达到这一目的，应做好以下几方面的工作：

（一）尽量做到现金流量同步

如果企业能做到现金流量同步，使企业的现金流入与现金流出在数量上和时间。上趋于一致，就可以使其所持有的交易性动机的现金余额降低到最低水平。

（二）合理使用现金浮游量

现金的浮游量是指企业账户上的现金余额与银行账户上所示的企业存款余额之间的差额。从企业开出支票，收款人收到支票存入银行，至银行将款项划出企业账户，支票金额对应的现金在这段时间里的占用即为现金的浮游量。现金浮游量是企业已付，银行未付的款项，尽管企业已经开出了支票，但仍可在活期存款账户上动用这笔资金。需要注意的是，企业利用现金浮游量必须控制好时间，以免发生透支现象。

（三）加速收款

加速收款主要是指缩短应收账款周转期。发生应收账款会增加企业资金的占用，但它又是必要的，因为它可以扩大销售规模，增加销售收入。关键是要做到一方面利用应收账款来吸引客户，另一方面还要想办法缩短收款时间。因此，企业需要权衡确定合理的收账政策。此外，企业想办法尽量缩短从客户开出支票到将支票送交银行办理结算的时间也能起到加速收款的作用。

（四）推迟应付款项的支付

推迟应付款项的支付是指企业在不影响自身信誉的条件下，充分利用供货方提供的信用优惠，尽可能地推迟应付款的支付期。如果急需现金，企业甚至可以放弃供货方的现金折扣优惠，在信用期的最后一天支付款项。当然，放弃现金折扣的成本是很高的，需要权衡利弊得失定夺。

第三节　应收账款管理

一、应收账款管理的目标

应收账款从其产生来看主要有两个原因：（1）适应商业竞争的需要。在竞争机制的作用下，迫使企业以各种手段扩大销售。除了依靠产品质量、价格、售后服务、广告等之外，企业实施赊销策略也是扩大销售的手段之一。企业适应竞争的需要采用赊销方式而形成的应收账款是一种商业信用，是应收账款发生的主要原因。（2）企业销售和收款上的时间差。就一般批发和大量生产的企业而言，发货的时间和收到货款的时间往往不同，作为销售方的企业承担由此产生的资金垫支，形成应收账款。由于销售和收款上的时间差造成的应收账款是不属于商业信用，也不是应收账款管理的主要对象。

应收账款具有两面性：一方面企业通过提供商业信用，采取赊销、分期付款等销售方式，可以扩大销售收入，降低存货，增加利润；另一方面较高的应收账款会导致较高的相关成本发生。同时较高的应收账款，导致较高的资金占用，从而会影响企业资金的流动性和资金的利用效率。因此，应收账款的管理目标在于：在通过应收账款管理扩大销售收入、提高竞争能力的同时，尽可能的控制应收账款相关成本，并提高应收账款的流动性。

二、应收账款的成本

应收账款的成本主要包括机会成本、管理成本和坏账成本。

（一）机会成本

应收账款的机会成本是指因资金投放在应收账款上而丧失的其他投资收益。应收账款会占用企业一定量的资金，而企业如果不把这部分资金投放于应收账款，便可以用于其他投资，并可能获得收益，例如可以投资债券获得利息收入。应收账款的机会成本并不是实际发生的成本。应收账款的机会成本可按以下公式计算：

应收账款机会成本 = 维持赊销业务所需要的资金 × 资本成本维持赊销业务所需要的资金计算公式为：

维持赊销业务所需要的资金 = 应收账款平均余额 × 变动成本率

其中：

$$应收账款平均余额 = \frac{年赊销额}{360} \times 平均收现期$$

（二）管理成本

应收账款的管理成本是指企业为管理应收账款而发生的开支，是从应收账款发生到收回期间所有与应收账款管理系统运行有关的费用。主要包括调查客户信用状况的费用、收集信用信息的费用、应收账款簿记费用、收账费用和相关管理人员成本。当应收账款的规模属于某个特定范围时，其管理成本一般比较稳定，可视为固定成本。当应收账款的规模脱离某个特定范围后，其管理成本将跳跃到一个新的水平再继续保持一种固定成本的属性。

（三）坏账成本

应收账款的坏账成本是指由于应收账款因故不能收回而给企业带来的损失。坏账成本的高低与客户的信用状况有直接关系，且与企业的管理水平相关。企业管理水平越高，对客户信用情况的调查越全面、仔细，对客户的监督和催讨越有力，则坏账损失发生额就越低。坏账成本的测算一般是通过坏账损失率与赊销收入相乘得到的。即：

坏账成本 = 年赊销额 × 坏账损失率

三、信用政策

信用政策是指企业在采用赊销方式时，为了对应收账款投资进行规划和控制而确定的基本原则与行为规范，包括信用标准、信用条件和收账政策三个方面。

（一）信用标准

信用标准是信用申请者获得企业所提供的信用必须达到的基本条件，通常以坏账损失率作为判定的依据。如果客户达不到企业的信用标准，就不能享受到企业所提供的信用或只能享受较低的信用优惠。信用标准宽，可以扩大销售额，但会相应增加坏账损失和应收账款的机会成本。信用标准严，可以减少坏账损失，减少应收账款的机会成本，但不利于扩大销售额，甚至会减少销售额。因此，对信用标准的管理就是对信用标准宽严度的把握，要在增加的收益与增加的应收账款成本之间进行权衡选择。

影响信用标准的因素包括以下几个方面：（1）同行业竞争对手的情况。在产品品种、质量、价格等因素基本相同情况下，如果对手实力更强，就需采取较宽松的信用标准。反之，信用标准可以严格一些。（2）企业承担违约风险能力。当企业具有较强的违约风险承受能力时，信用标准可以宽松一些，以提高竞争力，争取客户，扩大销售。反之，如果企业承担违约风险的能力比较脆弱，就应该选择较严格的信用标准以降低违约风险。（3）客户的资信程度。客户的资信程度越高，信用标准可以越宽松；客户的资信程度越低，则信用标准应该越严格。

企业在设定顾客的信用标准时，往往要先评估其赖账的可能性，这可以通过"五C"系统来完成。"五C"是指评估顾客信用品质的五个方面：品质（charac-ter）、能力（capacity）、资本（capital）、抵押（collateral）和条件（conditions）。

1. 品质

品质指顾客履约或赖账的可能性，这是决定是否给予客户信用的首要因素，主要通过了解顾客以往的付款履约纪录来进行评价。

2. 能力

能力指顾客的偿债能力，取决于顾客资产特别是流动资产数量、质量以及与流动负债的比率关系。一般来说，企业流动资产的数量越多，流动比率就越大，表明其偿付债务的物资保证越雄厚，反之，则偿债能力越差。同时，还应注意顾客流动资产的质量，看是否有存货过多、过时、质量下降等现象，影响其变现能力和支付能力的情况。

3. 资本

资本指顾客的经济实力和财务状况，是偿付债务的最终保证，一般从财务报表中获得。

4. 抵押

抵押指顾客提供的可作为资信安全保证的资产。这对于不知底细或信用状况有争议的顾客尤为重要。一旦收不到这些顾客的款项，便以抵押品抵补。如果这些顾客能够提供足够的抵押，就可以考虑向他们提供相应的信用。

5. 条件

条件指可能影响顾客付款能力的经济环境。例如，万一出现经济不景气，会对顾客的付款能力产生什么样的影响，顾客会如何做等，这需要了解顾客在过去困难时期的付款历史。

上述各方面的信息主要通过以下渠道得到：顾客的财务报表资料、银行核查、信用评估机构的报告以及与某一顾客过往的交易记录等。

（二）信用条件

信用条件是指企业要求客户支付赊销款项的条件，包括信用期限、折扣期限和现金折扣。如"2/10，n/30"是一项信用条件，它表示如果在发票开出后10天内付款，可享受2%的折扣；如果放弃折扣，则全部货款必须在30天内付清。这里信用期是30天，折扣期是10天，现金折扣为2%。为客户提供优惠的信用条件能增加企业的销售收入，但也会增加成本。因此，确定信用条件需要考虑成本与收益的关系，如果某项信用条件的改变增加的收益大于增加的成本，则这种改变是可行的。

1. 信用期限

信用期限是指企业为客户规定的最长付款期限。信用期限的长短，与销售收入、应收账款、坏账损失都密切相关。信用期限越长，表明企业给予客户的信用条件越优惠，它促使企业销售收入增长，同时，也使应收账款的成本和坏账损失随之增加。因此，必须比较改变信用期限带来的边际收益和边际成本，才能决定是否改变信用期限。

2. 现金折扣与折扣期限

折扣条件包括现金折扣和折扣期限。现金折扣是企业对顾客在商品价格上的扣减，折扣期限是指企业规定的客户可享受现金折扣的最迟付款时间。企业给出折扣条件，其目的在于吸引顾客为享受现金折扣优惠而提前付款，从而加速企业应收账款的回收。

现金折扣的通常用类似于"3/10，1/20，n/30"这样的符号表示。在这个例子中，3/10表示10天内付款可以享受3%的折扣；1/20表示20天内付款可以享受1%的折扣；n/30表示付款的最长期限为30天，此时付款无优惠。

在给予客户现金折扣时，如果折扣率过低，无法产生激励客户提早付款的效果；如果折扣率过高，又导致现金折扣成本过高。企业能否提供现金折扣，主要取决于提供现金折扣加速应收账款收回所增加的收益是否大于所增加的成本。因此，在评价上，只要给予折扣后成本的节约大于折扣的支出，则方案可行。

（三）收账政策

收账政策是指信用条件被违反、客户拖欠甚至拒付账款时企业所采取的收账策略与措施。正常情况下，客户应该按照信用条件中的规定期限及时付款，履行其购货时承诺的义务。但现实生活中，有的客户由于种种原因在信用期满后仍不能支付账款。此时，企业应采取一定的收账方式来收回账款。企业可以采用信函、电话、面谈等方式自行收账；如果无效，可以进一步来考虑委托商账追收公司收账；最后还可以考虑提出法律诉讼追讨债款。

企业如果采取积极的收账政策，可以减少应收账款的占用，并减少应收账款的机会成本和坏账损失，但会导致收账成本的增加。如果采用消极的收账政策，则收账成本较低，但会增加应收账款的占用，并增加应收账款的机会成本和坏账损失。企业需要对增减变动的应收账款成本进行权衡，以评价收账政策是否可行。

四、应收账款的日常管理

应收账款管理难度较大，需要在平时做好客户信用调查、客户信用评估及日常追踪等工作。

（一）客户的信用调查

信用调查是指收集和整理反映客户信用状况的有关资料的工作，它是正确评价客户信用的前提条件，是企业应收账款日常的基础。客户的信用调查一般有以下途径：

1. 直接调查

直接调查是指调查人员通过与被调查单位进行直接接触，通过当面的采访、询问、观看等方式获取信用资料的方法。直接调查有利于企业快速、直接的获取所；需要的信息，但直接调查获得的资料基本上是感性的资料，而且被调查单位有可能抵触调查或隐瞒对自己不利的信息。

2. 间接调查

间接调查是以被调查单位及其他单位保存的有关原始记录和核算资料为基础，通过加工整理获得被调查单位信用资料的一种方法。这些资料主要来自以下几个方面：

（1）财务报表。通过财务报表分析，可以基本掌握一个企业的财务状况和信用状况。

（2）信用评估机构。因为评估方法先进，评估调查细致，评估程序合理，所以专门的信用评估部门可信度较高。在我国，目前的信用评估机构有三种形式：第一种是独立的社会评级机构，它们根据自身的业务需要吸引有关专家参加，不受行政干预和集团利益的牵制，独立自主地开办信用评估业务；第二种是政策性银行、政策性保险公司负责组织的评估机构，一般由政策性银行、政策性保险公司的有关人员和各部门专家进行评估；第三种是由商业银行、商业性保险公司所组织的评估机构，由商业性银行、商业性保险公司组织专家对其客户进行评估。

（3）银行。银行是信用资料的一个重要来源，许多银行都设有信用部，为其顾客服务，并负责对其顾客信用状况进行记录、评估。但银行的资料一般仅愿意在内部及同行间进行交流使用，而不愿向其他单位提供。

（4）其他途径。如财税部门、工商管理部门、消费者协会等机构都可能提供相关的信用状况资料。

（二）评估客户信用

收集好客户信用资料以后，就需要对这些资料进行分析、评价。企业一般采用"5C"系统来评价，并对客户信用进行等级划分。在信用等级方面，目前主要有两种：一种是三类九等，即将企业的信用状况分为 A、B、C 三类，以及 AAA、AA、A、BBB、BB、B、CCC、CC、C 九等，其中 AAA 为信用最优等级，C 为信用最低等级。另一种是三级制，即分为 AAA、AA、A 三个信用等级。

（三）应收账款追踪分析

为了按期足额收回应收账款，企业有必要对该应收账款进行追踪分析。

1. 应收账款账龄分析

应收账款账龄分析是对应收账款账龄结构的分析，是指企业在某一时刻，将所发生在外各笔应收账款按照开票日期进行归类，计算出不同账龄的应收账款占总额的比重情况。

2. 应收账款收现保证率分析

应收账款收现保证率是为了适应企业现金收支匹配关系的需要，确定出的有效收现的账款应占全部应收账款的百分比，是二者应当保持的最低比例。其计算公式为：

某期应收账款收现保证率 = 当期必要现金支付总额 - 当期其他稳定可靠的现金流入总额 / 当期应收账款总额

应收账款收现保证率指标反映了企业既定会计期间预期现金支付总额扣除各种可靠、稳定的现金来源后，必须通过应收账款有效的收现予以弥补的最低保证程度，是企业控制应收账款收现水平的基本依据。

（四）应收账款保理

保理又称托收保付，是指卖方（供应商或出口商）与保理商间存在的一种契约关系。根据契约，卖方将其现在或将来的基于其与买方（债务人）订立的货物销售（服务）合同所产生的应收账款转让给保理商，由保理商提供下列服务中的至少两项：贸易融资、销售账户管理、应收账款的催收、信用风险控制与坏账担保。可见，保理是一项综合性的金融服务方式，其同单纯的融资或收账管理有较大区别。

应收账款保理是企业将赊销形成的未到期应收账款，在满足一定条件的情况下转让给保理商，以获得流动资金，加快资金的周转。保理可以分为有追索权保理（非买断型）和无追索权保理（买断型）、明保理和暗保理、折扣保理和到期保理。

有追索权保理是指供应商将债权转让给保理商，供应商向保理商融通货币资金后，如果购货商拒绝付款或无力付款，保理商有权向供应商要求偿还预付的货币资金，如购货商破产或无力支付，只要有关款项到期未能收回，保理商都有权向供应商进行追索，因而，保理商具有全部"追索权"，这种保理方式在我国采用较多。无追索权保理是指保理商将销售合同完全买断，并承担全部的收款风险。

明保理是指保理商和供应商需要将销售合同被转让的情况通知购货商，并签订保理商、供应商、购货商之间的三方合同。暗保理是指供应商为了避免让客户知道自己因流动资金不足而转让应收账款，并不将债权转让情况通知客户。

折扣保理又称为融资保理，即在销售合同到期前，保理商将剩余未收款部分先预付给销售商，一般不超过全部合同额的70%~90%。到期保理是指保理商并不提供预付账款融资，而是在赊销到期时才支付，届时不管货款是否收到，保理商都必须向销售商支付货款。

应收账款保理对于企业而言，其财务管理作用主要体现在：（1）融资功能。应收账款保理，其实质是利用未到期应收账款这种流动资产作为抵押进行融资。这对于规模小、销售业务少的企业来说，利用保理业务进行融资是一种较便利的选择。（2）减轻应收账款的管理负担。面对市场的激烈竞争，企业可以选择把应收账款转让给专门的保理商进行管理，使企业从应收账款的管理之中解脱出来。（3）减少坏账损失、降低经营风险。企业可以利用买断型保理，将全部的收款风险转由保理商承担，有效的减少坏账损失。（4）增强销售能力。由于企业有能力利用应收账款保理融资，企业会对采购商的付款期限做出较大让步，从而大大增加了销售合同成功签订的可能性，拓宽了企业的销售渠道。

第四节　存货管理

存货是指企业在生产经营过程中为生产或销售而储备的物质，包括原材料、在产品、半成品、产成品等。存货是联系产品的生产和销售的重要环节，存货控制或管理效率的高低，直接反映并决定着企业收益、风险、流动性的综合水平，而且对大多数企业来说，存货在营运资金中往往占有较大的比重。因此，存货管理是企业财务管理的一项重要内容。

一、存货的功能与存货管理的目标

（一）存货的功能

存货的功能是指存货在生产经营过程中的作用，具体表现在：

1.保证生产经营活动正常开展

生产过程中所需要的原材料，是生产中必需的物质资料。企业为了保证生产的顺利进行，需要适当储备一些生产所需的原材料存货，从而能有效防止停工待料事件的发生，维持生产的连续性。

2.适应市场需求变化

由于市场的需求处于变化之中，一旦市场需求下降，会导致企业的库存积压，而市场需求上升，则会导致存货不足，企业白白丧失获利的机会。适当储备存货能增强企业在生产和销售方面的机动性以及适应市场变化的能力。

3.便于均衡组织生产

对于企业所生产的季节性产品，其生产所需的材料往往具有季节性，供应量和价格在不同季节波动很大。因此，企业为了实现均衡生产，降低生产成本，就必须适当储备一定的原材料存货。

4.可以降低进货成本

很多企业为扩大销售规模而提供商业折扣，即客户购货达到一定数量时，企业便在价格上给予其相应的折扣优惠。为了获得商业折扣，企业往往需要进行批量集中进货，由此增加了企业的存货。这反过来看，便是存货可以降低进货成本。此外，在采购总量不变的前提下，增加每次购货数量会减少购货次数，可以降低采购费用的支出，同时带来存货的增加，这也体现出存货可以降低进货成本的功能。

（二）存货管理的目标

企业持有充足的存货，不仅有利于生产过程的顺利进行，节约采购费用与生产时间，而且能够适应市场变化迅速满足客户的各种订货要求，从而为企业的生产和销售提供较大的机动性，避免因为存货不足而带来的机会损失。但存货的增加必然要占用更多的资金，这会使企业付出更大的持有成本或机会成本，而且存货的储存成本也会增加，影响企业获利能力的提高。因此，存货管理需要权衡存货所带来的收益和增加的成本，其目标是要在充分发挥存货功能的基础上，合理控制存货水平，提高资金流动性，降低存货成本。

二、存货成本

存货的成本主要包括以下几方面：

1. 采购成本

采购成本是指存货本身的价值，即为购买存货所支付的代价，包括存货的买价和运杂费等。采购成本的多少取决于企业在一定时期内需要的数量和单价。在单价不随采购数量变动时，用不变的单价去乘可预计的年采购数量所得到的年采购成本就是一个不变的数字，即此时采购成本是固定成本，与采购批量没有关系，是采购批量决策的无关成本。如果供应商提供商业折扣，在采购批量达到折扣起点时，采购单价将会发生变动，年采购成本也将随着单价的变动而发生相应的变动，此时采购成本与采购批量的决策相关，是一个相关成本。

2. 订货成本

订购成本是指企业在组织货源的过程中支付的费用。一般包括采购部门的日常经营费用，如采购人员的工资、折旧费、入库搬运费和水电费等，还包括专门为订购存货发生的业务费用，如差旅费、邮电资等支出。订购成本按其发生额与订货次数的关系，可以分解成变动订货成本和固定订货成本。变动订货成本与订货次数成正比，单位变动订货成本即每次订货费用则保持不变。当存货采购批量发生变动时，订货次数会随之反向变动，由此导致订货成本也发生变动，因此，变动订货成本受采购批量的影响，是采购批量决策的相关成本。固定订货成本固定不变，不受采购批量变动的影响，是采购批量决策的无关成本。

3. 储存成本

储存成本是企业为持有存货而发生的费用。包括存货占用资金的机会成本、仓储费用、保险费用、存货残损霉变损失等。储存成本按其发生额与平均储存量的关系可以划分成变动储存成本和固定储存成本。那些与存货储存水平高低无关而保持不变的储存成本是固定储存成本，那些随储存量的变化而正比例变化的储存成本则为变动储存成本，采购批量的变动会带来储存量的同向变动，并导致变动储存成本的同向变动。显然，变动储存成本是采购批量决策的相关成本。固定储存成本固定不变，不受采购批量变动的影响，是采购批量决策的无关成本。

4. 缺货成本

缺货成本是因存货供应中断而给企业造成的损失，包括由于材料供应中断造成的停工损失、成品供应中断导致延误发货的信誉损失及丧失销售机会的损失等。如果企业为完成订单任务，紧急采购代用材料解决库存材料中断之急，那么紧急采购超过正常采购的额外支出也是一种缺货成本。缺货成本能否作为决策的相关成本，应视企业是否允许出现存货短缺的不同情形而定。若允许缺货，则缺货成本便与存货数量反向相关，即属于决策相关成本，反之，若企业不允许发生缺货情形，则此时缺货成本为零，也就无须再加以考虑。

三、目标存货持有量的确定

存货决策除了决定进货项目、选择供货商之外，还要决定合理的进货时间和进货批量，以使存货相关总成本达到最低。这种能使存货相关总成本达到最低的进货批量叫经济订货量或经济批量。

（一）经济订货量基本模型

经济订货量基本模型是建立在一系列严格假设的基础上的，这些假设包括：（1）存货总需求量确定；（2）采购的物资集中到货一次性入库，然后被均匀消耗；（3）供应商不提供商业折扣，供应充足，采购单价不变；（4）企业资金充足，能够及时补充存货，不允许缺货现象的存在。

由于模型假设中不允许缺货现象的存在，所以不存在缺货成本。又由于存货采购单价不变，全年存货总需求量确定，所以两者的乘积即采购成本保持不变，不受采购批量变化的影响，是一项无关成本可以不用考虑。此外，固定储存成本和固定订货成本固定不变，是无关成本也不需要考虑。于是，存货的成本中，该模型只需考虑变动储存成本和变动订货成本，相关总成本为两者之和：

相关总成本 = 变动储存成本 + 变动订货成本

（二）基本模型的扩展

放宽经济订货量基本模型的假设，可以扩展模型，扩大其适用范围。

1. 再订货点

一般情况下，订货需要一定的交货时间，即从发出订单到货物验收入库所经历的时间。因此，为了避免停工待料使生产停顿，企业不能等到存货用完再去订货，而需要在没有用完时提前订货，企业提前订货，在其发出订单时尚有的存货库存量称为再订货点。再订货点要能满足交货时间内企业生产的需要量。若不考虑保险储备量，再订货点就等于交货时间和每日平均需要量的乘积。用 R 表示再订货点，用 L 表示交货时间，用 d 表示每日平均需要量，则：

$$R = L \cdot d$$

2. 存货陆续入库模型

在建立基本模型时，是假设存货一次性到货入库的。但事实上，各批存货可能是陆续入库，使库存量陆续增加。尤其是产成品入库和在产品的转移，几乎总是陆续供应和陆续耗用的。

3. 考虑数量折扣

在实际经济活动中，供货商为争取顾客多订购材料，加速资金周转，往往采取数量折扣的供应方式，即当顾客每次订购材料超过一定数目时，便予以价格上的优惠。购货企业接受数量折扣条件，有利于降低材料购买价格，从而降低采购成本，而且由于每次购买数量越大，其采购次数越少，从而可降低订货成本。但是，由于每次订货数量加大，导致存货平均储存量增加，势必也会提高储存成本。此时，进货企业对经济订货量的确定，除了考虑订货成本和储存成本外，还应考虑存货的采购成本，即在有数量折扣的条件下，能使采购成本、订货成本和储存成本之和达到最小的采购批量为经济订货量。

4. 保险储备

前面讨论的经济订货量是以耗用均匀为前提的，实际上企业对存货的耗用水平可能发生变化，交货时间也可能延误。交货期间如果企业的耗用量增大或交货时间延误，就会发生缺货，保险储备是为防止这种现象的产生而多储备的一些存货，它也叫安全存量。在有保险储备的情况下，企业的再订货点等于交货时间的正常需要量加上保险储备量。

保险储备的存在，可以减少供应短缺而造成的损失，但过多的储备，势必会造成资金的积压，增加储存费用。企业应找出合理的保险储备水平，使缺货成本和保险储备成本之和达到最小。此时，考虑存货相关总成本为：

相关总成本=保险储备成本+缺货成本

其中：

缺货成本=单位缺货成本×每年订货次数×每次订货的缺货量

保险储备成本=保险储备量×单位年均储存成本

每次订货的缺货量可根据概率计算，主要取决于需求量的变化和供应量的变化。

四、存货日常管理

存货日常管理是营运资金管理的一个重要方面，搞好存货日常管理，对于改善企业生产经营活动，提高流动资金利用效果具有重要的意义。

（一）ABC 管理

ABC 管理法又称重点管理法。它是根据一定的标准对事物来进行分类，分清重点和一般，区别对待实施管理的一种管理方法。其基本原理可概括为"区别主次，分类管理"。存货 ABC 管理是将企业各种存货按重要性程度分为 A、B、C 三类，分别实行按品种重点管理、按类别一般控制和按总额灵活掌握。

进行存货分类的标准有两个：一是金额标准；二是数量标准。其中金额标准是主要的，数量标准只作为参考。A 类存货的特点是金额大，品种数量少；B 类存货的特点是金额和数量水平一般；C 类存货的特点是金额小，但品种数量繁多。一般而言，三类存货的金额比重大致为 A：B：C=7：2：1；品种数量比重大致为 A：B：C=1：2：7。

对 A 类存货，企业应按每一个品种进行管理，严格控制，经常检查库存，认真确定其消耗定额、经济订货量等指标。对 C 类存货，企业可以采用简化的控制方式来进行管理，一般只要把握一个总金额就可以了。对 B 类存货的控制介于 A 类存货和 C 类存货之间，企业可以通过划分类别的方式来进行管理。

（二）零库存管理

零库存管理也叫适时制库存控制或看板管理。零存货管理在 20 世纪 70 年代由日本丰田汽车公司提出并用于实践。在这种管理系统下，企业是事先和供应商协调好，让供应商将必要的原材料和零部件，以必要的数量和完美的质量，在必要的时间，送往必要的地点，并且和客户协调好，在产品完工后不在企业停留立即送往客户手中。这样，企业的存货持有水平就可以大大下降，企业的供应、生产和销售形成连续的流畅的运动过程。显然，实施零库存管理需要稳定、标准的生产程序以及诚信的供应商，否则，极易导致企业生产的停顿。目前，已经有越来越多的企业采用零库存管理减少甚至消除对存货的需求。零库存管理的思想被进一步发展应用于整个生产经营过程—集开发、生产、库存和分销于一体，大大提高了企业运营的管理效率。

第五章　项目投资管理

第一节　项目投资概述

对于创造价值而言，投资决策是财务决策中最重要的决策。筹资的目的是投资，投资需求决定了筹资的规模和时间。在一定意义上，投资决策决定着企业的前途，以至于提出投资方案和评价方案的工作已经不是财务人员能单独完成的，需要相关经理人员的共同努力。

一、投资的含义

投资是指特定的经济主体为了在未来可预见的时期内获得收益，在一定时期向特定的标的物投放一定数额的货币资金或非货币性资产的一种经济行为。从特定企业角度看，投资是企业为获得收益而向特定对象投放资金的经济行为；从现金流量看，投资是为了将来更多现金流入而现时付出现金的经济行为。

不同主体的投资目的不同，并因此导致投资决策的标准和评价方法等诸多方面的区别。财务管理所讨论的投资，其主体是企业，而非个人、政府或专业投资机构。企业投资的实质是，企业作为独立的投资主体，以实现最大的投资价值为目的，将资金转化为固定资产、无形资产、流动资产等，以获取利润的投资行为。它具有以下特征：

（一）投资的主体是公司

与个人或专业投资机构的间接投资不同，公司投资是直接投资，即现金直接投资于经营性资产，然后用其来开展经营活动并获取现金。直接投资的投资人（公司）在投资以后继续控制实物资产，因此，可以直接控制投资回报。间接投资的投资人（公司债权人和股东）在投资以后不直接控制经营资产，因此，只能通过契约或更换代理人间接控制投资回报。

（二）投资对象是经营资产

经营资产是指企业生产经营活动所需要的资产，例如建筑物、机器设备、存货等，这些资产是企业进行生产经营活动的基础条件，企业利用这些资产可以增加价值，为股东创造财富。经营资产投资有别于金融资产投资，金融资产是指现金或有价证券等可以进入金融交易的资产。从投资行为介入程度看，经营资产投资是一种直接投资。投资后企业并没有失去资产的控制权，投资行为并不改变资金控制权归属，只是指定了企业资金的特定用途。这种投资是在企业内部进行的，因此，从投资的方向看，它是一种对内投资。

经营资产又进一步分为资本资产和营运资产。资本资产是指企业长期资产。资本资产的投资对企业的影响时间长，又称长期投资。营运资产是指企业的流动资产。流动资产对企业影响涉及时间短，又称短期投资。本章主要讨论与形成资本资产相关的长期投资，即项目投资（或资本投资）。长期投资涉及的问题非常广泛，财务经理主要关心其财务问题，即现金流量的规模（期望回收多少现金）、时间（何时回收现金）和风险（回收现金的可能性如何）。长期投资现金流量的计划和管理过程，称为"资本预算"。

（三）长期投资的直接目的是获取经营活动所需的实物资源

长期投资的直接目的是获取经营活动所需的固定资产、生物资源、油气资源等劳动手段或生产资源，以便运用这些资源赚取营业利润。长期投资的直接目的不是获取固定资产的再出售收益，而是要使用这些固定资产。有的企业也会以股权形式投资于其他企业，然而这种投资与一般股票投资不同，主要是为了控制被投资企业，而不是直接以获取股利或资本利得为目的。企业要做的事情，应当是股东自己做不了或做不好的事情。

公司对于子公司的股权投资是经营性投资，目的是控制其经营，而不是期待再出售收益。合并报表将这些股权投资抵消，可以显示其经营性投资的本来面目。对子公司投资的评价方法，与直接投资经营性资产相同。对于非子公司股权投资也属于经营性投资，通常不以获取直接报酬为主要目的，目的是控制被投资企业，便于从销售、供应、技术或管理上得到回报，其分析方法与直接投资经营性资产相同。

实业企业长期持有少数股权证券或债券在经济上缺乏合理性，没有取得正的净现值的依据，不如让股东自己直接去投资股票，不仅可以节约交易费用，而且企业还能减少税收负担。有时企业也会购买一些风险较低的金融资产，将其作为现金的替代品，其目的是在保持流动性的前提下降低闲置资金的机会成本，或对冲汇率、利率等金融风险，并非真正意义上的金融资产投资行为。

二、项目投资的特点

由上述讨论可知，项目投资是指企业与形成资本性资产有关的经营资产投资。它包含的内容非常广泛，主要有新产品开发或现有产品的规模扩张、设备或厂房的更新、研究与开发、勘探及其他（如劳动保护设施建设、购置污染控制装置等）等类型。

与其他形式的投资相比，项目投资具有如下特点：

（一）投资金额大

项目投资，特别是战略性的扩大生产能力投资一般都需要较多的资金，其投资额往往是企业及其投资人多年的资金积累，在企业总资产中占有相当大的比重。因此，项目投资对企业未来的现金流量和财务状况都将产生深远的影响。

（二）影响时间长

项目投资的投资期及发挥作用的时间都较长，通常要跨越好几个会计年度或营业周期，对企业未来的生产经营活动将产生重大影响。

（三）变现能力差

项目投资一般不准备在一年或一个营业周期内变现，而且即使在短期内变现，其变现能力也较差。因为，项目投资一旦完成，要想改变相当困难，不是无法实现，而是代价太大。

（四）投资风险大

因为影响项目投资未来收益的因素多，加上投资额大、影响时间长和变现能力差，必然造成其投资风险比其他投资大，对企业未来的命运产生决定性影响。

无数事例证明，一旦项目投资决策失败，会给企业带来无法逆转的损失。

三、项目投资的分类

按不同的标准，项目投资可以分为不同的类型。不同类型的投资，涉及的因素不同、特点不同，在决策时应注意区别对待，以便做出最佳选择。

（一）按与企业发展的关系，分为战略性投资和战术性投资

战略性投资是指对企业全局产生重大影响的投资。其特点在于所需资金一般数量较多，回收时间较长，风险较大。由于战略性投资对企业的生存和发展影响深远，因此这种投资必须按严格的投资程序进行研究，才能做出决策。

战术性投资是指只关系到企业某一局部具体业务的投资。其特点在于所需资金数量较少，风险相对较小。战术性投资主要是为了维持原有产品的市场占有率，或者是利用闲置资金增加企业收益。

（二）按风险程度，分为确定型投资和风险型投资

确定型项目投资是指项目计算期的现金流量等情况可以较为准确地予以预测的投资。这类投资的期限一般较短，投资的环境变化不大，未来现金流量较易预测。

风险型项目投资是指未来情况不确定难以准确预测的投资。这类项目投资决策涉及的时间一般较长，投资初始支出、每年的现金流量回收、寿命期限、折现率都是预测和估算的，任何预测都有实现和不实现两种情况，即带有某种程度的不确定性和一定的风险性。

如果项目投资决策面临的不确定性和风险较小，可以忽略它们的影响，该决策仍视为确定情况下的决策。如果决策面临的不确定性和风险比较大且足以影响方案的选择，则在决策过程中，必须对这种不确定性和风险予以考虑并进行计量，以保证决策的科学性和客观性。公司的大多数项目投资都属于风险性投资。本章的第二节至第四节主要阐述确定型项目投资的分析和决策方法，风险型项目投资的决策与方法放在本章第五节中讨论。

（三）按相互之间是否相关，可分为独立投资和互斥投资

独立投资是指彼此之间相互独立、互不排斥的若干个投资项目。在独立投资中，选择某一投资项目或方案并不排斥选择另一投资项目或方案。例如，某公司拟新建一个生产车间以扩大生产规模、进行某一新产品的研发、建一座办公大楼、购置几辆轿车等几项投资活动。这些投资项目之间是相互独立的，并不存在相互比较选择。既可以全部不接受，也可以接受其中一个或多个，甚至全部。对于独立方案而言，若无资金总量限制，只需评价其本身的财务可行性。若资金总量有限，也只影响其先后次序，不影响项目最终是否采纳。

互斥投资，又称互不相容投资，是指各项目间相互排斥、不能同时并存的投资。一组投资项目中的各个方案彼此可以相互代替，采纳项目组中的某一方案，就会自动排斥其他方案。例如，在固定资产更新改造中，是继续使用旧设备，还是购置新设备，只能选择其中一个方案，为典型的互斥方案。这类投资决策除了对所有项目逐个进行分析评价外，还要加以相互比较。显然，对互斥投资而言，即使每个项目本身在财务是可行的，也不能同时选，只能取较优者。

（四）按增加利润途径，分为增加收入投资和降低成本投资

增加收入投资是指通过扩大企业生产经营规模，从而增加收入以提高利润的投资。其投资决策规则是评价项目投产后所产生的现金净流入现值是否能够超过项目投资现金流出现值。

降低成本投资是指企业维持现有的经营规模，通过投资来降低生产经营中的成本和费用，间接增加企业利润的投资。其投资决策规则是评价在成本的降低中所获得的收益是否能证明该投资项目是可行的。

研究投资的分类，可以更好地掌握投资的性质和它们之间的相互关系，有利于把握重点，分清主次。显然，上述分类方法不是绝对的，一个投资项目可能属于不同的类型。

四、项目投资的管理程序

在一定时期，企业可利用资源是有限的，合理配置资源，提高资源的利用效率，之于价值创造是非常重要的。进行投资不但需要热情，而且需要冷静的头脑。在拟实施投资项目之前，必须进行科学的调查论证，分析该项投资能给投资者带来什么利益，给整个社会经济带来什么影响，在权衡利弊的基础上决定是否实施该项目投资。对任何项目投资机会的评价都包含以下几个基本步骤：

（一）提出投资方案

对投资方案的思考，需要在把握投资机会的情况下，根据企业的长远发展战略和中长期发展计划和投资环境的变化来确定。一般情况下，新产品开发方案通常来自营销部门，设备更新的建议通常来自生产部门。

（二）评价投资方案的财务可行性

在财务学中，主要是对已具备经济、技术、管理可行性的投资项目或方案的财务可行性进行的评价。评价投资方案财务可行性，其步骤包括：一是要根据相关资料，估算出方案的相关现金流量；二是确定合适的折现率，计算出投资方案的相关价值指标，如净现值、内含报酬率等；三是将计算出的这些指标与可接受的标准比较，判断是否具备财务可行性。对多个可供选择的投资方案，还要进行比较选择。

（三）已接受方案的再评价

在项目实施过程中及完成后，需要对投资项目进行跟踪分析和事后评价。这是一项很重要的工作，它可以告诉我们预测的偏差、提供改善财务控制的线索，也有助于指导未来的决策。

许多初学财务管理的人，感到困难的是如何计算财务可行性评价指标，特别是计算净现值和内含报酬率。其实，真正的困难在于确定现金流量和折现率，以及计算结果的使用，而不是指标计算本身。

第二节 现金流量

通常情况下，纳入财务学讨论范畴的投资项目，是已经具备国民经济可行性和技术可行性。财务学的主要任务是从企业投资者立场出发，评价投资项目的财务可行性。投资项目财务可行性评价需要现金流量和贴现率两个相关参数。因此，测算投资项目现金流量和确定适当的贴现率成为财务管理中项目投资决策的前提工作。

一、项目计算期

投资项目从投资建设开始到最终清理出售整个过程的全部时间，称之为项目计算期（记作 n）。其中从投资建设开始到完工投产时间为建设期（记作 S），从完工投产至项目终结点的时间为生产经营期（记作 P）。

生产经营期包括试产期和达产期两个阶段。试产期是指项目投入生产，但生产能力尚未完全达到设计能力时的过渡阶段。达产期是指生产经营达到设计生产能力水平后的时间。生产经营期一般应根据投资项目主要资产的经济使用寿命确定。项目计算期、建设期和生产经营期存在以下关系：

$$n=S+P$$

式中：n 代表项目计算期；S 代表建设期；P 代表生产经营期。

二、现金流量的含义

现金流量，也称现金流动量，在投资决策中是指一个投资项目引起的企业现金支出和收入增加的数量，它是评价投资方案是否具有财务可行性的一个基础数据。需要指出的是：这里的"现金"是广义的现金，不仅包括货币资金，而且还包括投资项目需要投入的企业现有非货币性资源的变现价值。例如，一个投资项目需要使用原有的厂房、设备等资产，相关的现金流量是指它们的变现价值，而不是其账面成本。

在进行现金流量估计时，会涉及很多的变量，个人和部门。例如，销售量的预测和销售价格通常由营销部门根据价格弹性、广告效应、经济情况、竞争者反应及消费者偏好的变化趋势来制定。同样，一项新产品相关的资本支出通常由工程师及产品开发人员确定，而经营成本则由成本会计、制造部门专家、人力资源专家和采购人员来估计。需要特别指出的是，在预测投资项目现金流量时，若能把握与投资项目有关的一些宏观经济数据，如国民生产总值、通货膨胀率等，能提高预测的准确程度。

现金流量包括现金流入量、现金流出量和现金净流量三个具体概念。

（一）现金流入量

现金流入量（记作I），是指由投资项目引起的企业现金收入的增加额，简称现金流入。对于新建项目来说，现金流入量的内容主要包括：

1. 营业收入

营业收入是指投资项目投产后每年实现的营业收入。它是经营期主要的现金流入项目。营业收入根据项目在经营期内相关产品预计单价和预测销售量进行估算。从会计视角看，按权责发生制计量的营业收入并不是当期的经营现金流入。经营现金流入是当期现销收入和回收前期应收账款的合计数。为简化核算，通常假设正常经营年度内每期发生的赊销额与回收前期的应收账款大体相等。在这种情况下，某期的经营现金流入等于该期的营业收入。

2. 出售或报废时长期资产的残值收入

资产出售或报废时的残值收入，是由于当初的投资引起的，应当作为投资项目的一项现金流入。通常，长期资产的残值收入按长期资产的原值乘以其法定净残值率估计长期资产的残值收入或处置时账面价值估算。如果直接按终结点长期资产情况预计残值收入，其数值可能与按税法计提折旧的账面价值不一致，与长期资产处置相关的现金流量需考虑收益纳税、损失抵税带来的现金流量。

3. 垫付的流动资金回收

投资项目出售或报废时，流动资金将回收。回收的流动资金等于各年垫支流动资金投资额的合计数。

（二）现金流出量

现金流出量（记作 O），是指由投资项目引起的企业现金支出的增加额。对于新建项目来说，现金流出量的内容主要包括：

1. 原始投资

原始投资是指企业为使投资项目完全达到设计生产能力、开展正常经营而投入的全部资金，包括建设投资和流动资金投资两项内容。建设投资是指在建设期内按一定生产经营规模和建设内容进行的投资，包括固定资产投资、无形资产投资和其他资产投资等。其他资产投资主要包括筹建费用、试运营费用、职工培训费等。除非特别指明，否则假设它们都是在建设期内投入的。

流动资金投资是指为维持正常生产经营活动而追加的周转性资金，一般在营业终了时才能收回。通常，流动资金投资发生在建设期期末或经营期期初。

2. 付现成本

付现成本，又称经营成本，是指经营期内为满足正常生产经营而运用现金支付的成本费用，是项目在生产经营期最主要的现金流出量。企业的营业成本是由需要当期付现的经营成本和不需要在当期以现金支付的非付现成本两部分组成。付现成本主要包括原材料、燃料、动力、工资、生产设备的日常维护和经营性维修等，非付现成本主要包括固定资产折旧、无形资产及其他长期资产的摊销等。

3. 各项税款

各项税款是指项目投产后依法缴纳的、单独列示的各项税款，包括营业税金及附加、所得税等。在所得税的估算中，因为不再进行利润总额与应纳税所得额的调整，因此，所有非付现成本的估算应符合税法规定。

（三）现金净流量

现金净流量（记作 NCF），又称净现金流量，是指在项目计算期由每年现金流入量与同年现金流出量之间的差额所形成的序列指标。无论是在经营期内，还是在建设期内都存在净现金流量。当现金流入量大于流出量，净现金流量为正值；反之，净现金流量为负值。

由于项目计算期不同阶段上现金流入与现金流出发生的可能性不同，使各阶段上的净现金流量在数值上表现出不同的特点。通常来说，建设期内的净现金流量的数值为负值或等于零；经营期内的净现金流量则多为正值。

三、项目现金流量的估算

为简化步骤，在投资项目现金流量估算中，把投资和筹资分开考虑，先评价项目本身的经济价值而不管筹资方式如何。如果投资项目有正的净现值，再去处理筹资的细节问题。这也就意味着，归还借款利息和本金不做现金流出。

按是否将所得税视为现金流出，现金流量有所得税前现金流量和所得税后现金流量两种形式。从企业或法人投资主体的角度看，所得税是一项现金流出。因此，除非特别注明，本章所述的现金流量均为所得税后现金流量。

为了便于估算，通常把投资项目的现金流量按时段特征分为初始现金流量、营业现金流量和终结现金流量。

（一）初始现金流量

初始现金流量，即建设期现金流量，是指从投资建设开始到完工投产这段时间发生的现金流量，是项目的投资支出。此时，项目没有现金流入，只有现金流出。故初始现金流量等于负的原始投资，其估算公式为：

$$NCFt=-Pt$$

式中：NCF_t 代表建设期某年的净现金流量；P_t 代表该年的原始投资。

原始投资包括固定资产投资、无形资产投资、其他资产投资和流动资金投资四项内容。固定资产投资按项目规模和投资计划所确定的各项建设工程费用、设备购置费用和安装工程费用等来估算。无形资产投资和其他资产投资，根据需要和可能，逐项按有关资产的评估方法和计价标准进行估算。流动资金投资是经营期内长期占用并周转使用的营运资金，又称垫支流动资金或营运资金投资，可按以下公式进行估算：

某年流动资金投资额=本年流动资金需用数-上年流动资金需用数本年流动资金需用数

= 本年流动资产需用数 - 本年流动负债可用数

（二）营业现金流量

营业现金流量，又称经营现金流量，是指项目投入生产经营后，在其寿命周期内生产经营所带来的现金流入和流出的数额。

营业现金流量 = 营业收入 - 付现成本所得税额（5-1）

= 营业收入—（营业成本 - 非付现成本）—所得税额

= 净利润 + 非付现成本（5-2）

=[营业收入 -(付现成本 + 非付现成本)]×（1—所得税税率)+ 非付现成本

= 营业收入 ×(1- 所得税税率)- 付现成本 ×(1- 所得税税率)+ 非付现成本 × 所得税税率

= 税后营业收入—税后付现成本 + 非付现成本抵税（5-3）

由上式可知：非付现成本并不是现金流出，它之所以会对投资项目的现金流量产生影响，是由于所得税的存在引起的。

非付现成本主要包括固定资产折旧、无形资产摊销、其他长期资产摊销、资产减值损失等。通常，在项目投资决策现金流量估算中，主要考虑固定资产折旧、无形资产摊销和其他长期资产摊销三项非付现成本。固定资产折旧和无形资产摊销按税法规定的净残值、使用年限和折旧摊销方法估算，其他长期资产摊销按制度规定在投产后第一年全额摊销。

在计算营业现金流量的三个公式中，公式 5-1 很少使用。由于要知道所得税额，须先算出利润总额。在已知利润总额的情况下，可直接用公式 5-2 计算营业现金流量。公式 5-2 容易理解，所得税对营业现金流量的影响在计算净利润时一并考虑了，比较适用于初学者掌握。

一方面，在实务中，由于所得税额的缴纳主体是企业而不是项目，因此，项目如果在某一年产生亏损，需要专门处理由亏损而产生的抵税现金流量，除非项目由专门注册的子公司独立运作。另一方面，在决定某个投资项目是否具有财务可行性时，不明确知道整个企业的利润及与此有关的所得税，也妨碍了公式 5-1 和公式 5-2 的使用。公式 5-3 不需要知道企业的利润是多少，使用起来比较方便。在有关固定资产更新的决策，我们没有办法计量某项资产给企业带来的收入和利润，甚至无法使用前两个公式。

（三）终结现金流量

终结现金流量是指投资项目终结时所发生的现金流量。它主要包括长期资产报废或出售的现金流入、收回垫支的流动资金以及与税法确认的资产残值差异形成的纳税或抵税金额。

需要关注的是，按现行税法规定，在大多数情况下，投资项目寿命期末会有相关的纳税支出或收入。这是因为长期资产通常不是按账面价值报废或出售的。在考虑所得税情况下，需要将出售收入扣除账面价值和相关税费后的金额计入当期损益，按照出售收益和计提折旧后的账面价值之间的差额来测算纳税金额。

出售或处置长期资产现金流入可按以下公式计算：

$$NCF_C = S_C + (C_C - S_C) \times T$$

式中：NCF_C 代表出售或处置长期资产现金流量；S_C 代表预计净残值收入；C_C 代表长期资产账面价值；T 代表所得税税率

四、现金流量估算中应注意问题

在确定投资方案的相关现金流量时，应遵循的基本原则是：只有增量的现金流量才是与项目相关的现金流量。所谓增量现金流量，是指接受或拒绝某个投资方案后，企业总现金流量因此发生的变动。因此，只有那些由于采纳某个项目引起的现金支出增加额才是该项目的现金流出，只有那些由于采纳某个项目引起的现金流入增加额，才是该项目的现金流入。

为正确计算投资方案的增量现金流量，需要正确判断哪些收入或支出会引起企业总现金流量的变动，哪些收入或支出不会引起企业总现金流量的变动。在进行这种判断时，要注意以下几个方面的问题：

（一）区分相关成本与非相关成本

相关成本是指与特定决策有关的，在分析评价时必须加以考虑的成本。例如，差额成本、未来成本、重置成本和机会成本等都属于相关成本。非相关成本是指与特定决策无关，在分析评价时不必加以考虑的成本。例如，沉没成本、过去成本、账面成本等往往是非相关成本。如果将非相关成本纳入投资方案的总成本，则一个有利的方案可能因此变得不利，一个较好的方案可能因此变为较差的方案，从而导致决策错误。

（二）不要忽视机会成本

在投资方案的选择中，如果选择了一个方案，则必须放弃投资于其他项目的机会。其他投资机会可能取得的收益是实行本方案的一种代价，被称为这项投资方案的机会成本。机会成本不是我们通常意义上的"成本"，它不是一种支出或费用，而是失去的收益。这种收益不是实际发生的，是潜在的。机会成本总是针对具体方案的，离开被放弃方案就无从计量确定。机会成本在决策中的意义在于它有助于全面考虑可能采取的各种方案，便于为既定资源寻求最为有利的使用途径。

（三）要考虑投资方案对其他部门的影响

当我们采纳一个新的投资项目后，该项目可能对公司的其他部门造成有利或不利的影响。因此，在进行投资项目分析时，应当关注的是新项目实施后对整个公司预期现金流入的影响。当然，这些交互的影响有时是很难准确计量的，但决策者在进行投资分析仍应将其考虑在内。

（四）对净营运资金的影响

在一般情况下，一方面，当公司投资一个新项目并使销售额扩大后，对于存货和应收账款等流动资产的需求也会增加，公司必须筹措新的资金以满足这种额外需求；另一方面，公司扩充的结果，应付账款与其他一些应付费用等流动负债也会同时增加，从而降低公司流动资金的实际需要。当投资方案的寿命周期快要结束时，公司将与项目相关的存货出售，应收账款变为现金，应付账款和应付费用也随之偿付，净营运资金恢复到原有水平。通常，在进行项目投资分析时，假定开始投资时筹措净营运资金，在项目结束时收回。

（五）忽略利息支付和融资现金流量

在评价新投资项目和确定现金流量时，往往将投资决策和融资决策分开，即从全部资本角度来考虑。此时，利息费用和投资项目的其他融资现金流量不应看成是该项目的增量现金流量。也就是说，即使接受项目时不得不通过举借债务来筹集资金，与筹集债务资金相关的利息支出及债务本金的偿还不是相关的现金流量。由于，当用公司要求的收益率作为贴现率来贴现项目的现金流量时，该贴现率已经隐含了这些项目的融资成本。分析人员通常事先确定对投资项目的期望收益或收益率要求，然后再寻求最佳融资方式。

五、项目投资决策中使用现金流量的原因

财务会计是按权责发生制计算企业的收入和成本，并以收入减去成本后的利润作为收益，用来评价企业的经济效益。在长期投资决策中则不能以按这种方法计算的收入和成本

作为评价项目经济效益高低的基础，而应以现金流入作为项目的收入，以现金流出作为项目的支出，以净现金流量作为项目的净收益，并在此基础上评价投资项目的经济效益。投资决策之所以按收付实现制计算的现金流量作为评价项目经济效益的基础，主要有以下两方面原因：

（一）采用现金流量才能使投资决策更合理

资金时间价值是财务学基本理念。项目投资有一个时间周期，横跨多个年度，而不同时间的资金具有不同的价值，因此，忽略资金时间价值就可能做出错误的项目投资决策。要考虑资金的时间价值，务必在决策时弄清每笔预期收入款项和支出款项的具体时间。在衡量方案优劣时，应依据各投资项目寿命周期内各年的现金流量，按照资本成本，结合资金的时间价值来确定。

而利润的计算，并不考虑资金收付时间，它是以权责发生制为基础的。例如：购置固定资产、无形资产等长期资产付出大量现金时不计入成本；将固定资产、无形资产等资产的价值以折旧或摊销的形式逐期计入成本时，却又不需要付出现金；计算利润是不考虑垫支流动资金的数量和回收的时间等。可见，要在投资决策中考虑资金的时间价值，就不能利用利润来衡量项目的优劣，而必须采用现金流量。

（二）用现金流量才能使投资决策更客观

在长期投资决策时，用现金流量能科学客观地评价投资方案的优劣，而利润则明显地存在不科学、不客观的成分。这是因为：（1）利润的计算没有一个统一的标准，在一定程度上要受存货计价、费用摊配和折旧计提的不同方法影响，因而净利润计算比现金流量的计算具有更大的主观随意性，作为决策的主要依据不太可靠；（2）利润反映的是某一会计期间"应计"的现金流量，而不是实际的现金流量。若以未实际收到现金的流入作为收益，具有较大风险，容易高估投资项目的经济效益，存在不科学、不合理的成分。

第三节　项目投资决策评价方法

项目投资决策评价的基本原理是：当投资项目收益率超过资本成本时，企业价值将增加；投资项目收益率低于资本成本时，企业价值将减少。这一原理涉及项目的报酬率、资本成本和股东财富的关系。

投资要求的报酬率是投资人的机会成本，即是投资人将资金投资于其他等风险资产可以赚取的最高收益。企业投资项目的报酬率必须达到投资人的要求。如果企业的资产获得的报酬超过资本成本，企业的收益大于股东要求，必然会吸引新的投资者购买该公司股票，其结果是股价上升。如果相反，股东会对公司不满，有一部分人会出售公司股票，致使股价下跌。因此，资本成本也可以说，是企业在现有资产上必须赚取的、能使股价维持不变的收益。股价代表了股东财富，反映了资本市场对公司价值的估计。企业投资取得高于资本成本的报酬，就为股东创造了价值；反之，则毁损了股东财富。所以，投资人要求的报酬率即资本成本，是评价项目是否为股东创造财富的标准。

项目投资决策是通过一定的经济评价指标来进行。进行投资项目决策的评价方法有非贴现评价方法和贴现评价方法两类。

一、非贴现评价方法

非贴现的方法不考虑资金的时间价值，把不同时间的现金流量看成是等效的。因此，这些方法在选择方案时通常起辅助作用。

（一）回收期法

1. 投资回收期法的含义

投资回收期法是使用回收期作为评价方案优劣指标的一种方法。投资回收期是指投资引起的现金流入累积到与投资额相等所需的时间，代表收回投资所需的年限。回收年限越短，投资方案的流动性越好，风险越小。

投资回收期有包括建设期的投资回收期（记作 PP）和不包括建设期的投资回收期（记作 PP'）两种形式。包括建设期的投资回收期等于不包括建设期的投资回收期加上建设期

$$即 PP = PP' + S$$

2. 投资回收期的计算

投资回收期的计算有通用法和简算法两种。通用法计算出的投资回收期为包括建设期投资回收期，其计算公式如下：

$$\sum_{t=0}^{P} NCF_t = 0$$

式中：PP 代表包括建设期的投资回收期；S 代表建设期；NCF_t 代表第 t 年的净现金流量。不包括建设期投资回收期等于包括建设期投资回收期减去建设期。

如果原始投资全部发生在建设期内，投产后前若干年每年营业净现金流量相等，并且相等年份营业净现金流量之和大于或等于原始投资额，则不包括建设期的投资回收期可用以下简化公式计算：

$$PP' = \frac{\sum_{t=0}^{s} P_t}{NCF_t}$$

式中：PP' 代表不包括建设期的投资回收期；P_t 代表原始投资；S 代表建设期；NCF_t 代表第 t 年净现金流量。

3. 投资回收期指标的特点

投资回收期是一个静态的绝对量反指标。由于计算简便，并且容易理解，在实务中应用较为广泛。它的缺点主要是：一是没有考虑资金的时间价值；二是没有考虑回收期以后的现金流量；三是不能反映投资方案实际的报酬率。实际上，具有战略意义的长期投资往往早期收益较低，中后期收益较高。投资回收期法优先考虑急功近利的项目，可能导致放弃长期成功的方案。它是以往评价投资项目财务可行性最常用的方法，目前只是作为辅助方法使用，主要用来测定方案的流动性而非营利性。

使用投资回收期法进行决策必须有一个决策依据，但没有客观因素表明存在一个合适的截止期，可以使公司价值最大化。因此，回收期法没有相应的参照标准。通常，在不考虑其他评价指标的前提下，用小于或等于项目计算期的一半或基准回收期，作为判断投资项目是否具有财务可行性的标准。这一参照标准在一定意义上只是一种主观的臆断。

为了避免回收期法不考虑资金时间价值的缺陷，人们提出了折现投资回收期法。折现投资回收期，又称动态投资回收期，是指在考虑资金时间价值的情况下以投资项目引起的现金流入量抵偿原始投资所需的时间。动态投资回收期是使下式成立的 PP。

$$\sum_{t=0}^{P} \frac{NCF_t}{(1+i)^t} = 0$$

（二）会计收益率法

1. 会计收益率法的含义

会计收益率法是使用会计收益率作为评价方案优劣指标的一种方法。会计收益率，又称投资利润率，是年平均净收益占原始投资额的百分比。在计算时使用会计的收益、成本观念以及会计报表的利润数据，不直接使用现金流量信息。

2. 会计收益率的计算

会计收益率的计算公式为：

会计收益率=年平均净利润/原始投资额 × 100%

如果在计算年平均净收益时，使用不包括建设期的经营期年数，其结果称为"经营期会计收益率"。

3. 会计收益率指标的特点

会计收益率是一个静态的相对量正指标。它的优点是计算简单，应用范围较广。其缺点主要有：一是没有考虑资金时间价值；二是无法直接利用净现金流量信息；三是不能反映投资方案本身的投资报酬率；四是计算公式的分子分母的时间特征不同，不存在可比性。

与投资回收期一样，会计收益率指标没有一个客观的基准可以作为评判投资项目财务可行性的依据。通常以行业平均会计收益率或投资人要求的会计收益率作为基准。在此情况下，不考虑其他评价指标的前提下，只有当会计收益率指标大于或等于基准会计收益率，投资项目才具有财务可行性。

二、贴现评价方法

贴现的评价方法，是指考虑资金时间价值的分析评价方法，亦被称为贴现现金流量分析技术，或动态分析法。常用的贴现评价方法主要包括净现值法、获利指数法和内含报酬率法等。

（一）净现值法

1. 净现值法的含义

净现值法是使用净现值来评价方案优劣的一种方法。净现值（记作 NPV），是指特定方案在整个项目计算期内每年净现金流量现值的代数和，或者说是特定方案未来现金流入量的现值与未来现金流出量的现值之间的差额。净现值法所遵循的原理是：假设预计的现金流入在年末肯定可以实现，把原始投资看成是按预定贴现率借入的。当净现值为正时，偿还本息后还有剩余的收益。净现值的经济意义是投资方案贴现后的净收益。要计算投资项目的净现值，不仅需要知道与项目相关的现金流量，而且还必须确定贴现率。在通常情况下，采用企业要求的最低投资报酬率或资本成本作为投资项目预定的贴现率。贴现率问题将在本章第 5 节中进一步讨论。

2. 净现值的计算

净现值的计算公式为：

$$净现值(NPV) = \sum_{t=0}^{n} \frac{NCF_t}{(1+i)^t}$$

或：

$$NPV = \sum_{t=0}^{n} \frac{I_t}{(1+i)^t} - \sum_{t=0}^{n} \frac{O_t}{(1+i)^t}$$

式中：n 代表投资项目计算期；NCF_t 代表第 t 年的净现金流量；I_t 代表第 t 年的现金流入量；O_t 代表第 t 年的现金流出量；i 代表投资人要求的报酬率。

3. 净现值指标的特点

净现值是一个折现的绝对量正指标，是项目投资决策评价指标中最重要的指标之一。净现值法考虑了资金的时间价值和整个项目寿命周期的现金流量，能反映投资项目在其计算期内的净收益。从理论说，它比其他方法更完善，被誉为"理财的第一原则"，具有广泛的适用性。净现值法的缺点在于不能直接反映项目实际收益率水平；且当投资额不等时，无法用 NPV 确定独立方案的优劣。

按照这种方法，所有未来现金流入和流出都要按照预定的贴现率折算为现值，然后再计算它们的差额。如净现值为正数，即贴现后现金流入大于贴现后现金流出，该投资项目的报酬率大于预定的贴现率；如净现值为零，即贴现后现金流入等于贴现后现金流出，该投资项目的报酬率等于预定的贴现率；如净现值为负数，即贴现后现金流入小于贴现后现金流出，该投资项目的报酬率小于预定的贴现率。故，只有当净现值大于等于0，投资方案才具有财务可行性。

（二）获利指数法

1. 获利指数法的含义

获利指数法是根据的获利指数来评价方案优劣的一种方法。获利指数（记作 PI），又称现值指数，是指未来现金流入量的现值与现金流出量的现值的比率，也可以说是投产后各年净现金流量的现值之和除以原始投资的现值。

2. 获利指数的计算

获利指数的计算公式为：

$$P = \sum_{t=0}^{n} \frac{I_t}{(1+i)^t} \div \sum_{t=0}^{n} \frac{O_t}{(1+i)^t}$$

或：

$$P = \sum_{t=s+1}^{n} \frac{NCF_t}{(1+i)^t} \div \left| \sum_{t=0}^{s} \frac{NCF_t}{(1+i)^t} \right|$$

式中：n 代表投资项目计算期；S 代表投资项目建设期；NCF_t 代表第 t 年的净现金流量；I_t 代表第 t 年的现金流入量；O_t 代表第 t 年的现金流出量；i 代表预定的贴现率。

3. 获利指数指标的特点

获利指数是一个贴现的相对量正指标。它从动态的角度反映了投资项目的资金投入与总产出之间的关系，可以进行独立投资机会获利能力的比较。但它与净现值一样，无法直接反映投资项目的投资收益率。

获利指数可以看成是1元原始投资可望获得的现值净收益。它是一个相对数指标，反映的是投资的效率；而净现值指标是绝对数指标，反映的是投资的效益。只有当投资方案的获利指数大于或等于1，表明其收益超过或等于成本，即投资报酬率超过或等于预定的贴现率，方案才具有财务可行性。

（三）内含报酬率法

1. 内含报酬率法的含义

内含报酬率法是根据方案本身的内涵报酬率来评价方案优劣的一种方法。内含报酬率（记作 IRR），又称内部收益率，或内部报酬率，是指能够使未来现金流入量的现值等于未来现金流出量的现值的贴现率，或者说是使投资方案净现值为零的贴现率。

净现值和获利指数虽然考虑了资金的时间价值，可以说明投资方案高于或低于某一特定的投资报酬率，然而没有揭示方案本身可以达到的实际报酬率水平。

内含报酬率是投资项目本身"固有"的最高可以实现的投资收益率。"固有"是指，内含报酬率是投资项目的内生变量，本身不受资本市场利率的影响，而取决于投资项目本身所产生的现金流量，只要确定了预期现金流量，包括各期现金流量规模和持续时间，也就确定了内含报酬率。"最高"是指，内含报酬率反映投资项目所能达到的真实收益率，为投资者提供了一个选择期望要求报酬率的上限，即投资者的要求报酬率不能超过投资项目的内涵报酬率，否则将无法偿还资本成本。

2. 内含报酬率的计算

内含报酬率的计算公式为：

$$\sum_{t=0}^{n} \frac{NCF_t}{(1+IRR)^t} = 0$$

或：

$$\sum_{t=0}^{n} \frac{I_t}{(1+IRR)^t} = \sum_{t=0}^{n} \frac{O_t}{(1+IRR)^t}$$

式中：IRR 代表内含报酬率；n 代表投资项目计算期；NCF_t 代表第 t 年的净现金流量；I_t 代表第 t 年的现金流入量；O_t 代表第 t 年的现金流出量。

内含报酬率的计算，通常要采用"逐次测试插值法"。首先，估计一个贴现率，用它来计算投资方案的净现值：如果净现值为正数，说明方案本身的报酬率超过估计的贴现率，应提升贴现率后进一步测试；如果净现值为负数，说明方案本身的报酬率低于估计的贴现率，应降低贴现率后进一步测试。经过多次测试，寻找到净现值接近于零的贴现率，即为方案本身的内涵报酬率。需要指出的是：插值时，净现值一正一负对应的两个贴现率之差应小于或等于 5%，否则可能会导致误差太大。

3. 内含报酬率指标的特点

内含报酬率是一个折现的相对量正指标。它从动态的角度直接反映了投资项目实际收益水平，计算不受设定贴现率的影响。其缺点主要是计算过程比较麻烦，而借助计算机用插入函数法又无法求得真实的内涵报酬率。

只有当内含报酬率大于或等于资本成本或投资人要求的收益率，方案才具有财务可行性。

假设 H 公司的资本成本为 10%。由例 6-17 计算结果可知，A 方案的内涵报酬率为 15.26%>10%，具有财务可行性；从例 6-16 计算结果可知，B 方案的内涵报酬率为 7.92%，<10%，不具有财务可行性。

第四节　项目投资决策评价方法的应用

在实务中，我们不仅需要判别各个投资项目的财务可行性，而且还要面对多个财务可行的投资项目的选择性决策。投资决策方法因投资项目本身是否互斥以及企业投资资本是否有限制而不同。

一、独立方案的财务可行性

净现值、获利指数和内含报酬率是评价投资方案是否具有财务可行性的主要指标。

通常，净现值、获利指数和内含报酬率指标之间存在以下数量关系：当净现值大于零时，获利指数大于1，内含报酬率大于贴现率；当净现值等于零时，获利指数等于1，内含报酬率等于贴现率；当净现值小于零时，获利指数小于1，内含报酬率小于贴现率。因此，在用这三个贴现的评价指标对同一个投资项目进行财务可行性评价，不会得出矛盾的结论。判别投资方案是否可行主要看这三个贴现指标。

非贴现的投资回收期和会计收益率指标只是次要或辅助指标，而且它们不一定会与上述三个贴现的主要指标的评价结论一致。当投资回收期和会计收益率与上述三个贴现指标的评价结论一致时，我们认为投资方案具有完全可行或完全不可行；当投资回收期和会计收益率或其中的一个与上述三个贴现的主要指标的评价结论发生矛盾时，我们将其定义为基本可行或基本不可行。可见，独立方案的财务评价结论有完全可行、完全不可行、基本可行和基本不可行四种类型：

当净现值≥0，获利指数≥1，内含报酬率≥贴现率（资本成本），静态投资回收期<项目计算期/2，会计收益率≥基准收益率，投资方案完全具备财务可行性。当净现值≥0，获利指数≥1，内含报酬率≥贴现率（资本成本），但静态投资回收期>项目计算期/2，或会计收益率<基准收益率，投资方案基本具备财务可行性。

当净现值<零、获利指数<1，内含报酬率<贴现率（资本成本），静态投资回收期>大于项目计算期/2，会计收益率<基准收益率，投资方案完全不具备财务可行性。当净现值<零、获利指数<1，内含报酬率<贴现率（资本成本），但静态投资回收期<项目计算期/2或会计收益率≥基准收益率，投资方案基本不具备财务可行性。

只有完全具备或基本具备财务可行性的方案，才是可以接纳的。

二、互斥方案的比较决策

多个互斥方案的比较决策是指在每一个人选方案已具备财务可行性的前提下，利用具体决策方法比较各个方案的优劣，从中选出最优方案。只有完全具备或基本具备财务可行性的方案，才有资格进入筛选比较视野。在这里，我们主要讨论资本无限量条件下互斥方案的比较决策。由于在资本有限量的情况下，有些方案即使本身具有财务可行性，但可能受制于资本限制，无法付诸实施。

如果一个项目方案的所有评价指标均比另一个方案差，在选择时不会有什么困难。问题是这些评价指标出现矛盾时，尤其是主要评价指标出现矛盾时，我们如何选择？造成评价指标出现矛盾的原因主要有两种：一是投资额不同；二是项目计算期不同。

（一）项目计算期相同

在企业价值最大化的财务目标导向下，投资决策的基本原理是实现整个企业的净现值最大化。在多个互斥方案的比较决策中，如果项目计算期相同，可运用直接比较法或差量分析法进行互斥方案的选择。

1. 直接比较法

直接比较法是指通过比较净现值的大小，从互斥方案中选择最优方案的方法。在此法下，净现值最大的方案为最优。

无论投资方案原始投资是否相同，由于方案是互斥的，在无资本限量的情况下，选择净现值大的方案符合企业的最大利益。在投资方案原始投资相同的情况下，也可以比较获利指数的大小。

在无资本限量情况下，运用直接比较法进行计算期相同的互斥方案比较决策，应当注意以下几个方面的问题：

（1）净现值比较法具有普通的适用性。最高的净现值符合企业最大利益，净现值越高，企业的收益越大。

（2）当原始投资额相同时，也可通过比较投资方案的获利指数法（PI）的大小来选择最优方案。在原始投资相同、计算期相同的互斥方案决策中，采用净现值法会与获利指数得出完全相同的结论。当初始投资不同时，可能会得出矛盾的结论。在没有资本限量的情况下的互斥决策中，选择净现值较大投资项目。这是因为净现值是用经营期各年现金净流量的现值减原始投资现值，而获利指数是用经营期各年现金净流量的现值除以原始投资现值。获利指数只反应项目的投资回收程度，不反应投资回收多少。

（3）内含报酬率不能直接用于互斥方案的比较决策。即使当项目计算期相同，甚至是原始投资额相同，运用内含报酬率法进行互斥方案的比较决策，也可能导致错误的结论。

在多数情况下，净现值与内含报酬率得出的结论是相同的。在初始投资或现金净流量流入时点不一致的情况下，内含报酬率法与净现值法在项目的优劣比较中可能得出不一致的结论。由于净现值的计算是依据已知的贴现率（资本成本），而内含报酬率的计算本身与资本成本的高低无关。这也就意味着：净现值法假定项目产生的现金净流入量重新投资会产生相当于企业资本成本的利润率，而内含报酬率则假定项目产生的现金净流入量重新投资产生的利润率与此项目的特定的内涵报酬率相同。用内含报酬率法进行互斥项目的比较决策可能会导致错误的结论。

由此可见，内含报酬率不仅无法直接用于计算期相同、原始投资不同互斥方案的比较决策，也不能用于计算期相同原始投资也相同的互斥方案的比较决策。因为，它们未来的现金净流量的时间分布有可能不一致。

2. 差量分析法

差量分析法是指根据两个投资方案差量的净现金流量（记作 ONCF）计算差额净现值（ONPV），或差额投资内含报酬率（OIRR），从而判断方案优劣的方法。差量分析法在互斥方案的比较决策中，更易于使人理解，也更具适用性。有些项目直接产生的增量现金流入可能很少或难以确切计量，难以直接计算各方案的净现值、内含报酬率等指标。在这种情况下，我们可以运用差量分析法进行选择判断。差量分析法通常适用于资本无限量情况下，计算期相同但原始投资不同的互斥方案的比较决策。

差量分析法其基本原理是：

假设有 A 和 B 两个投资项目，A 方案的投资额大，B 方案的投资额小。我们可以把 A 方案看成是 B 方案和 C 方案之和。C 方案的投资是 A 方案的投资额与 B 方案投资额之差。C 方案的净现金流量等于 A 方案的净现金流量减去 B 方案的净现金流量而形成的差量净现金流量。根据差量净现金流量计算的差额净现值，或差额投资内含报酬率，实质上就是 C 方案的净现值或内含报酬率。如果差额净现值大于零或差额投资内含报酬率大于资本成本，C 方案具有财务可行性，意味着 A 方案优于 B 方案；反之，B 方案为优。

在差量分析法下，当差额的净现值大于零，或差额投资内含报酬率大于基准贴现率时，原始投资额较大的方案较优；反之，则原始投资小的方案为优。

差量分析法经常被用于固定资产更新改造项目的决策中。固定资产更新改造决策不同于一般的投资决策。通常来说，设备更换并不改变企业的生产能力，不增加企业的现金流入。即使有营业收入增加，数额往往也是很少的。更新决策的现金流量主要是现金流出。即使有少量的残值变价收入，也属于支出的抵减，而非实质上的流入增加。由于只有现金流出，而没有现金流入，所以就给采用贴现现金流量分析带来困难。如果新旧设备未来使用年限相同，可使用差量分析估算继续使用旧设备和购置新设备差量的现金流量。当该项目的差额净现值大于零或差额投资内含报酬率大于资本成本时，需要进行更新改造；反之，则继续使用旧设备。

（二）项目计算期不同

在项目计算期不同的情况下，通常采用年等额净回收额法或方案重复法，进行互斥方案的比较决策。

1. 年等额净回收额法

年等额净回收额法是指通过比较各投资方案年等额净回收额（记作 NA）的大小来选择最优方案的决策方法。无论原始投资或项目计算期是否相同，均可以通过这一方法进行互斥方案的比较决策。

$$某方案的年等额净回收额 = 该方案的净现值 \div 年金现值系数$$
$$= 该方案的净现值 \times 资本回收系数$$

2. 方案重复法

方案重复法，又称最小公倍数法，是将各方案计算期的最小公倍数作为比较方案的计算期，进而调整有关指标，并以此进行互斥方案的比较决策的方法。

用方案重复法计算调整后的净现值，既可直接用各方案计算期各年净现金流量，也可以用各方案原计算期内的净现值，按最小公倍数原理分别对其贴现，求其代数和。为简化计算，通常采用后一方法。

三、资本限量决策

上面讨论了互斥投资项目的优选问题，现在讨论独立投资项目的排序问题。从原理上说，独立项目是不需要排序的。凡是净现值为正的项目或者内含报酬率大于资本成本的项目，都可以增加股东财富，都应当被采用。然而，现实世界是复杂的，资本限量就是其中之一。

资本限量是指企业的资金有一定限度，不能投资于所有可接受的项目。即，有很多非互斥的获利项目可供投资，但无法筹集到足够的资金。这种情况在许多公司都存在，特别是那些采用以内部融资为主的筹资策略或外部融资受限制的企业。

在资金有限量的情况下，为了使有限的资金获得最大的使用效率，我们不能仅依据单个项目的净现值进行排序，而且必须考虑各个项目的初始投资，根据获利指数进行优先排序。这也就是说，为了使企业获得最大的利益，应投资于一组净现值最大的项目。这样一组项目可用以下方法进行选择：

计算所有项目的获利指数，并列出每一个项目的初始投资。接受获利指数大于等于1的项目，如果所有可接受的项目都有足够的资金，则说明资本没有限量，这一过程即可完成。

如果资金不能满足所有获利指数大于等于1的项目，则需按获利指数的大小排序，若资金限制允许选择获利指数较大的项目，这一过程即完成。直接选择获利指数较大的项目不适用，寻找从所需初始投资之和不超过资本限量可能存在的组合，从中选择出净现值总额最大的组合。基本方法是：当排序组合中发现第 j 项累计投资总额超过资本限量时，删除该项，依次与后面项交换继续计算累计投资额至合适的；如无法再与后面项目交换，如第 j-1 项的原始投资大于第 j 项，可将第 j 项与第 j-1 项交换，继续计算投资额直至合适。这些交换均可连续进行。

通过这种方法选择的方案组合，尽管没有保证获利指数大的方案都入选，但它充分利用了有限的资金为企业创造了最大的净现值，从而达到企业价值最大化的财务目标。

四、固定资产年平均使用成本

前面我们已经讨论了新旧设备未来使用年限相同的固定资产更新改造方案进行决策的方法，即差量分析法。在大多数情况下，新、旧设备未来使用年限通常不相同，不适合采用差量分析法估算差量现金流量。比较好的方法是对比继续使用和更新固定资产的年成本，选较低的方案。

固定资产的年平均使用成本是指该资产引起的现金流出的年平均值，它是未来使用年限内现金流出总现值与年金现值系数的比值或资本回收系数的乘积。

要计算固定资产年平均使用成本，首先，必须估算出继续使用旧设备和购置新设备现金净流出量。继续使用旧设备初始的现金流量为处置旧设备收入及变现净损益对所得税的影响，这是继续使用旧设备丧失的现金流入（机会成本），更新设备初始的现金流量为新设备购置成本。营业现金流量包括税后营业收入、税后付现成本和设备年折旧额的抵税等；终结现金流量主要是残值变现收入及对所得税的影响。

五、通货膨胀的处置

通货膨胀是指一定时期内，物价水平持续、普遍上涨的经济现象。通货膨胀会造成货币购买力下降，即使每年通货膨胀不是很高，但由于项目持续时间较长，长期积累起来对项目价值会产生巨大影响。因此，长期投资项目评价必须对通货膨胀进行处置。

通货膨胀对资本预算的影响主要表现在两个方面：一是影响现金流量的估计；二是影响资本成本的估计。在存在通货膨胀的情况下，利率可区分为包含了通货膨胀因素的名义利率和排除了通货膨胀因素的实际利率。两者的关系为：

$$1＋r名义＝（1＋r实际）X（1+通货膨胀率）$$

在存在通货膨胀的情况下，现金流量有名义现金流量和实际现金流量之分。名义现金流量是包含了通货膨胀影响的现金流量，实际现金流量是去除通货膨胀影响的现金流量。两者关系为：

$$名义现金流量t=实际现金流量t×（1+通货膨胀率）t$$

式中：t 代表相对于基期的期数。

在资本预算的编制中，应遵循一致性原则：实际现金流量用实际资本成本进行折现，名义现金流量用名义资本成本进行折现。因此，在资本预算中处置通货膨胀的方法主要有两种：一种是将名义现金流量用名义资本成本折现，一种是将实际现金流量用实际资本成本折现。

第五节 项目风险的衡量与处置

前面，在讨论投资项目分析和决策的方法和过程时，针对的是确定型投资，即假设项目的现金流量是确定的。

任何投资项目都有风险，未来的现金流量总会具有某种程度的不确定性。例如：由于产品销售数量、价格、成本和费用的非预期变化，会造成项目计算期内经营现金净流入发生非预期的变化；由于资本市场供求关系和公司资本结构的变化，会致使项目计算期内资本成本发生变化；项目生产的产品或提供劳务可能由于市场变化改变生命周期轨迹，可能使项目提前结束或转产其他产品；国际经济和金融市场的变动可能影响项目的现金流量等。公司在制定资本预算时，不仅需要考虑相关风险的大小并将其纳入评价范围，还应在设计项目时尽可能减少不确定。

如何处置投资项目的风险是一个很复杂的问题。资金时间价值和投资风险价值是财务管理中两个重要的理念，风险与收益对等是财务的基本原理。在投资决策中，要考虑风险与收益的配比，需要对投资项目进行风险分析。

一、项目风险处置方法

风险的根本意义是降低了投资的价值，那么如何认定风险对投资价值的影响呢？投资风险的处理方法很多。运用净现值进行决策时对投资项目的风险处置主要有调整现金流量法和风险调整贴现法。调整现金流量法是将有风险的现金流量调整为无风险的现金流量，即调减分子；风险调整贴现率法是将无风险贴现率调整为有风险的贴现率，即调增分母。

（一）调整现金流量法

调整现金流量法，又称肯定当量法，是把不确定的现金流量调整为确定的现金流量，然后用无风险报酬率作为贴现率计算净现值。

$$风险调整后净现值 = \sum_{t=0}^{n} \frac{a_t \times NCF_t}{(1+r)^t}$$

式中：a_t 代表第 t 年现金流量的肯定当量系数，它在 0~1 之间；NCF_t 代表第 t 年现金流量期望值；r 代表无风险报酬率；n 代表项目计算期。肯定当量系数是把不确定的一元现金流量期望值相当于使投资者满意的肯定金额的系数，它等于：

a_t=第t年确定的现金净流量/第t年不确定的现金净流量期望值

式中：a_t 代表第 t 年现金流量的肯定当量系数。

利用肯定当量系数可以把各年不肯定的现金流量折算成肯定的现金流量，也可以说是删除了现金流量中有风险的部分。通过这种办法筛除的风险是全部风险，既删除了系统性风险，也删除了非系统性风险；既删除了经营风险也删除了财务风险，剩下的只是无风险的现金流量。由于现金流量中已经消除了全部风险，计算净现值时采用的贴现率应为无风险收益率。无风险收益可以根据同期国库券的利率确定。

（二）风险调整贴现法

风险调整贴现法是更为实际、更为常用的风险处置方法。这种方法的基本思路是对高风险的项目，需要采用较高的贴现率计算净现值。

$$风险调整后净现值 = \sum_{t=0}^{n} \frac{NCF_t}{(1+i)^t}$$

式中：NCF_t 代表第 t 年预期现金流量；i 代表风险调整贴现率；n 代表项目计算期。

（三）两种方法比较

风险调整贴现率法是根据风险的大小确定调整贴现率，然后以风险调整贴现率对现金流量进行贴现；肯定当量法则是根据风险的大小确定肯定当量系数，计算各年风险现金流量的肯定当量，然后以无风险利率将肯定当量折现。

在风险调整贴现率法下，风险调整的贴现率等于无风险报酬加风险溢价。由于贴现过程是以复利形式来进行的。因此，随着时间的推移和延续，风险溢价越来越高。即，这种方法夸大了远期风险，对远期的现金流量采用了较高的贴现率。因此，风险调整贴现法只适用于一些风险随时间推移和延续而增加的项目。

调整现金流量法克服了风险调整贴现率法夸大远期风险的缺点，可以根据各年不同风险程度，分别采用不同的肯定当量系数，对每年的现金流量直接进行调整，将时间和风险因素分开，在理论上是可行的，受到好评。如何确定肯定当量系数是一个难题，加之调整贴现率更符合人们习惯。因此，实务中，风险型项目投资的决策大多使用风险调整贴现率法来处置风险问题。

二、项目折现率的确定

计算项目净现值有实体现金流量法和股权现金流量法两种办法。实体现金流量是项目在经营期内可以提供给所有投资人（股权投资人和债权投资人）的税后现金流量，股权现金流量是项目在经营期内可以提供给股权投资人的税后现金流量。在计算净现值时，实体现金流量用加权平均资本成本折现，股权现金流量用股权资本成本折现。

这两种方法计算净现值没有实质区别。由于股权资本成本不仅受经营风险的影响，而且受财务杠杆影响，很不稳定，估计起来也十分困难。因此，在资本预算中，我们将投资和筹资分开考虑，首先评价项目本身的经济价值，再去处理筹资的细节问题。筹资只是如何分配净现值问题，主要是利息抵税产生的股东和政府之间的分配问题。

在实体现金流量法下，当投资项目的风险与企业当前资产的平均风险相同，公司继续采用相同的资本结构为新项目筹资，可以用公司当前的资本成本作为计算净现值的贴现率。用公司当前的资本成本作为贴现率，隐含的一个重要假设是：新项目是企业现有资产的复制品，它们风险相同，要求的报酬率才会相同。这种情况是经常会出现的，例如：固定资产更新、现有生产规模的扩张等。用公司当前的资本成本作为贴现率，隐含的另一个重要假设是：资本市场是完善的，资本结构不改变企业的资本成本。但是，现实的资本市场是不完善，筹资结构会改变公司的资本成本。

在等风险假设和资本结构不变假设明显不能成立时，不能使用当前的资本成本作为新项目的贴现率。而应当估计项目的风险，并计算项目要求的必要报酬率。

三、投资项目风险及系统风险的衡量

投资项目的风险可以从项目的特有风险、项目的公司风险和项目的市场风险三个层次来考察。项目的特有风险是指项目本身的风险，通常用项目预期收益率的波动性来衡量；项目的公司风险是指项目给公司带来风险，可以用项目对于公司未来收入不确定影响的大小来衡量；项目市场风险是指新项目给股东带来的风险。

适宜作为项目资本预算风险的度量是项目的系统风险，而不是项目自身特有的风险。这是因为项目的非系统性风险通过公司内部的资产组合和股东资产组合的多样化分散了，影响股东预期受益的是项目的系统性风险。项目系统风险的估计，比企业系统风险的估计更为困难。然而，资本市场的存在为我们提供了股价，为计算企业的 β 值提供了数据。项目没有充分的交易市场，没有可靠数据供我们使用，解决问题的方法是使用类比法。

类比法是寻找一个经营业务与待评估项目类似的上市公司，以该公司的 β 值作为待评估项目的 β 值。在运用类比法时，应注意替代公司的资本结构已反映在 β 值中。如果可比公司的资本结构与本公司显著不同，那么在估计项目的 β 值时，应进行调整。

四、项目特有风险的分析

在项目评价时，是否要考虑项目的特有风险？答案是肯定的。项目特有风险分析方法主要有敏感性分析、临界点分析、情景分析、模拟分析（蒙特卡罗法）等。

（一）敏感性分析

敏感性分析是假定其他条件不变前提下，分析项目的净现值（或内含报酬率）对某一个主要因素变动的敏感程度。有些因素即使发生了变化，对项目净现值（或内含报酬率）的影响较小，这些因素称为非敏感性因素；有些因素虽然发生很小的变化，就会使项目净现值（或内含报酬率）变化很大，这些因素就是敏感性因素。敏感性分析就是检测项目的净现值（或内含报酬率）对某一特定因素变化的敏感度，以确定哪些因素是敏感性因素。基本步骤是：

1.计算项目的基准净现值

以通常情况下现金流量为数据，计算出项目的预期净现值，作为计算变动幅度的基础。

2.选择需要分析的不确定因素，计算其变化引起的净现值变动

项目的不确定因素通常有市场占有率、销售量、价格、主要原材料价格或劳动率价格、投资额等。其中销售量、价格、成本和投资额等是最常被选择的变量。在选定需要分析的因素后，假定其中一个因素变动一定幅度而其他因素不变，重新计算净现值，并将其与基准净现值比较，确定变动幅度。

3.计算各因素的敏感系数，确定风险因素

某一因素的敏感系数 = 净现值变动百分比 / 该因素变动百分比

敏感系数表示选定因素变化 1% 时导致净现值变动的百分数。比较敏感系数的大小，可以发现影响净现值的敏感性因素。

敏感性分析是一种最常用的风险分析方法，计算过程简单，也易于理解。原因是它只允许一个变量发生变动，而假设其他变量保持不变。而在现实中，这些变量通常是相互关联的，会一起发生变动，只是变动的幅度不同而已。因此，情景分析是对敏感性分析的较好补充。

（二）情景分析

情境分析，也称剧情分析或场景分析，也是一种常用的投资项目风险分析方法。它通过设定一定的场景，综合考察某种场景下各因素变化对项目净现值的影响。与敏感性分析的区别主要在于：情景分析法允许多个因素同时变动，而敏感性分析只允许一个因素变动。

情景分析一般假定未来现金流量有乐观、正常和悲观三种情景，也可以根据实际情况和需要，设计更多的情景。采用情景分析，需要对每种情景出现的概率做出估计。如果它们的概率难以估计，也可以假设正常情况出现的概率为 50%。乐观和悲观情景出现的概率各为 25%。

情景分析存在的局限性是只考虑有限的几种状况下的净现值，实际上有无限多的情景和可能结果，且估计每种情景出现的概率，具有很大的主观性，其结论的可信性依赖于分析人员的经验和判断力。

（三）临界点分析

临界点分析是通过计算净现值为零时各变量值（最大值或最小值），帮助决策者认识项目的特有风险，又称最大最小法。其主要步骤是：

根据给定的原始投资、营业现金流入、营业现金流出、回收额等变量最可能发生的数值，即期望值，计算出项目基准净现值，以判断项目的财务可行性。在此基础上选择一个变量并假设其他变量不变，令净现值等于零，计算选定变量的临界值；选择第二个变量，假设其他变量不变，求解变量的临界值；重复这一过程，直至完成主要变量测算。通过对各变量的临界值与期望值之差距，对项目风险进行分析与差别。

（四）模拟分析

模拟分析，又称蒙特卡罗模拟，它是使用计算机输入影响项目现金流量的基本变量，然后模拟项目运作的过程，最终得出项目净现值的概率分布，根据结果对项目做出取舍决策。模拟分析是通过计算机计算及高速度运转来实现的，比情景分析更进一步，它考虑了无限多的情景更接近实际的情景分析。但由于计算过程中需要知道未来现金流量的连续分布概率，在实务中，是很难获得的。如果我们随意选择该分布的各种参数，所得到的模拟结果尽管在理论上很诱人，但实际却毫无用处。

第六章 财务分析

第一节 财务分析概述

财务报表是反映公司财务状况、经营活动和现金流量的基础资料，是公司进行价值管理的基本遵循。对财务报表的解读有助于相关利益人选用合适的财务比率对企业经营管理状况进行分析，在财务综合分析体系的框架下发现存在的问题，为公司经营战略制定和执行提供重要依据。

一、财务分析的含义

财务分析，又称财务报告分析，是以财务会计报告和其他相关资料为基础，采用专门的方法，系统地分析和评价企业的过去和现在的经营成果、财务状况、现金流量及其变动，目的是了解过去、评价现在、预测未来，帮助利益相关人改善决策。

对外发布的财务报告，是根据全体使用人的一般要求设计的，并不符合特定报表使用人的特定要求。财务分析最基本的功能是将大量的报表数据转换成对特定决策有用的信息，以减少决策的不确定性。

财务分析产生于19世纪末20世纪初。最早的财务分析主要是为银行服务的信用分析。当时，借贷资本在企业资本中的比重不断提高，银行家需要对贷款人进行信用调查和分析，借以判断客户的偿债能力。资本市场形成后发展出盈利分析，财务分析由主要为贷款银行服务扩展到为投资人服务。公司组织发展起来后，财务分析由外部分析扩大到内部分析，以改善内部管理服务。

财务分析的起点是财务会计报告，分析使用的数据大部分来源于会计报表及其附注。因此，财务分析的前提是正确理解会计报表。财务分析的结果是对企业的偿债能力、盈利能力、营运能力、发展能力和获取现金能力做出评价，或找出存在的问题及其根源。

财务分析是个认识过程，通常只能发现问题而不能提供解决问题的现成答案，只能做出评价而不能改善企业的状况。例如：某公司的净资产收益率偏低，通过分析知道原因是资金周转率偏低，进一步分析得出资金周转偏低的原因是存货过高，再进一步分析知道存货过高的原因是销售不畅，产成品积压。如何开拓市场，处理积压的产成品，财务分析不能回答。财务分析是检查的手段，不是治疗的办法。它能检查企业偿债、盈利、营运和发展能力，分析越深入越容易对症治疗，但诊断不能代替治疗。

二、财务分析的作用

财务分析既是对已完成的财务活动的总结，又是财务预测的基础，在财务管理中起着承上启下的作用。

财务分析的作用可从不同的角度加以考察。从服务对象看，财务分析不仅对企业内部的经营管理起着重要作用，同时对外部的投资决策、贷款决策、赊销决策等也有着重要的作用。从职能作用看，它对于正确预测、决策、预算、控制、考核、评价都有着举足轻重作用。

财务分析的一般目的是评价过去的经营业绩，衡量现在的财务状况，预测未来的发展趋势。从目的看，财务分析具有以下重要意义：

（一）可正确评价企业过去

正确评价过去，是说明现在和揭示未来的基础。财务分析通过对企业财务报告等资料的分析，能够较为准确地说明企业过去的业绩状况，肯定经营管理和财务运作的成绩、指出存在的问题并分析其原因。这不仅有助于正确评价企业过去的经营业绩，而且还可为企业投资者和债权人的决策提供有用的信息。

（二）可全面反映企业现状

财务会计报告是企业各项经营管理活动的综合反映，但财务报告的格式及提供的数据往往是根据会计的特点和管理的一般要求而设计的，它不可能全面提供不同目的的财务报告使用者所需要的数据资料。财务分析正是根据不同分析主体的分析目的，采用不同的分析手段和方法，从多个方面全面反映和评价企业的现状。

（三）可用于预测企业未来

财务分析不仅可用于评价过去和反映现状，更重要的是它通过对过去与现状的分析与评价，预测企业未来的发展状况与趋势。它既可以为企业财务预测、财务决策和财务预算指明方向，为企业进行财务危机预测提供必要的信息，又可比较客观地评估企业的价值及价值创造。这对企业进行经营者绩效评价、资本经营和产权交易都是十分有益的。

三、财务分析的内容

财务分析的不同主体出于对不同的利益考虑，在对企业进行财务分析时有着各自不同的要求，使得它们所进行的财务分析，内容既有共性又有不同的侧重。

（一）企业所有者

企业的所有者或股东，作为投资人，必然高度关注资本的保值和增值状况，即对企业的投资回报极为关心。所有者不只关心盈利能力，为了确保资本保值增值，他们还研究企业的资本结构、支付能力及营运状况。对于一般投资者来讲，更关心企业的利润及股息、红利的发放。对于拥有控制权的所有者，考虑更多的是如何增强竞争实力；提高市场占有率，降低财务风险和纳税支出，追求长期利益的持续、稳定的增长。

（二）企业债权人

企业的债权人由于不能参与企业剩余收益分享，决定了债权人必然首先关注投资的安全性。因此，债权人在进行财务分析时，最关心的是企业是否有足够的支付能力，以确保其债务本息能够及时、足额地得以偿还。

（三）企业经营者

为了满足不同利益主体的需要，协调各方面的利益关系，企业经营者需要全面把握包括偿债能力、营运能力、盈利能力、发展能力和获取现金能力等方面的企业经营理财信息，发现其中存在的问题，及时采取对策，规划和调整市场定位目标、策略，进一步挖掘潜力，为经济效益的持续稳定增长奠定基础。

（四）政府

政府兼具多重身份，既是宏观经济管理者，又是国有企业所有者（代理人）和重要的市场参与者。因此，政府对企业财务分析的关注点因身份的不同而异。政府作为国有企业的所有者，除关心投资所产生的社会效益外，还必然对投资的经济效益予以考虑；政府作为宏观经济的管理者，期望财政收入的稳定增长。因此，政府不仅需要了解企业资金占用和使用效率，预测财政收入增长情况，有效地组织和调整社会资源的配置，而且还要借助财务分析，检查企业是否存在违法违纪行为，并对企业的发展后劲以及对社会贡献程度进行分析考察。

（五）其他利益相关人

企业的供应商和客户关心企业的信用状况，包括财务上的信用和商业上的信用。财务信用是指是否及时清算各种款项，通过对企业支付能力和偿债能力等评价可获得相关信息；商业信用是指按时、按质完成各种交易行为，可依据利润表中反映交易完成情况来进行判断分析。

企业职工通常与企业存在长久、持续的关系，他们关心工作岗位的稳定性、工作环境的安全性以及获取报酬的前景。因此，他们侧重于关心企业的盈利能力和偿债能力。

尽管不同利益主体进行财务分析有着各自的侧重点，但就企业总体来看，财务分析可归纳偿债能力分析、营运能力分析、盈利能力分析、发展能力分析和获取现金能力五个方面，它们相辅相成，共同构成了企业财务分析的基本内容。

四、财务分析的基础

财务分析的主要基础是财务会计报告。财务会计报告，又称财务报告，是指企业对外提供的反映某一特定日期的财务状况和某一会计期间的经营成果、现金流量等会计信息的文件。企业的财务报告由会计报表及其附注和其他应当在财务会计报告中披露的相关信息和资料构成。会计报表主要包括资产负债表、利润表、现金流量表等。这些会计报表及其附注集中、概括地反映了企业的财务状况、经营成果和现金流量情况等财务信息，对其进行财务分析，进而系统地揭示企业的偿债能力、营运能力、盈利能力、发展能力和获取现金能力等状况。

（一）资产负债表

资产负债表是反映企业某一特定日期的财务状况的会计报表。它以"资产＝负债＋所有者权益"这一会计等式为依据，按照一定的分类标准和次序反映企业在某一时间点上资产、负债及所有者权益的基本状况。在我国，资产负债表采用账户式结构，报表分为左右两方，左方列示资产项目，反映全部资产的分布及存在形态；右方列示负债和所有者权益各项目，反映全部负债和所有者权益的内容及构成情况。

资产负债表是进行财务分析的一张重要会计报表，它提供了企业的资产结构、资产流动性、资金来源、负债水平以及负债结构等财务信息。分析者通过对资产负债表的研究分析，可以了解企业的偿债能力、营运能力等情况，为债权人、投资者以及企业管理者提供决策依据。

（二）利润表

利润表，也称损益表，是反映企业在一定会计期间的经营成果的会计报表。利润包括收入减去费用后的净额、直接计入当期利润的利得和损失等。常见的利润表结构主要有单步式和多步式两种。在我国，企业利润表采用的基本上是多步式结构，主要包括营业总收入、营业总成本、营业利润、利润总额、净利润、每股收益、其他综合收益和综合收益总额等内容。在利润表中，营业总成本按功能分为营业成本、销售费用、管理费用、财务费用和资产减值损失等分类列示。

通过利润表分析，可以从总体上了解企业的收入、成本、费用以及利润的实现及构成情况。利润表可以帮助报表使用者评估企业的经营业绩，分析企业的盈利能力及利润增减变化的原因，预测企业利润的发展趋势，为投资者及企业经营者等各方面提供财务信息。

现金流量表

现金流量表是指反映企业一定会计期间现金和现金等价物流入和流出的报表。现金流量可归类为经营活动产生的现金流量、投资活动产生的现金流量和筹资活动产生的现金流量三类。

现金流量表提供了企业一定会计期间内现金及现金等价物的流入和流出的信息，便于报表使用者了解和评价企业获取现金和现金等价物的能力，并据以预测企业未来现金流量。由于现金流量不受会计政策、会计估计影响，比较难以被企业操纵，使这一信息能比较客观地说明企业的资金周转情况、资产流动性和支付能力，并从一个侧面反映公司的利润质量。

第二节　财务分析方法

财务分析的基本功能是运用各种分析方法和技术，将财务报告所反映的信息转换成决策有用信息。财务分析的方法和技术种类繁多，在实务中广泛使用的财务分析方法，可归纳为比较分析法和因素分析法两大类。

一、比较分析法

比较分析法是指将两个或两个以上的可比数据进行对比，进而揭示差异和矛盾的财务分析方法，是财务分析的最基本方法。比较分析法又包括许多具体的分析方法。

（一）按比较内容分类

1. 比较会计报表项目

会计报表项目比较是将连续数期的会计报表项目的金额并列起来，对比其相同项目的增减变动金额和幅度，据以判断企业财务状况经营成果和资金变动情况发展变化的一种方法。会计报表项目比较既要计算出有关项目增减变动的绝对额，又要计算出其增减变动的百分比。其计算公式如下：

某会计报表项目变动额 = 分析期该项目金额 - 基期该项目金额

某会计报表项目变动率 = 该项目变动额 / 该项目基期金额 × 100%

会计报表项目比较分析，通常的做法是先编制会计报表同形报表（水平分析部分），然后对其进行分析与解读。

会计报表项目比较主要用于时间序列分析，如研究利润的逐年变化趋势，看其增长潜力。有时也用于同行对比，看企业的相对规模和竞争地位。

2. 比较结构百分比

会计报表项目构成比较是在会计报表项目比较的基础上发展而来。它是以会计报表中的某个总体指标作为100%，计算出其各组成项目占该总体指标的百分比，进而来比较各个项目百分比的增减变动，以此来判断有关财务活动的变化趋势。

会计报表项目结构比较，通常的做法是先编制会计报表同形报表（垂直分析），然而对其进行分析与比较。

会计报表项目构成比较法消除了不同时期、不同企业之间业务规模差异的影响，更能准确地分析企业财务活动的发展趋势，同时有利于分析企业的耗费水平和盈利水平。因此，它既可用于同一企业不同时期财务状况的纵向比较，又可用于不同企业之间的横向比较。

3. 比较财务比率

财务比率是某些彼此存在关联项目的比值。财务比率是相对数，采用这种方法，能够把某些条件下的不可比指标变为可以比较的指标，以利于分析。按比率的分子与分母之间的关系，财务比率有构成比率、效率比率和相关比率之分。

构成比率，又称结构比率，它是某项经济指标的各个组成部分与总体的比率，反映部分与总体的关系。例如：企业资产中流动资产、固定资产、无形资产占总资产的比例，企业负债中流动负债占负债总额的比例等。通过构成比率分析，可以考察总体中某个部分的形成和安排是否合理，便于协调各项财务活动。

效率比率是某项经济活动的所得与所费的比率，反映投入与产出的关系。利用效率比率指标，可以进行得失比较，考察经营成果，评价经济效益。如将利润项目与销售成本、销售收入、资本等项目加以对比，可计算出成本利润率、销售利润率以及资本利润率等指标，可以从不同的角度观察比较企业盈利能力的高低及其增减变动。

相关比率是某个项目与其相关但又不同的项目加以对比所得的比率，反映有关经济活动的相互关系。利用相关比率指标，可以考察有联系的相关业务安排得是否合理，以保障企业运营活动是否能够顺畅进行。如将经营现金净流量与流动负债加以对比，计算现金流动负债比率，据以判断企业偿付短期负债的现实能力。

（二）按比较对象分类

1. 与本企业历史比

这一方法也称趋势分析法，是将一个企业两期或连续数期会计报表中相同数据或财务比率进行对比，确定其增减变动的方向、数额和幅度，来说明企业财务状况、经营成果或现金流量的变动趋势的一种分析方法。采取这种方法，可以分析引起变化的主要原因、变动的性质，并预测企业未来的发展前景。

2. 与同类企业比

这一方法，也称横向比较法，是将企业会计报表中相同数据或财务比率与行业平均数，或行业先进水平，或竞争对手比较，来说明企业在行业中的地位，或揭示与行业先进企业之间差异的一种分析方法。

3. 与计划预算比

这一方法，也称差异分析法，是将企业会计报表中相同数据或财务比率与本企业的预算或计划比较，来说明企业实际执行结果与预算（计划）的差异，说明存在的问题的一种分析方法。

此外，有些财务指标还可以与公认标准进行比较，据以判断是否合适或合理。

（三）运用比较分析法应注意的问题

在采用比较分析法进行财务分析时，应注意以下几个方面的问题：

1. 保持对比口径的一致性

在运用比较分析法时，用于进行对比的会计数据或财务比率，在计算口径、范围和时间等方面应保持一致。

2.剔除偶发性项目的影响

在运用比较分析法时，要剔除偶发性项目的影响，使作为分析的数据能反映正常的经营状况。例如：在分析企业盈利能力时，应当排除证券买卖等非正常项目、已经或将要停止经营项目、重大事故或法律更改等特别项目、会计准则和财务制度变更带来的累积影响等因素。这些因素对企业带来的收益或损失，由于只是特殊状况下的个别结果，不能说明企业有正常盈利能力。

3.应用例外原则

在运用比较分析法时，应用例外原则，对某项有显著变动的指标作重点分析，研究其变动的原因，以便采取措施，趋利避害。

二、因素分析法

因素分析法是根据分析指标与其影响因素的关系，从数量上确定各因素对分析指标影响方向和影响程度的一种财务分析方法。因素分析法具体又可分为连环替代法和差额分析法两种。

（一）连环替代法

连环替代法，又称因素替换法，是将分析指标分解为各个可以计量的因素，并根据各个因素之间的依存关系，顺次用各因素的比较值替代基准值，据以测定各因素对分析指标的影响。采用这种方法的出发点在于，当有若干因素对分析对象发生作用时，假定其他各个因素都无变化，顺序确定每一个因素单独变化所产生的影响。

在顺次替代时，应注意比较值和基准值的正确选用，其要点是：正在替代的因素，要用比较值去替代基准值；已经替代过的因素，要用比较值；尚未替代过的因素，要用基准值。

（二）差额分析法

差额分析法是连环替代法一种简化形式。它是利用各个因素比较值与基准值之间的差额，来计算各因素对分析指标的影响。

在运用差额分析法进行因素分析时，比较值和基准值正确选用的要点是：正在分析的因素，要用比较值减基准值；已经分析过的因素，要用比较值；尚未分析过的因素，要用基准值。

（三）运用因素分析法时应注意的问题

因素分析法既可以全面分析各因素对某一财务指标的影响，又可以单独分析某个因素对某一财务指标的影响，在会计报表分析中应用颇为广泛。然而在应用这一方法时应注意以下几个问题：

1.因素分解的关联性

因素分解的关联性是指确定构成财务指标的因素，必须是客观上存在着因果关系，要能够反应形成该项财务指标差异的内在原因，否则就失去了其存在的价值。

2. 因素替代的顺序性

在替代因素时，务必按照各因素依存关系，排列成一定的顺序并依次替代，不可随意颠倒，否则会得出不同的计算结果。因素排列秩序一般按主要因素在前面，次要因素在后面；数量因素在前面，质量因素在后面等规则顺次排列。

3. 顺序替代的连环性

顺序替代的连环性是指在计算每一个因素变动的影响时，都是在前一次计算的基础上进行，并采用连环比较的方法确定因素变化的影响结果。因为只有保持计算程序上的连环性，才能使各个因素影响之和等于分析指标变动的差异，以全面说明分析指标变动的原因。

4. 计算结果的假定性

由于因素分析法计算的各因素变动的影响数，会因替代顺序不同而有差别，带有假定性，是在某种假定前提下的影响结果。为此，我们应力求使这种假定是合乎逻辑的，是具有实际经济意义的。这样，计算结果的假定性，才不会妨碍分析的有效性。

第三节　财务比率分析

财务会计报告中有大量数据，可以组成许多有意义的财务指标。这些财务指标涉及企业经营与管理的各个方面，大体上可归类为偿债能力指标、营运能力指标、盈利能力指标、获取现金能力指标、发展能力指标和市价比率等六大类。

一、偿债能力

偿债能力分析主要用以说明企业偿还债务的能力。除企业债权人非常关注这一类指标外，它对投资者和企业本身也具有十分重要的意义。偿债能力的衡量方法有两种：一种是比较可供偿债资产与债务存量，资产存量超过债务存量较多，则认为偿债能力较强；二是比较经营活动现金流量与偿债所需现金，如果产生的现金超过需要的现金较多，则认为偿债能力较强。由于债务按到期时间分为短期债务和长期债务，因此偿债能力分析也分为短期偿债能力指标和长期偿债能力分析两部分。

（一）短期偿债能力

短期偿债能力是指企业偿付到期债务的能力，是衡量企业当前财务能力，特别是流动资产变现能力的重要标志。

1. 流动比率

流动比率是流动资产与流动负债的比率。它用以衡量企业用可在短期内变现的流动资产偿还其流动负债的能力。其计算公式为：

$$流动比率=流动资产/流动负债$$

营运资金是流动资产减去流动负债后余额。之所以不直接用营运资金来反映企业短期偿债能力，原因在于它是一个绝对数，受企业之间规模的制约。流动比率是个相对数，它消除了规模不同的影响，更适合企业之间及本企业不同时期的比较。

通常情况下，流动比率越高，反映企业短期偿债能力越强，债权人的权益越有保证。但流动比率也不能过高，过高则表明企业流动资产占用较多，会影响资金的使用效率。流动比率究竟多少为合适，不存在统一的标准。不同行业的流动比率，通常有明显的差别。营业周期越短的行业，合理的流动比率越低。过去很长时期，人们认为生产型企业合理的最低流动比率是2。这是因为流动资产中变现能力较差的存货金额约占流动资产总额的一半，剩下的流动性较好的流动资产至少要等于流动负债，才能保证企业最低的偿债能力。这种认识一直未能从理论上证明。近年来，企业的经营方式、金融环境和信息传递发生了很大变化，流动比率有降低的趋势，许多成功企业的流动比率都低于1，甚至更小。

在运用流动比率时，应注意以下几个问题：

（1）流动比率假设全部流动资产都可以变现为现金并用于偿债，全部流动负债都需要还清。实际上，经营性流动资产是企业持续经营所必需，不能全部用于偿债，经营性应付项目可以滚动存续，无须运用现金全部结清。因此，流动比率是对短期偿债能力的粗略估计。

（2）流动比率低也并不意味着企业一定无法偿付到期的债务，只要企业存货销售通畅、回款迅速，也是有可能偿付到期债务的。

（3）流动比率高并不等于说企业已有足够的现金或存款来偿还债务，流动比率高也可能是积压存货、逾期应收账款和待处理财产损失等所导致。

2. 速动比率

速动比率是企业速动资产与流动负债的比率。所谓速动资产，是指流动资产减去变现能力较差且不稳定的存货、预付账款、一年内到期的非流动资产和其他流动资产等非速动资产之后的余额。由于剔除了存货等变现能力较弱且不稳定的资产，速动比率较之流动比率能够更加准确、可靠地评价企业资产的流动性及其偿还短期债务的能力。其计算公式为：

$$速动比率=速动资产/流动负债$$

式中：

速动资产 = 货币资金 + 交易性金融资产 + 应收账款 + 应收票据 = 流动资产 - 存货预付账款 - 一年内到期的非流动资产 - 其他流动资产

报表中如有应收利息、应收股利和其他应收款项目，可视情况归入速动资产项目。

速动比率假设速动资产是可以用于偿债的资产，表明每1元流动负债有多少速动资产作为偿还保障。通常认为正常的速动比率为1，低于1的速动比率被认为短期偿债能力偏低。这仅是通常的看法，因为行业不同，速动比率会有很大差别，没有统一的标准。例如，采用大量现金销售的零售商业企业，几乎没有应收账款，速动比率大大低于1也是很正常的。相反，一些应收账款较多的企业，速动比率可能要大于1。

速动比率也不是越高越好。速动比率高，尽管债务偿还的安全性高，但却会因企业现金及应收账款资金占用过多而增加企业的机会成本，影响盈利的提升。

需指出的是：尽管速动比率较之流动比率更能反映流动负债偿还的安全性和稳定性，但并不能认为速动比率较低的企业流动负债到期一定不能偿还。实际上，若企业存货流动性好，即使速动比率很低，只要流动比率合适，仍有望偿还到期债务。速动比率高也并不等于企业的流动负债到期一定能够偿还。如果应收账款的变现能力很差，仍有偿还不了到期债务的可能。

3. 现金流动负债比

现金流动负债比是企业一定时期的经营活动现金流量净额与流动负债的比率，它可以从现金流量的角度反映企业偿付短期负债的能力。其计算公式为：

现金流动负债比 = 年经营活动现金流量净额 / 流动负债

现金流动负债比从现金流量的动态角度对企业的实际偿债能力进行考察，反映了企业经营活动所产生的现金净流量可以在多大程度上保证当期流动负债的偿还。用该指标评价企业的偿债能力更加谨慎。该指标较大，表明企业经营活动产生的现金净流量较多，能够保障企业按时偿还到期债务，但也并不是越大越好，该指标越大则表明企业流动资金利用不充分，机会成本高，盈利能力低。

现金流动负债比表明每1元流动负债的经营现金流量保障程度，该比率越高，偿债越有保障。现金流动负债比率多少为合适，没有统一的标准，视行业不同而有差异。

4. 影响短期偿债能力的表外因素

上述短期偿债能力指标，都是根据财务报表数据计算而得。事实上，一些表外因素也会对公司的偿付到期债务能力产生影响，甚至可能很大。财务报表使用人应充分了解相关信息，以正确判断公司短期偿债能力。

影响短期偿债能力的表外因素主要有可运用的银行贷款额度、准备很快变现的非流动资产公司的偿债能力声誉、与担保有关的或有负债和经营租赁合同中的承诺付款。前三项的存在会增强公司短期偿债能力，后二项会降低公司的偿债能力。

（二）长期偿债能力

长期偿债能力是指企业偿还长期负债的能力。衡量长期偿债能力的指标主要有资产负债率、产权比率、现金债务总额比和已获利息倍数等。

1. 资产负债率

资产负债率是企业负债总额与资产总额的比率。它表明在企业资产总额中，债权人提供资金所占的比重以及企业资产对债权人权益的保障程度。其计算公式为：

$$资产负债率 = 负债总额 / 资产总额 \times 100\%$$

这一比率越小，表明企业的长期偿债能力越强，但该指标并非越小越好。从债权人的立场看，该指标越小越好。从所有者立场看，举债是一把"双刃剑"，既可以提高企业的盈利，也增加了企业的风险。在全部资本利润率高于借款利息率的情况下，增加债务就能获取财务杠杆利益，即以较少的自有资金获得较多的利润。但如果这一比率过大，则表明企业的债务负担重，企业自有资金实力不强，不仅对债权人不利，而且企业有存在破产的危险。企业在进行借入资本决策时，必须充分估计预期的利润和增加的风险，在二者之间权衡利害得失。

究竟资产负债率以多少为合适，同样没有统一标准。通常，资产在破产拍卖时的售价不到账面价值的 50%。因此，资产负债率高于 50%，则债权人的利益就可能缺乏保障。各类资产变现能力有显著区别，房地产变现的价值损失小，专用设备则难以变现。

2. 产权比率

产权比率，又称资本负债率，是指负债总额与所有者权益总额的比率。其计算公式如下：

产权比率=负债总额/所有者权益总额

该指标说明了由债权人提供的资本与所有者提供的资本的相对关系，反映了企业基本财务结构是否稳定。产权比率高，是高风险、高收益的财务结构；产权比率低，是低风险、低收益的财务结构。通常来说，所有者资本大于借入资本较好，但也不能一概而论。在通货膨胀加剧时期，企业多借债可以把损失和风险转嫁给债权人；在经济繁荣时期，多借债可以获得额外的利润；在经济萎缩时期，少借债可以减少利息负担和财务风险。

产权比率同时也是衡量长期偿债能力的指标之一。它反映了债权人投入的资本受到所有者权益保障的程度，也可以说是企业清算时对债权人利益的保障程度。

资产负债率和产权比率具有共同的经济意义，但资产负债率侧重于分析债务偿付安全性的资产保障程度，产权比率侧重于揭示财务结构的稳健程度以及所有者权益对债权人利益的保障程度，两个指标可以相互补充。

3. 现金债务总额比

现金债务总额比是指企业一定时期的经营活动现金流量净额与负债总额的比率。其计算公式为：

现金债务总额比=年经营活动现金流量净额/负债总额

现金债务总额比说明了企业最大的付息能力，是最能谨慎地反映企业举债能力的财务指标。该指标越高，企业承担债务的能力越强。只要能按时付息，就能借新债还旧债，维持债务规模。用年经营活动现金流量净额除以市场利率，可测算基于付息能力的企业最大举债额。

4. 已获利息倍数

已获利息倍数是指企业息税前利润（EBIT）与利息支出的比率，它可以反映获利能力对债务利息偿付的保证程度。其计算公式为：

已获利息倍数=息税前利润/利息支出

公式中的"息税前利润"是指利润表中未扣除利息费用和所得税之前的利润。它可以用"利润总额加利息费用"来测算。由于我国现行利润表"利息费用"没有单列，外部报表使用人只好用"利润总额加财务费用"来估计。公式中的"利息支出"是指本期发生的全部利息，不仅包括财务费用中的利息费用，而且还包括计入长期资产成本的资本化利息。

已获利息倍数不仅反映了企业获利能力，而且反映了获利能力对债务偿还的保证程度。企业若要维持正常的偿债能力，从长期看，已获利息倍数至少应当大于1，且比值越高，企业偿债能力就越强。若已获利息倍数过小，企业将面临亏损、偿债的安全性与稳定性下降的风险。究竟企业已获利息倍数多少才算偿债能力强，这要根据往年经验结合行业特点来判断。同样，已获利息倍数也不是越大越好，该指标过大则表明企业未能充分利用负债抵税及财务杠杆效应，影响获利能力。

二、营运能力

营运能力是指企业营运资产的效率和效果，反映企业资产管理水平和资金周转状况。资产营运能力的强弱关键取决于周转速度。通常来说，周转速度越快，资产的使用效率越高，资产的营运能力越强；反之，营运能力就越差。

周转率是企业一定时期内资产的周转额与平均余额的比率，它反映企业资金在一定时期的周转次数。周转次数越多，周转速度越快，表明营运能力越强。这一指标的反指标是周转期，它是计算期天数除以周转次数，反映资金周转一次所需要的天数。周转率和周转期的计算公式为：

周转率=周转额/平均资产余额（次）

周转期=计算期天数/周转率（天）

营运能力分析实际上是对企业总资产及其各个组成部分的营运能力分析，在实务中应用较广泛的主要包括应收账款周转率、存货周转率、流动资产周转率、固定资产周转率和总资产周转率等指标。

（一）应收账款周转率

应收账款周转率是企业一定时期内营业收入与平均应收账款余额的比率，是反映应收账款周转速度的指标。其计算公式为：

应收账款周转率=营业收入/平均应收账款余额（次）

平均应收账款余额=应收账款期初余额+应收账款期末余额/2

应收账款周转期=365/应收账款周转率（天）

公式中营业收入为全部销售收入。从理论上说，应收账款是赊销引起的，其对应的周转额是赊销额，而非全部销售收入。不仅财务报告的外部使用者无法取得这项数据，而且内部使用人也未必容易取得该数据，因此，把"现销收入"视为收账时间为零的赊销，也是可以的。只要保持历史的一贯性，使用营业收入来计算该指标一般不影响其分析和利用价值。在实务中，一旦出现影响该指标正确计算的因素，加以适当考虑即可。公式中的应收账款是报表上列示的应收账余额，是已经计提坏账准备后的净额，若坏账计提的金额较大，应根据报表附注中披露的应收账款坏账准备信息，将其调整为未计提坏账准备的应收账款，以免出现计提的坏账准备越多，应收账款周转率越高的不合理状态。另一方面，公司的应收票据是销售形成的，是应收账款的另一种形式，应该将其纳入应收账款周转率计算，称之为"应收账款及应收票据周转率"。

通常来说，应收账款周转率越高，企业的平均收现期越短，应收账款收账迅速，同时也意味着资产流动性强，短期偿债能力强。一般情况下，应收账款周转率越高对企业越有利，但过高的应收账款周转率对企业也可能是不利的。因为，过高的应收账款周转率也可能是企业过紧信用政策所致。

需要指出的是：季节性经营、大量使用分期收款、大量使用现金结算等因素会对该指标的计算结果产生较大的影响，在分析时应引起重视。应收账款周转率高低同样难以以一个具体数值标准来衡量。会计报表的外部使用人可以将计算出的指标与该企业前期指标、与行业平均水平或其他类似企业的指标相比较，判断该指标的高低。

（二）存货周转率

存货周转率是企业一定时期的营业成本或营业收入与平均存货余额的比率，是反映流动资产流动性的一个指标，也是衡量生产经营环节中存货营运效率的一个综合性指标。其计算公式为：

$$存货周转率=营业收入或营业成本/平均存货余额（次）$$

$$平均存货余额=存货期初余额+存货期末余额/2$$

$$存货周转期=365/存货周转率（天）$$

在计算存货周转率时，周转额是选用营业成本还是营业收入，为不少财务人士较为纠结的问题。事实上，这取决于分析的目的。在短期偿债能力分析中，为了评估资产的变现能力需要计量存货转换为现金的时间，应采用"营业收入"；在分解总资产周转率时，为系统分析各项资产的周转情况并识别主要的影响因素，

应统一使用"营业收入"；在评估存货管理业绩时，应当使用"营业成本"计算周转率，使其分子和分母保持口径一致。

存货周转速度的快慢，不仅反映企业购入存货、投入生产、销售收回等各环节管理状况的好坏，而且对企业的偿债能力及盈利能力有着重大的影响。通常来说，存货周转速度越快，存货的占用水平越低，流动性越强，存货的变现能力越强。提高存货周转率可以提高企业的变现能力，而存货周转速度越慢则变现能力越差。

（三）流动资产周转率

流动资产周转率是企业一定时期的营业收入与平均流动资产余额的比率。

流动资产周转率是反映企业流动资产周转速度的指标。流动资产周转速度快，会相对

节约流动资产，等于扩大资产投入，增强企业盈利能力；而延缓周转速度，会则降低企业盈利能力。生产经营任何一个环节上的工作改善，都会反映到流动资产周转速度上来。

（四）固定资产周转率

固定资产周转率是指企业一定时期的营业收入与平均固定资产净值的比率。它是反映企业固定资产周转情况，衡量企业固定资产利用效率的一项指标。

固定资产周转率高，表明固定资产利用充分，同时也表明固定资产投资得当，固定资产结构合理，能够充分发挥效率。运用固定资产周转率时，需要考虑固定资产因计提折旧的影响，其净值在不断地减少以及因更新重置，其净值突然增加的影响。同时，由于折旧方法的不同，可能影响其可比性。因此在分析时要剔除这些不可比因素。

（五）总资产周转率

总资产周转率是企业一定时期的营业收入与平均资产总额的比率，它可用来反映企业全部资产的利用效率。

该指标反映总资产的周转速度。总资产周转率越高，表明企业全部资产的使用效率高；如果这个比率较低，说明使用效率较差，进而会影响企业的盈利能力。企业可能通过薄利多销的办法，加速资产的周转，带来利润绝对额的增加。

三、盈利能力

盈利能力是指企业在一定时期内赚取利润的能力。不论是投资人、债权人还是企业经理人员，都日益重视和关心企业的盈利能力。反映企业盈利能力的指标很多，通常使用的主要有销售净利率、销售毛利率、成本费用利润率、总资产报酬率和净资产收益率等。上市公司经常使用的盈利能力指标还有每股收益和每股净资产等。

（一）销售净利率

销售净利率，又称营业净利率，是企业一定时期的净利润与营业收入的百分比。销售净利率反映每百元营业收入能带来多少净利润，表示营业收入的收益水平。企业在增加营业收入的同时，必须相应地获得更多的净利润，才能使销售净利率保持不变或有所提高。通过分析销售净利率的升降变动，可以促进企业在扩大销售的同时，注意改进经营管理，提高盈利水平。

（二）销售毛利率

销售毛利率，又称营业毛利率，是企业一定时期的毛利占营业收入的百分比，其中毛利是营业收入减去营业成本后的差额。

销售毛利率表示每百元营业收入扣除营业成本后，还有多少可用于支付各项期间费用和税金，形成利润。销售毛利率是企业销售净利率的最初基础，没有足够大的毛利率便不可能有良好的盈利。公司毛利率下降有二种情况：一是营业收入的下降，因为固定成本不会同步下降；二是营业成本增长高于营业收入增长。影响营业成本变动的主要因素是原材料成本、人工成本和制造费用变动。

（三）总资产报酬率

总资产报酬率是企业一定时期内获得的报酬总额与平均资产总额的比率。它是反映企业综合资产利用效果的指标，也是衡量企业利用债权人和所有者权益总额所取得盈利的重要指标。

总资产报酬率反映了企业全部资产的盈利水平，企业所有者和债权人对该指标都非常关心。通常情况下，该指标越高，表明企业的资产利用效率越良，整个企业的盈利能力越强，经营管理水平越高。企业还可将该指标与市场利率进行比较，如果前者大于后者，则说明企业可以充分利用财务杠杆，适当举债经营，以获取更多的收益。

（四）净资产收益率

净资产收益率是指企业一定时期的净利润与平均净资产的比率。它反映了企业自有资金获取净利润的能力，是评价企业资本经营效益的核心指标。

净资产收益率是评价企业自有资本及其积累获取报酬水平的最具综合性和代表性的指标，又称权益净利率，反映企业资本运营的综合效益。该指标通用性强，适应范围广，不受行业局限。在我国上市公司业绩评价中，该指标居于首位。通过对该指标的综合对比分析，可以看出企业盈利能力在同行业中所处的地位以及与同类企业的差异水平。通常认为，企业净资产收益率越高，企业自有资本获取收益的能力越强，运营效率越好，对企业投资人、债权人的保证程度越高。

（五）盈余现金保障倍数

盈余现金保障倍数是企业一定时期的经营活动现金流量净额与净利润的比率。

盈余现金保障倍数从现金流量的角度，对企业收益的质量进行评价，表明企业当期净利润中有多少是有现金保障的。它评价企业盈利状况的辅助指标。

一般来说，当企业当期净利润大于 0 时，盈余现金保障倍数应当大于 1。该指标越大，表明企业经营活动产生的净利润对现金的贡献越大。

（六）每股收益

每股收益，又称每股利润或每股盈余，反映企业普通股股东持有每一股份所能享有的企业利润或承担的企业亏损，是衡量上市公司盈利能力最常用的财务指标之一。

每股收益包括基本每股收益和稀释每股收益。基本每股收益是企业一定时期归属于普通股股东的净利润与当期发行在外普通股的加权平均数的比率。

企业存在稀释性潜在普通股的，应当分别调整归属于普通股股东的当期净利润和发行在外普通股的加权平均数，并据以计算稀释每股收益。基本每股收益和稀释每股收益都是会计报表项目，不需要财务分析人员计算。

每股收益是衡量上市公司盈利能力最重要的财务指标。它反映普通股的盈利水平。使用每股收益分析盈利时要注意以下几个问题：（1）每股收益不反映股票所含有的风险；（2）股票是一个"份额"概念，不同股票的每一股在经济上不等量，它们所含有的净资产和市价不同限制了每股收益的公司间比较。对同一公司不同时期的每股收益进行对比，需要关注每股净资产变化；（3）每股收益多，不一定意味着多分红，还要看公司股利分配政策。

第四节　财务综合分析

财务分析的最终目的在于全方位地了解企业经营理财的状况，并借以对企业经营效益和效率的优劣做出系统、合理的评价。单一财务指标的分析，是很难全面评价企业的财务状况、经营成果和现金流量情况的。要想对企业有一个总体评价，就必须进行综合性分析与评价。

一、概述

财务综合分析是将偿债能力、营运能力、盈利能力和发展能力等诸方面纳入一个有机整体之中，全面分析企业的经营成果、财务状况和现金流量，进而寻找制约企业发展的"瓶颈"所在，并对企业的经营业绩做出综合评价与判断。

财务管理的目标是企业价值最大化。企业价值最大化与企业的可持续增长密切相关。而企业的持续增长要以盈利能力为基础，盈利能力又受到营运能力和财务杠杆的影响，因此，将企业的增长能力、盈利能力、营运能力和偿债能力进行综合分析是十分必要的。财务综合分析的意义或作用主要在于：一是可以帮助企业经营者全面、系统地驾驭企业财务活动、寻找制约企业发展"瓶颈"所在，为企业管理和控制指明方向或途径；二是有助于企业的利益相关人全面了解与评估企业综合财务状况，为其决策提供有用信息；三是为企业绩效考核与奖励奠定了基础数据等。

财务综合分析的特点，体现在其财务指标体系的要求上。一个健全有效的财务综合分析体系至少应当具备以下三个基本要素：

（一）指标要素齐全适当

财务综合分析所设置的评价指标体系必须涵盖营运能力、偿债能力和盈利能力等方面总体考察或考核的要求。

（二）主辅指标功能匹配

一方面，在确立营运能力、偿债能力、盈利能力和发展能力等诸方面评价；指标的同时，要进一步明确各项指标在综合分析体系中的主辅地位。另一方面，不同范畴的主要指标所反映的企业经营状况、财务状况和现金流量的不同侧面和不同层次的信息要有机统一，应当能够全面翔实地揭示企业经营理财的实绩。

（三）满足多方信息需求

财务综合评价指标体系要能够提供多层次、多角度的信息资料，既能满足企业管理当局实施决策的需要，又能为职工、供应商、客户、投资者和政府等利益相关人提供决策有用的信息。

二、财务综合分析方法

财务综合分析的方法很多，主要包括杜邦财务分析体系、综合评分法、坐标图分析法和雷达图分析法等，其中以杜邦财务分析体系和综合评分法应用最为广泛。

（一）杜邦财务分析体系

杜邦财务分析体系是根据主要财务指标之间的内在联系，构建财务指标分析体系，综合分析和评价经营理财及经济效益的方法。因其最初为美国杜邦公司创立并成功运用而得名。该体系以净资产收益率为核心，自上而下将其分解为若干财务指标，通过分析各分解指标的变动对净资产收益率的影响，来提示企业经营效率和财务政策对企业综合盈利能力影响及其变动原因。

1. 基本原理与框架

净资产收益率是一个综合性很强的财务比率，是杜邦财务分析体系的核心。净资产收益率反映所有者投入资金的盈利能力，反映企业筹资和投资等活动的效率，提高净资产收益率是实现财务管理目标的基本保障。净资产收益率的高低取决于销售净利率、资金周转率、权益乘数。

销售净利率反映企业盈利能力；资金周转率反映企业综合营运效率；权益乘数表示企业的财务杠杆度。杜邦财务分析体系正是通过净资产收益率这一核心指标，把反映企业盈利能力、营运能力和偿债能力指标融为一体，比只用一项指标更能说明问题。

销售净利率反映了企业净利润与营业收入的关系。净利润是由营业收入扣除成本费用及所得税费用后的净额，而成本费用又是由一些具体项目构成。通过这些项目的分析，能了解企业净利润增减变动的原因，提高销售净利率的关键是扩大营业收入，控制成本费用。

资产周转率揭示企业资产实现营业收入的综合能力。对资产周转率的分析，需对影响资金周转的各因素进行分析。企业的总资产由流动资产和非流动资产构成，它们各自又有许多明细项目，通过对总资产的构成及各项资金周转情况的分析，不难发现企业资产管理中存在的问题与不足。

权益乘数是资产总额除以股东权益总额，反映所有者权益与总资产的关系。权益乘数越高，说明企业负债程度越高，在能给企业带来较大杠杆利益的同时，也会给企业带来较大偿债的风险。因此，企业既要合理使用全部资产，又要妥善安排资本结构。

杜邦财务分析体系不仅揭示了企业各项财务指标间的相互关系，而且为企业决策者查明各项主要指标变动的影响因素、优化经营理财状况、提高经营效益提供了思路。提升净资产收益率的途径主要包括：扩大销售、控制成本费用、合理投资配置、加速资金周转、优化资本结构、树立风险意识等。

杜邦财务分析体系是一个多层次的财务比率分解体系。各项财务比率，可在每个层次上与本企业历史或同业财务比率比较，比较之后向下一级分解。逐级向下分解，逐步覆盖企业经营活动的每个环节，以实现系统、全面评价企业经营成果和财务状况的目的。

第一层次分解，是将净资产收益率分解为销售净利率、资产周转率和权益乘数。分解出来的销售净利率和资产周转率，反映了企业的经营战略。通常，销售净利率和资产周转率会呈反方向变化，是选择"高盈利、低周转"还是"低盈利、高周转"模式，是企业根据外部环境和自身资产所作的战略选择。制造业企业以前一种模式为多，零售业企业以后一种模式为多。销售净利率和资产周转率相乘为资产净利率，它反映了企业经营效率的高低。分解出来的财务杠杆可以反映企业的财务政策。通常，资产净利率较高的企业，财务杠杆较低，反之亦然。这是由于经营风险高的企业，需要与较低的财务杠杆匹配。要稳定经营现金流量，或是降低价格以减少竞争，或是增加营运资本以防现金流中断，这都会导致资产净利率下降。总资产周转率与财务杠杆负相关，共同决策了企业的净资产收益率。这也说明企业的财务政策应与经营战略相匹配。

在具体运用杜邦财务分析体系进行分析时，可以采用因素分析法，计算分析销售净利率、总资产周转率和权益乘数这三个指标变动对净资产收益率的影响方向和程度，还可以利用因素分析法进一步分解各个指标并分析其变动的深层次原因，将净资产收益率发生升降变化的原因具体化。

与其他财务分析方法一样，杜邦财务分析体系关键不在于指标的计算而在于对指标的理解和运用。

2.杜邦财务分析体系的局限性及改进

杜邦财务分析体系通过层层分解财务指标，直观地反映了影响净资产收益率的因素及其内在联系，揭示了企业筹资、投资和生产运营等方面的效率，是一种行之有效的综合财务分析方法。但传统的杜邦财务分析体系也有明显的不足，主要表现在以下几个方面：

（1）局限于财务领域

杜邦财务分析体系是就财务论财务，只是一种结果的考评，评价和考核没有深入到经营管理过程中去。同时，由于财务指标本身是一种抽象的价值指标，因此，它不具备直接的可操作性。部门或个人或许知道各自应该达到的财务目标，但从哪些方面、通过哪些手段来实现这些目标，却不能得到回答。此外，由于所产生年代的局限，杜邦财务分析体系重视内部经营管理，轻外部市场。

（2）没有考虑现金流量信息

传统杜邦财务分析体系的数据资料仅来源于资产负债表和利润表，没有考虑现金流量表信息，反映不出企业在一定时期的现金流人和流出情况。财务会计报告由会计报表和附注组成，会计报表主表有资产负债表、利润表和现金流量表，它们分别从不同角度反映了企业的财务状况、经营成果和现金流量。缺少任何一张会计报表所进行的分析，都是不全面的。

（3）只是一种数量分析

杜邦财务分析体系虽然提供了反映企业盈利能力的财务比率，但没有考虑收益的质量，分析结果往往带有片面性。分析盈利能力的目的是让企业的投资者、债权人和经营者了解企业获取真实利润的能力，有助于他们做出正确的决策。但杜邦财务分析体系中提供的净资产收益率、资产净利率、销售净利率及净利润指标并不一定能够真正反映企业的盈利能力，它们只是用于评价企业盈利能力的"数量"，而不能用于评价企业盈利能力的"质量"。因此，传统的杜邦财务分析体系对盈利能力的分析有可能不一定客观。

（4）忽视财务风险因素

杜邦财务分析体系表明：在他因素不变的情况下，权益乘数越高，净资产收益就越大。这是因为为获取财务杠杆利益而利用了较多负债，但没有考虑到因此带来的财务风险。负债越多，偿债压力越大，财务风险越大。

针对杜邦财务分析的局限，许多学者和实务工作者就杜邦财务分析体系的完善进行了广泛深入地探索研究，提出了许多修正方案。比较有代表性方案是将销售净利率分解为（1/盈利现金比率）和销售现金比率两部分，将反映收益质量的指标引入分析体系，增强分析的客观性。

盈利现金比率是本期经营活动现金净流量与本期净利润之比。该指标用来反映企业净利润的收现水平。在通常情况下，盈利现金比率越大，则企业净利润的含金量越高，意味着可供企业自由支配的现金流量越大，企业的偿债能力和付现能力越强，盈利质量也就越高。如果该比率小于1，说明本期净利润中存在着尚未实现的现金收入。在这种情况下，即使企业盈利较多，也可能发生现金短缺，严重时也可能造成企业破产。

销售现金比率是指经营活动净现金流量与营业收入之比。该财务比率用来反映企业经营活动的收现能力。销售现金比率越大，则表明销售货款的收回速度越快，发生坏账损失的风险越小，收入的质量也就越高。

（二）综合评分法

在进行财务分析时，人们遇到的一个主要困难就是计算出财务比率后，无法判断它是偏高还是偏低。与本企业的历史比较，也只能看到自身的变化，却难以评价其在市场竞争中的优劣地位。财务状况综合评价的先驱者之一亚历山大·沃尔在其于20世纪初出版的《信用晴雨表研究》和《财务报表比率分析》等著作中，提出了信用能力指数的概念，把若干个财务比率用线性关系结合起来，以评价企业的信用水平。他选择了流动比率、产权比率、固定资产比率、存货周转率、应收账款周转率、固定资产周转率和自有资产周转率等7个财务比率，分别给定了其在总评价中占的比重，然后确定标准比率，并与实际比率相比较，评出每项指标的得分，最后求出总评分。

原始意义上的沃尔分析法存在两个缺陷：一是所选定的七项指标缺乏证明力；二是当某项指标严重异常时，会对总评分产生不合逻辑的重大影响。况且，现代社会与沃尔所在时代相比，已有很大变化。沃尔最初提出的 7 项指标已难以完全适用当前企业评价的需要。沃尔分析法的关键在于指标的选定、权重的分配以及标准值的确定。建立在这一思想基础上的综合评分法，是对企业进行财务综合评价的一种比较可取的、行之有效的方法，在实务中应用较为广泛。

综合评分法是按照各项评价指标符合评价标准的程度，计算各项指标的评价分数，然后综合计算评价总分，据以综合评价的方法。综合评分法的基本步骤是：

1.选择评价指标并分配指标权数

正确选择评价指标是运用综合评法进行财务综合分析与评价的首要步骤。财务指标的选择要根据分析的目的和要求，考虑分析的全面性和综合性。通常应涵盖偿债能力、营运能力、盈利能力和发展能力等多个方面。各指标的权数主要是依据评价目的和指标的重要程度确定。

2.确定各项评价指标的标准值

财务指标的标准值通常可以是行业平均数、企业历史先进数、国家有关标准或国际公认标准为基准来加以确定。为了使财务综合分析与评价更具客观性和合理性，对各项评价指标标准值，还应在考虑企业所属行业特点、规模以及指标特性等因素的基础上分类确定。

3.计算各项评价指标的得分各项评价指标的评分方法有分等评分法、分等系数评分法和比率评分法等三种。

4.计算综合评价分

在计算出各项评价指标得分基础上，对各项指标得分进行综合，得到评价总分。评价总分越高，评价结果越好。计算综合评价分的方法主要有加法评分法、连乘评分法、简单平均评分法和加权平均评分法等。

加权平均评分法是根据各项评价指标在评价总体中的重要程度给予相对数，应用加权算术平均计算平均分数，根据加权平均分数的多少进行综合评价。由于加权平均评分法突出评价重点，考虑各项评价指标对评价总体优劣的影响程度，有利于客观评价企业财务综合状况，因而应用较为广泛。

5.形成评价结果

在最终评价时，如果综合得分大于100，说明企业的财务综合状况比较好；反之，则说明企业的财务综合状况比同行业平均水平或者本企业历史先进水平差。

第五节　管理用财务报表分析

前面讨论的财务分析，都是基于按会计准则规定编制的通用财务报表。通用财务报表虽然服务于企业内外部各类报表使用人，但由于是公开发布的财务报表，主要的功能是对外披露信息而不是用于企业内部管理或财务分析。因此，需要将其调整为适应财务分析和企业内部管理需要的管理用财务报表。

一、管理用财务报表

企业活动包括经营活动和金融活动两个方面中。经营活动是企业在产品和要素市场上进行的活动，包括销售商品或提供劳务等营业活动以及与此有关的经营资产投资活动。金融活动是企业在资本市场上进行的活动，包括筹资活动以及闲置资金的利用。企业与资本市场的交易有两种：一是现金短缺时发行金融工具，进而形成股东权益或持有金融负债；二是现金多余时购买金融工具，从而持有金融资产。通过经营活动取得盈利是企业的目的，也是增加股东财富的基本途径。企业从事金融活动的目的是筹集资金，筹集资金目的是投资生产经营，而不是投资金融工具盈利。

实业企业的金融活动是净筹资，通常不会产生净收益，而是支出净费用。这种筹资费用是否经营活动的费用，即使在会计准则的制定中也存在争议，各国会计规范对此的处理不尽相同。企业在资本市场上购买金融工具，通常不是"投资"于金融资产，而是临时持有金融资产，为闲置资金的一一种处置方式。因此，我们认为：金融资产是企业投资活动的剩余，是尚未投入生产经营的资产，应将其从经营资产中剔除。金融负债扣除金融资产后的余额，才是企业真正背负的偿债压力。它与自发性的经营负债有着本质的区别。这些年来，会计准则在划分金融资产与经营资产、金融负债与经营负债方面做了改进，但问题依然存在。财务管理要求将可以增加股东财富的经营资产与利用闲置资金的金融资产、通过金融市场筹措的债务资金和自发产生的经营负债分开考察，需要在资产负债表中区分经营资产和金融资产。与此相关，在利润表要区分经营损益和金融损益。

（一）管理用资产负债表

管理用资产负债表将资产和负债分为经营性和金融性两类。经营性资产和负债是指销售商品或提供劳务的过程中涉及的资产和负债；金融性负债和资产是指在筹资过程中或利用经营活动多余资金进行投资的过程中涉及的资产和负债。将通用的资产负债表调整成为管理用报表，首先需要区分经营资产与金融资产、经营负债与金融负债。

（二）管理用利润表

区分经营活动和金融活动，不仅涉及资产负债表，还涉及利润表。经营活动的利润反映管理者的经营业绩。通过经营活动取得盈利是实业企业的目的，也是增加股东财富的基本途径。利用经营资产投资的剩余部分到资本市场投资金融工具，获取金融收益，不是企业的经营目标。因此，需要区分经营和金融损益。

二、管理用财务分析体系

在传统的杜邦财务分析体系中，总资产净利率指标的分子为净利润，专属于股东，分母为总资产，为债权人和股东共同享有，两者不匹配。因此，该指标不能反映实际的报酬率。为公司提供资产的人包括经营负债债权人、金融负债债权人和股东，经营负债的债权人不要求分享收益，而要求分享受益的是股东和金融负债的债权人。因此，需要计量将股东和有息负债权人投入的资本及其产生的收益，以此数据计算的净经营资产收益率才能准确反映企业基本盈利能力。

第七章 预算管理与控制

第一节 预算管理的主要内容

一、预算的特征与作用

（一）预算的特征

预算是企业在预测、决策的基础上以数量和金额的形式反映企业未来一定时期内经营、投资、财务等活动的具体计划，是为实现企业目标面对各种资源和企业活动做出的详细安排。

通常，预算具有以下特征：首先，预算与企业的战略或目标保持一致，因为预算为实现企业目标而对各种资源和企业活动所做的详细安排；其次，预算是数量化的且具有可执行性，因为预算作为一种数量化的详细计划，它是对未来活动的细致、周密安排，是未来经营活动的依据。因此，数量化和可执行性是预算最主要的特征。

（二）预算的作用

预算的作用主要表现在以下三个方面：

（1）预算通过引导和控制经济活动，使企业经营达到预期目标；

（2）预算可以实现企业内部各个部门之间的协调；

（3）预算可以作为业绩考核的标准。

二、预算的分类

预算的具体分类见表 7-1。

表7-1 预算分类表

根据预算内容的不同	业务预算	业务预算也称为经营预算，是指与企业日常经营活动直接相关的经营业务的各种预算	包括销售预算、生产预算、直接材料预算、直接人工预算等
	专门决策预算	专门决策预算是企业不经常发生的、一次性的重要决策预算	如资本支出预算
	财务预算	财务预算是企业在计划期内反映有关预计现金收支、财务状况和经营成果的预算	包括现金预算、预计利润表和预计资产负债表等内容
注意：财务预算也称总预算，其他预算称为辅助预算或分预算			
从预算指标覆盖的时间长短划分	短期预算	通常将预算期在一年以内（含一年）的预算称为短期预算	
	长期预算	预算期在一年以上的称为长期预算	
注意：①通常情况下，企业的业务预算和财务预算多为一年期的短期预算，年内再按季或月细分，而且预算期间往往与会计期间保持一致。 ②专门决策预算属于长期预算。			

三、预算体系

各种预算是一个有机联系的整体。通常将由业务预算、专门决策预算和财务预算组成的预算体系，称为全面预算体系。

四、预算工作的组织

预算工作的组织包括决策层、管理层和考核层、执行层，具体详见表7-2。

表7-2 预算工作组织表

机构	职责	层级
董事会或类似机构	对企业预算管理负总责。根据情况设立预算委员会或指定财务管理部门负责预算管理事宜，并对企业法定代表人负责	决策层
预算委员会或财务管理部门	拟订预算的目标、政策，制定预算管理的具体措施和办法，审议、平衡预算方案，组织下达预算，协调解决预算编制和执行中的问题，组织审计、考核预算的执行情况，督促企业完成预算目标	管理层和考核层
财务管理部门	具体负责企业预算的跟踪管理，监督预算的执行情况，分析预算与实际执行的差异及原因，提出改进管理的意见与建议	
企业内部职能部门	具体负责本部门业务涉及的预算编制、执行、分析等工作，并配合预算委员会或财务管理部门做好企业总预算的综合平衡、协调、分析、控制与考核等工作。其主要负责人参与企业预算委员会的工作，并对本部门预算执行结果承担责任	
企业所属基层单位	负责本单位现金流量、经营成果和各项成本费用预算的编制、控制、分析工作，接受企业的检查、考核。其主要负责人对本单位财务预算的执行结果承担责任	执行层

第二节 预算的编制方法与程序

一、预算的编制方法

（一）增量预算法与零基预算法

按其出发点的特征不同，编制预算的方法分为增量预算法和零基预算法。

1. 增量预算法

增量预算法是指以基期成本费用水平为前提，结合预算期业务量水平及有关降低成本的措施，通过调整有关费用项目而编制预算的方法。该种方法在编制过程中需遵循以下一些假设：

（1）企业现有业务活动是合理的，不需要进行调整；

（2）企业现有各项业务的开支水平是合理的，在预算期内予以保持；

（3）以现有业务活动和各项活动的开支水平确定预算期各项活动的预算数。增量预算法的缺陷是可能造成无效费用开支项目无法得到有效控制，因为不加分析地保留或接受原有的成本费用项目，可能使原来不合理的费用继续开支而得不到控制，形成不必要开支合理化，造成预算上的浪费。

2. 零基预算法

零基预算全称为"以零为基础编制计划和预算的方法"，是在编制费用预算时，不考虑以往会计期间所发生的费用项目或费用数额，而是一切以零为出发点，从实际需要逐项审议预算期内各项费用的内容及开支标准是否合理，在综合平衡的基础上编制费用预算的一种方法。

零基预算法的编制程序如下：

（1）企业内部各级部门的员工，根据企业的生产经营目标，详细讨论计划期内应该发生的费用项目，并对每一费用项目编写一套方案，提出费用开支的目的以及需要开支的费用数额。

（2）划分不可避免费用项目和可避免费用项目。

对于不可避免费用项目必须保证资金供应；对于可避免费用项目，则需要逐项进行成本与效益分析。

注意：①不可避免费用，是指通过管理当局的决策行动不能改变其数额的费用，如管理人员的工资、固定资产的租金等。②可避免费用，是指通过管理当局的决策行动可以改变其数额的成本，如广告费、职工培训费等。该类费用的开支对企业的业务经营势必有好处，但其支出数额的多少并非绝对不可改变。

（3）划分不可延缓费用项目和可延缓费用项目。

应优先安排不可延缓费用项目的支出，然后再根据需要，按照费用项目的轻重缓急确定可延缓项目的开支。

注意：①不可延缓费用，是指已选定的某一方案，即使在企业财力负担有限的情况下，也不能推迟执行，否则会影响企业大局，那么与这一方案相关的费用，即为不可延缓费用，如污染治理费用等。②可延缓费用，是指在企业财力负担有限的情况下，对已决定选用的某一方案如推迟执行，还不影响企业的大局，那么与这一方案有关的费用，即为可延缓费用，如新建办公楼的费用。

零基预算的优点表现在：①不受现有费用项目的限制；②不受现行预算的制约；③能够调动各方面节约费用的积极性；④有利于促使各基层单位精打细算，合理使用资金。其缺点主要是编制工作量大。

（二）固定预算法与弹性预算法

编制预算的方法按其业务量基础的数量特征不同，可分为固定预算法和弹性预算法。

1. 固定预算法

固定预算法又称静态预算法，是指在编制预算时，只根据预算期内正常、可实现的某一固定的业务量（如生产量，销售量等）水平作为唯一基础来编制预算的方法。其缺点主要是适应性差、可比性差。

2. 弹性预算法

弹性预算法又称动态预算法，是在成本性态分析的基础上，依据业务量、成本和利润之间的联动关系，按照预算期内可能的一系列业务量（如生产量、销售量、工时等）水平编制系列预算的方法。

理论上，弹性预算法适用于编制全面预算中所有与业务量有关的预算，但实务中主要用于编制成本费用预算和利润预算，尤其是成本费用预算。

注意：①选择业务量的计量单位。以手工操作为主的车间，就应选用人工工时；制造单一产品或零件的部门，可以选用实物数量；修理部门可以选用直接修理工时等。

②确定适用的业务量范围。通常情况下，可定在正常生产能力的70%-110%。或以历史上最高业务量和最低业务量为其上下限。弹性预算法又分为公式法和列表法两种具体方法：

（1）公式法。

公式法是运用总成本性态模型（$y-=a+bx$），测算预算期的成本费用数额，并编制成本费用预算的方法。

注意：因为任何成本都可用公式"$y=a+bx$"来近似地表示，所以只要在预算中列示a（固定成本）和b（单位变动成本），便可随时利用公式计算任一业务量（x）的预算成本（y）。

（2）列表法。

列表法是在预计的业务量范围内将业务量分为若干个水平，然后按不同的业务量水平编制的预算。

（三）定期预算法与滚动预算法

编制预算的方法按其预算期的时间特征不同，可分为定期预算法和滚动预算法。

1. 定期预算法

定期预算法是指在编制预算时，以不变的会计期间（如日历年度）作为预算期的一种编制预算的方法。

这种方法能够使预算期间与会计期间相对应，便于将实际数与预算数进行对比，也有助于对预算执行情况进行分析和评价。但是该法固定以 1 年为预算期，在执行一段时期之后。往往使管理人员只考虑剩下来的几个月的业务量，缺乏长远打算，致使一些短期行为的出现。

2. 滚动预算法

滚动预算法又称连续预算法或永续预算法，是指在编制预算时，将预算期与会计期间脱离开，随着预算的执行不断地补充预算，逐期向后滚动，使预算期始终保持为一个固定长度（一般为 12 个月）的一种预算方法。

采用滚动预算法编制预算，按照滚动的时间单位不同可分为逐月滚动，逐季滚动和混合滚动。

（1）逐月滚动。

逐月滚动是以月份为预算的编制和滚动单位，每个月调整一次预算的方法。按照逐月滚动方式编制的预算比较精确，但工作量较大。

例如，在 2016 年 1 月至 12 月的预算执行过程中，需要在 1 月末根据当月预算的执行情况修订 2 月至 12 月的预算，同时补充 2017 年 1 月份的预算。

（2）逐季滚动。

逐季滚动是以季度为预算的编制和滚动单位，每个季度调整一次预算的方法。逐季滚动编制的预算比逐月滚动的工作量小，但精确度较差。

（3）混合滚动。

混合滚动是指在预算编制过程中，同时以月份和季度作为预算的编制和滚动单位的方法。这种预算方法的理论遵循是：人们对未来的了解程度具有对近期把握较大，对远期的预计把握较小的特征。

如对 2017 年 1 月份至 3 月份逐月编制详细预算，4 月份至 12 月份分别按季度编制粗略预算；3 月末根据第一季度预算的执行情况，编制 4 月份至 6 月份的详细预算，并修订第三至第四季度的编制，同时补充 2018 年第一季度的预算；6 月末根据当季预算的执行情况，编制 7 月份至 9 月份的详细预算，并修订第四季度至 2018 年一季度的预算，同时补充 2018 年第二季度的预算，以此类推。

二、预算的编制程序

企业编制预算，一般应按照"上下结合、分级编制、逐级汇总"的程序进行。通常包括以下一些环节：

1. 下达目标

企业董事会或经理办公会根据企业发展战略和预算期经济形势的初步预测，在决策的基础上，提出下一年度企业预算目标，包括销售或营业目标、成本费用目标、利润目标和现金流量目标等，并确定预算编制的政策，由预算委员会下达各预算执行单位。

2. 编制上报

各预算执行单位按照企业预算委员会下达的预算目标和政策，结合自身特点以及预测的执行条件，提出本单位详细的预算方案，上报企业财务管理部门。

3. 审查平衡

企业财务管理部门对各预算执行单位上报的财务预算方案进行审查、汇总，提出综合平衡的建议。在审查、平衡过程中，预算委员会应当进行充分协调，对发现的问题提出初步调整意见，并反馈给有关预算执行单位予以修正。

4. 审议批准

企业财务管理部门在有关预算执行单位修正调整的基础上，编制企业预算方案，报财务预算委员会讨论。对于不符合企业发展战略或预算目标的事项，企业预算委员会应当责成有关预算执行单位进一步修订、调整。在讨论、调整的基础上，企业财务管理部门正式编制企业年度预算方案，提交董事会或经理办公会审议批准。

5. 下达执行

企业财务管理部门对董事会或经理办公室审议批准的年度总预算，一般在次年3月底以前，分解成一系列的指标体系，由预算委员会逐级下达各预算执行单位执行。

第三节　预算编制与执行

一、业务预算的编制

（一）销售预算

销售预算的主要内容是销量、单价和销售收入。销量是根据市场预测或销售合同并结合企业生产能力确定的。单价是通过价格决策确定的。销售收入是两者的乘积，在销售预算中计算得出。

销售预算中通常还包括预计现金收入的计算，其目的是为编制现金预算提供必要的资料。

预计现金收入＝当期销售当期收现＋当前收回前期应收款＝当前销售收入 x 当期收入当期收现比率＋∑（以前某期收入 x 以前某期收入当期收现比率）

（二）生产预算

生产预算是在销售预算的前提下编制的，其主要内容有销售量、生产量、期初和期末存货量。

该预算只有实物量指标，没有价值量指标。无法直接为现金预算提供资料。

预计生产量 - 预计销售量＋预计期末存货 - 预计期初存货

其中：①预计销售量来自销售预算；②预计期末存货按下期销售量的一定比例计算；③预计期初存货来自上期期末存货。

（三）直接材料预算

直接材料预算是为规划预算期直接材料采购金额的一种业务预算。直接材料预算以生产预算为基础编制，同时考虑原材料存货水平。

预计材料采购量 - 预计生产需用量＋期末存量 - 期初存量

其中：

预计生产需用量＝预计生产量（来自生产预算）× 单位产品材料用量（来自标准成本资料成消耗定额资料）预计采购金额 - 预计材料采购量 × 材料单价预计采购现金支出 - 本期采购本期付现＋前期采购本期付现

（四）直接人工预算

直接人工预算是一种既反映预算期内人工工时消耗水平，又规划人工成本开支的业务预算。直接人工预算也是以生产预算为基础编制的。

人工总成本＝人工总工时 × 每小时人工成本

其中：人工总工时＝预计生产量（来自生产预算）× 单位产品工时

（五）制造费用预算

制造费用预算分为变动制造费用和固定制造费用两部分。

变动制造费用以生产预算为基础来编制；固定制造费用需要逐项进行预计，通常与本期产量无关，按每季实际需要的支付额预计，然后求出全年数。

为了便于以后编制现金预算，制造费用预算还需预计现金支出。制造费用中，除折旧外都需支付现金，因此，根据每个季度制造费用数额扣除折旧费后，便可得到"现金支出的费用"。

（六）产品成本预算

产品成本预算，是销售预算、生产预算、直接材料预算、直接人工预算、制造费用预算的汇总。其主要内容是产品的单位成本和总成本。

（七）销售及管理费用预算

销售费用预算是指为了实现销售预算而支付的费用预算。它以销售预算为基础。管理费用多属于固定成本。因此，管理费用预算一般是以过去的实际开支为基础，按预算期可预见的变化来调整。

二、专门决策预算的编制

专门决策预算主要是长期投资预算（又称资本支出预算），通常是指与项目投资决策相关的专门预算，它通常涉及长期建设项目的资金投放与筹集，并经常跨越多个年度。

编制专门决策预算的依据，是项目财务可行性分析资料以及企业筹资决策资料。

专门决策预算的要点是准确反映项目资金投资支出与筹资计划，它同时也是编制现金预算和预计资产负债表的依据。

三、财务预算的编制

（一）现金预算

现金预算是以业务预算和专门决策预算为依据编制的，专门反映预算期内预计现金收入与现金支出，以及为满足理想现金余额而进行筹措或归还借款等的预算。

现金预算由可供使用现金、现金支出、现金余缺、现金筹措与运用四部分构成。

其中：可供使用现金 - 期初现金余额 + 现金收入

现金余缺，可供使用现金 - 现金支出

期末现金余额 = 现金余缺 + 现金筹措 - 现金运用

注意：借款与还本付息的相关现金流量体现在现金筹措与运用之中，不在现金收入与现金支出中体现。

（二）预计利润表

预计利润表用来综合反映企业在计划期的预计经营成果是企业最主要的财务预算表之一。编制预计利润表的根据是各业务预算、专门决策预算和现金预算。

（三）预计资产负债表

预计资产负债表用来反映企业在计划期末预计的财务状况。

预计资产负债表的编制需以计划期开始日的资产负债表为基础。结合计划期间各项业务预算，专门决策预算、现金预算和预计利润表进行编制。它是编制全面预算的终点。

四、预算执行与调整

企业预算一经批复下达，各预算执行单位就必须认真组织实施。将预算指标层层分解，从横向到纵向落实到内部各部门、各单位、各环节和各岗位。形成全方位的预算执行责任体系。

企业正式下达的预算，通常不予调整。

当预算执行单位在执行中由于市场环境、经营条件，政策法规等发生重大变化，致使预算的编制基础不成立，或者将导致预算执行结果产生重大偏差，可以调整预算。调整时由预算执行单位逐级向企业预算管理委员会提出书面报告。财务管理部门，应当对预算执行单位的预算调整报告进行审核分析。集中编制企业年度预算调整方案，提交预算委员会以至于企业董事会或经理办公会议批准，然后下达执行。预算调整时应注意以下一些问题：①预算调整事项不能偏离企业发展战略；②预算调整方案应当在经济上能够实现最优化；③预算调整重点应当放在财务预算执行中出现的重要的、非正常的。不符合常规的关键性差异方面。

企业还应建立预算分析制度，由预算委员会定期召开预算执行分析会议，全面掌握预算的执行情况，研究、落实解决预算执行中存在问题的政策措施，及时纠正预算的执行偏差。

第四节　财务控制

一、财务控制的概念及特征

财务控制，是指财务控制主体以法律，法规，制度和财务预算目标等为依据。通过财务手段衡量和矫正企业的经营管理活动，使之按照既定的计划进行，确保与企业财务有关的战略得以实现的过程。它是财务管理的重要环节。并与财务预测、财务决策、财务分析一起构成财务管理系统，是财务管理系统的重要组成部分。

财务控制通常具有以下一些特征：

1. 以价值形式为控制手段。财务控制以实现财务预算为目标，而财务预算所包括的现金预算、预计利润表和预计资产负债表都是以价值形式予以反映的（即能够用货币来计量）。因此财务控制必须借助价值手段进行。

2. 以不同岗位，部门和层次的不同经济业务为综合控制对象。财务控制不是单一针对某个岗位或部门的活动，而是散布在企业经营中的一系列活动，并且与企业经营过程结合在一起，以价值为手段，将不同岗位。部门和层次的经济活动综合起来进行控制。

3. 以控制日常现金流量为主要内容。由于日常的财务活动过程表现为组织现金流量的过程，因此，控制现金流量成为日常财务控制的主要内容。在财务控制过程中要以现金预算为依据，通过编制现金流量表来考核现金流量的运行状况。

二、财务控制的分类

财务控制的分类具体见表 7-3。

表 7-3 财务控制分类表

分类标准	分类名称	具体内容
控制时间	事前财务控制	财务收支活动尚未发生之前所进行的财务控制
	事前财务控制	财务收支活动发生过程中所进行的财务控制
	事后财务控制	对财务收支活动所进行的考核及相应的奖惩
控制主体	所有者财务控制	资本所有者对经营者财务收支活动进行的控制,其目的是为实现资本保值、增值
	经营者财务控制	企业管理者对企业的财务收支活动进行的控制,其目的是实现财务预算目标,更好地控制企业的日常生产和经营
	财务部门财务控制	对企业日常财务活动所进行的控制,其目的是保证企业现金的供给
控制对象	收支控制	对企业和各责任中心的财务收入活动和财务支出活动所进行的控制;通过收支控制,使企业收入达到既定目标,而成本开支尽量减少,以实现企业利润最大化
	现金控制	对企业和各责任中心的现金流入和现金流出活动所进行的控制;其目的是控制现金流入、流出的基本平衡,既要防止因现金短缺而可能出现的支付危机,也要避免因现金沉淀而可能出现的机会成本增加
控制手段	绝对控制	对企业和责任中心的指标采用绝对额进行控制;通常对激励性指标通过绝对额控制最低限度,对约束性指标通过绝对额控制最高限度
	相对控制	对企业和责任中心的财务指标采用相对比率进行控制;通常相对控制具有反映投入与产出对比、开源与节流并重的特征

三、财务控制的方法

财务控制是内部控制的一个重要环节,财务控制要以消除隐患、防范风险、规范经营、提高效率为宗旨,建立全方位的财务控制体系和多元的财务监控措施。常用的财务控制方法主要有以下几种:

(一)财务目标控制法

财务目标控制法是指通过确定目标、分解目标,并以具体目标为依据,对公司的财务收支活动进行约束、监督和调节的一种控制方法。该方法的实施步骤如下:

1.根据财务控制的对象与要求,确定控制目标。对财务活动的具体数据的控制,一般采用计划、定额等作为控制目标：对财务收支标准的控制，可采用规定的标准作为控制目标，如管理费用可按财务制度规定的费用开支标准控制；对允许有一定幅度变动的财务收支，应采取制定最低目标与最高目标的方法控制，如存货，可规定其最高占用额和最低占用额。

2. 根据财务指标的组成因素和责任单位，分解目标，落实承包单位。例如，存货由材料，在产品和产成品组成，其对应的责任单位是供应、生产和销售部门。因此，对存货资金占用量目标的分解，要分为材料。在产品和产成品三个部分，并按供应、生产、销售三个阶段的主要负责部门落实承包单位。

（二）责任预算控制法

责任预算控制法是指把公司财务预算所确定的目标分解落实到各责任中心，编制责任预算，并以此为根据对公司的财务收支活动进行约束、监督和调节的一种控制方法。这一方法的实施步骤如下：

1. 划分责任中心，规定权责范围

所谓责任中心，是指具有一定的管理权限，并承担相应经济责任的企业内部责任单位。采用责任预算控制法时，公司要根据内部管理的实际需要，把其所属的各部门、各单位划分为若干个分工明确责权范围清晰的责任中心，并规定这些中心的负责人（包括经理。部长、厂长、主任、段长、组长甚至个人）。对他们分工负责的成本、收入、贡献毛益、税前利润、投资效益等主要经济指标向其上一级主管单位承担责任，同时赋予他们相应的经营管理决策权。

2. 编制责任预算，规定各责任中心的业绩考核标准

编制责任预算是指把公司预算所确定的生产经营总目标，按责任中心进行层层分解、落实，并为每个责任中心编制具体的责任预算。责任预算由各级责任单位分别编制，由下至上连级进行。责任预算既是公司今后控制各责任中心经济活动的依据，又是评价各责任中心工作业绩的标准。

3. 组织责任核算，编制业绩报告

责任中心及其责任预算确定以后，要相应地按责任中心建立一套完整的日常记录、计算和积累有关责任预算执行情况的信息系统，并定期编制业绩报告，以对各个责任中心的工作成果进行全面的分析、评价。

（三）财务定额控制法

财务定额控制法是指通过确定定额，并以定额为根据对公司某些财务收支活动进行约束，监督和调节的一种控制方法。这种方法是财务控制中应用得最广泛的方法之一。其定额有资金定额，费用定额、物资消耗定额等。由于定额本身就是控制的标准，具有一定的强制性，因而公司在制定有关定额时一定要科学、合理，对已不适应的定额要及时修订。

（四）财务制度控制法

财务制度控制法是指通过制定财务制度，从合法性和合理性上对公司某些财务收支活动进行约束、监督和调节的一种控制方法。

财务制度按内容进行分类，可分为资本金。成本，收入、利润等方面的制度；按运用范围进行分类，可分为国家、部门、行业财务制度和公司内部财务制度。

由于制度带有强制性，公司内部各部门必须遵照执行，因此，为了减少执行不适当的制度而给公司带来消极影响的可能性，除了国家法令、条例等法规性制度以外，公司在制定内部财务制度时，应注意制度本身的科学性和合理性。

四、财务控制的基础

财务控制的基础是指进行财务控制必须具备的基本条件，主要包括以下几个方面：

1. 形成组织体系保证

财务控制的首要基础是要确立控制主体，即建立财务控制的组织体系，以保证控制的有效性。企业可以根据具体情况和内部管理实际需要，建立相应的组织机构。例如，为了确定财务预算，应建立决策和预算编制机构；为了将财务预算分解落实到各部门，各层次、各岗位，应建立各种责任中心；为了便于内部结算，应建立相应的内部结算组织（内部银行）；为了考评预算的执行结果，应建立相应的考评机构。这些机构可根据规模的大小、任务量的多少、职能的属性进行合理合并，进而实现最有效的控制。

2. 建立和健全制度基础

财务控制需要一系列的制度予以保证。企业应建立健全各种内部控制制度。内部控制制度是指企业为了顺利实施控制过程所进行的组织机构的设计、控制手段和各种措施的制定和实施，如企业采用的内部结算制度、内部经济仲裁制度、业绩报告制度、人事制度和考核奖惩制度等。这些方法和制度可以提高控制效率，促使财务控制高效。有序地进行。

3. 明确各级目标

财务控制必须以健全的财务目标为依据，明确应该实现的各级目标。总体来讲，这些目标可以通过财务目标、财务项算、财务制度来体现。例如，财务预算能够满足企业经营目标的要求，同时又能使决策目标具体化、系统化、定量化。量化的财务预算目标可以成为日常控制和业绩考核的依据。财务预算目标的制定应客观、务实，并层层分解落实到各责任中心。促使成为控制各责任中心经济活动的标准。如果财务预算所确定的目标严重偏离实际，财务控制就无法达到预定的目的。

4. 建立责任会计核算体系

企业的财务预算通过责任中心形成责任预算，而责任预算和总预算的执行情况都必须由会计核算来提供。通过责任会计的核算，及时提供相关信息，以正确地考核与评价责任中心的工作业绩。通过责任会计汇总核算，了解企业财务预算的执行情况，分析存在的问题及原因，为提高企业的财务控制水平和正确的财务决策提供依据。

5. 建立反应灵敏的信息反馈系统

信息的准确和及时是实施财务控制的基本保障。财务控制是一个动态的控制过程，要确保财务预算的贯彻落实，就必须对预算的执行情况进行跟踪监控，及时发现问题，随时调整执行偏差。为此，必须建立一个反应灵敏的信息反馈系统。

6. 制定奖罚制度并严格执行

奖罚制度，是确保企业财务控制长期有效运行的重要因素。一般而言，人的工作努力程度往往受到业绩评价和奖助办法的极大影响。通过制定恰当的奖罚制度，明确业绩与奖罚之间的关系，可以有效地引导人们约束自己的行为，争取取得尽可能好的业绩。此外，奖罚制度的制定，还要体现财务预算目标要求，要体现公平、合理和有效的原则，要体现过程考核与结果考核的结合，真正发挥奖罚制度在企业则财务控制中应有的作用。

第八章 业绩评价

第一节 业绩评价概述

一、业绩评价的意义

业绩评价，是指运用数理统计和运筹学的方法，通过建立综合评价指标体系，对照相应的评价标准，定量分析与定性分析相结合，对企业一定经营期间的获利能力、资产质量、债务风险以及经营增长等经营业绩和努力程度的各方面进行的综合评判。

科学地评价企业业绩，可以为出资人行使经营者的选择权提供重要依据；可以有效地加强对企业经营者的监管和约束；可以为有效地激励企业经营者提供可靠保证；还可以为政府有关部门、债权人、企业职工等利益相关方提供有效的信息支持。

二、业绩评价的内容

业绩评价由财务业绩定量评价和管理业绩定性评价两部分组成。

财务业绩定量评价

财务业绩定量评价是指对企业一定期间的获利能力、资产质量、债务风险和经营增长等四个方面进行定量对比分析和评判。

1. 企业获利能力分析与评判是通过资本及资产报酬水平、成本费用控制水平和经营现金流量状况等方面的财务指标，综合反映企业的投入产出水平以及盈利质量和现金保障状况。

2. 企业资产质量分析与评判主要通过资产周转速度、资产运行状态、资产结构以及资产有效性等方面的财务指标，综合反映企业所占用经济资源的利用效率、资产管理水平和资产的安全性。

3. 企业债务风险分析与评判主要通过债务负担水平、资产负债结构、或有负债情况、现金偿债能力等方面的财务指标，综合反映企业的债务水平、偿债能力及其面临的债务风险。

4. 企业经营增长分析与评判主要通过销售增长、资本积累、效益变化以及技术投入等方面的财务指标，综合反映企业的经营增长水平及发展后劲。

（二）管理业绩定性评价

管理业绩定性评价是指在企业财务业绩定量评价的前提下，通过采取专家评议的方式，对企业一定期间的经营管理水平进行定性分析和综合评判。

三、评价指标

业绩评价指标由财务业绩定量评价指标和管理业绩定性评价指标两大体系构成。确定各项具体指标之后，再分别分配以不同的权重，使之成为一个完整的指标体系。

（一）财务业绩定量评价指标

财务绩效定量评价指标由反映企业获利能力状况、资产质量状况、债务风险状况和经营增长状况等四方面的基本指标和修正指标构成，用于综合评价企业财务会计报表所反映的经营绩效状况。

财务业绩定量评价指标依据各项指标的功能作用划分为基本指标和修正指标。其中，基本指标反映企业一定期间财务业绩的主要方面，并得出企业财务业绩定量评价的基本结果。修正指标是依据财务指标的差异性和互补性，对基本指标的评价结果做进一步的补充和矫正。

1. 企业获利能力指标。企业获利能力状况以净资产收益率、总资产报酬率两个基本指标和销售（营业）利润率、盈余现金保障倍数、成本费用利润率、资本收益率四个修正指标进行评价，主要反映企业一定经营期间的投入产出水平和盈利质量。

2. 企业资产质量指标。企业资产质量状况以总资产周转率、应收账款周转率两个基本指标和不良资产比率、流动资产周转率、资产现金回收率三个修正指标进行评价，主要反映企业所占用经济资源的利用效率、资产管理水平与资产的安全性。

3. 企业债务风险指标。企业债务风险状况以资产负债率、已获利息倍数两个基本指标和速动比率、现金流动负债比率、带息负债比率、或有负债比率四个修正指标进行评价，主要反映企业的债务负担水平、偿债能力及其面临的债务风险。

4. 企业经营增长指标。企业经营增长状况以销售（营业）增长率、资本保值增值率两个基本指标和销售（营业）利润增长率、总资产增长率、技术投入比率三个修正指标，主要反映企业的经营增长水平、资本增值状况及发展后劲。

（二）管理业绩定性评价指标

管理业绩定性评价指标包括企业发展战略的确立与执行、经营决策、发展创新、风险控制、基础管理、人力资源、行业影响、社会贡献等八个方面的指标，主要反映企业在一定经营期间所采取的各项管理措施及其管理成效。

1. 战略管理评价主要反映企业所制订战略规划的科学性，战略规划是否符合企业实际，员工对战略规划的认知程度，战略规划的保障措施及其执行力，以及战略规划的实施效果等方面的情况。

2. 发展创新评价主要反映企业在经营管理创新、工艺革新、技术改造、新产品开发、品牌培育、市场拓展、专利申请及核心技术研发等方面的措施及成效。

3. 经营决策评价主要反映企业在决策管理、决策程序、决策方法、决策执行、决策监督、责任追究等方面采取的措施及实施效果，重点反映企业是否存在重大经营决策失误。

4. 风险控制评价主要反映企业在财务风险、市场风险、技术风险、管理风险、信用风险和道德风险等方面的管理与控制措施及效果，包括风险控制标准、风险评估程序、风险防范与化解措施等。

5. 基础管理评价主要反映企业在制度建设、内部控制、重大事项管理、信息化建设、标准化管理等方面的情况，包括财务管理、对外投资、采购与销售、存货管理、质量管理、安全管理、法律事务等。

6. 人力资源评价主要反映企业人才结构、人才培养、人才引进、人才储备、人事调配、员工绩效管理、分配与激励、企业文化建设、员工工作热情等方面的情况。

7. 行业影响评价主要反映企业主营业务的市场占有率、对国民经济及区域经济的影响与带动力、主要产品的市场认可程度、是否具有核心竞争能力以及产业引导能力等方面的情况。

8. 社会贡献评价主要反映企业在资源节约、环境保护、吸纳就业、工资福利、安全生产、上缴税收、商业诚信、和谐社会建设等方面的贡献程度和社会责任的履行情况。

企业管理绩效定性评价指标应当依据评价工作需要做进一步细化，能够量化的应当采用量化指标进行反映。

四、评价标准

业绩评价标准分为财务业绩定量评价标准和管理业绩定性评价标准，通常由政府等权威部门统一测算和发布。

（一）财务业绩定量评价标准

财务业绩定量评价标准包括国内行业标准和国际行业标准。国内行业标准根据国内企业年度财务和经营管理统计数据，运用数理统计方法，分年度、分行业、分规模统一测算。国际行业标准根据居于行业国际领先地位的大型企业相关财务指标实际值，或者根据同类型企业组相关财务指标的先进值，在剔除会计核算差异后统一测算。其中，行业分类按照国家统一颁布的国民经济行业分类标准结合企业实际情况进行划分。

财务业绩定量评价标准按照不同行业、不同规模及指标类别，划分为优秀（A）、良好（B）、平均（C）、较低（D）和较差（E）五个档次。对应这五档评价标准的标准系数分别为 1.0、0.8、0.6、0.4、0.2。

（二）管理业绩定性评价标准

管理业绩定性评价标准根据评价内容，结合企业经营管理的实际水平和出资人监管要求等统一测算，并划分为优、良、中、低和差五个档次。

管理业绩定性评价标准具有行业普遍性和一般性，在进行评价时，应当根据不同行业的经营特点，灵活把握个别指标的标准尺度。对于定性评价标准没有列示，但对被评价企业经营绩效产生重要影响的因素，在评价时也应予以考虑。

五、评价方法

业绩评价分为三个大的步骤，首先进行财务业绩定量评价，然后在财务定量评价结果的基础上，进行管理业绩定性评价，最后将财务业绩定量评价和管理业绩定性评价的结果结合在一起，计算综合业绩评价分值，形成综合评价结果。

（一）财务业绩定量评价方法

财务业绩定量评价是运用功效系数法的原理，以企业评价指标实际值对照企业所处行业（规模）标准值，依据既定的计分模型进行定量测算。其基本步骤如下：

1.提取相关数据，加以调整，计算各项指标实际值。财务业绩定量评价的基本数据资料主要为企业评价年度财务会计报表。为了客观、公正地评价企业业绩，保证评价基础数据的真实、完整、合理。在实施评价前通常应当对基础数据进行核实，视实际情况按照重要性和可比性原则进行适当调整。在此基础上，运用前文列出的各项指标的计算公式，确定各项指标实际值。

2.确定各项指标标准值。各项指标的标准值是有关权威部门运用数理统计方法，分年度、分行业、分规模统一测算和发布的。企业通常可以根据自己的主营业务领域对照国家规定的行业基本分类，选择适用于自己的行业标准值。

3.按照既定模型对各项指标评价计分。前已提及，财务业绩评价指标包括基本指标和修正指标，两种指标的计分模型是不同的。

（1）财务绩效定量评价基本指标计分是按照功效系数法计分原理，将评价指标实际值对照行业评价标准值，按照既定的计分公式计算各项基本指标得分。计算公式为：

基本指标总得分 = ∑单项基本指标得分

单项基本指标得分 = 本档基础分 + 调整分

本档基础分 = 指标权数 × 本档标准系数

调整分 = 功效系数 ×（上档基础分 - 本档基础分）

上档基础分 = 指标权数 × 上档标准系数

功效系数 =（实际值 - 本档标准值）/（上档标准值 - 本档标准值）

本档标准值是指上下两档标准值居于较低等级一档。

（2）财务绩效定量评价修正指标的计分是在基本指标计分结果的基础上，运用功效系数法原理，分别计算获利能力、资产质量、债务风险和经营增长四个部分的综合修正系数，再据此计算出修正后的分数。计算公式为：

修正后总得分 = ∑各部分修正后得分

各部分修正后得分 = 各部分基本指标分数 × 该部分综合修正系数

某部分综合修正系数 = ∑该部分各修正指标加权修正系数

某指标加权修正系数 = 修正指标权数 / 该部分权数 × 该指标单项修正系数

某指标单项修正系数 =1.0+（本档标准系数＋功效系数 ×0.2-该部分基本指标分析系数）单项修正系数控制修正幅度为 0.7~1.3。

某部分基本指标分析系数 = 该部分基本指标得分 / 该部分权数

需要说明的是，在计算修正指标单项修正系数过程中，对于一些特殊情况需进行调整：

①如果修正指标实际值达到优秀值以上，其单项修正系数的计算公式如下：单项修正系数 =1.2+ 本档标准系数—该部分基本指标分析系数

②如果修正指标实际值处于较差值以下，其单项修正系数的计算公式如下：单项修正系数 =1.0，该部分基本指标分析系数

③如果资产负债率≥ 100%，指标得 0 分；其他情况按照规定的公式计分。

④如果盈余现金保障倍数分子为正数，分母为负数，单项修正系数确定为 1.1；如果分子为负数，分母为正数，单项修正系数确定为 0.9；如果分子分母同为负数，单项修正系数确定为 0.8。

⑤如果不良资产比率≥ 100% 或分母为负数，单项修正系数确定为 0.8。

⑥对于营业利润增长率指标，如上年主营业务利润为负数，本年为正数，单项修正系数为 1.1；如上年主营业务利润为零本年为正数，或者上年为负数本年为零，单项修正系数确定为 1.0。

⑦如果个别指标难以确定行业标准，则该指标单项修正系数确定为 1.0。

4. 计算财务业绩评价分值，形成评价结果。在计算出财务业绩定量评价分值的基础上，需要对定量评价进行深入分析，诊断企业经营管理中存在的薄弱环节，形成评价结果。

（二）管理业绩定性评价方法

管理业绩定性评价是运用综合分析判断法的原理，根据评价期间企业管理业绩状况等相关因素的实际情况，依照管理业绩定性评价参考标准，对企业管理业绩指标进行分析评议，确定评价分值。其基本步骤如下：

1. 收集整理相关资料。为了深入了解企业的管理业绩状况，可以通过问卷调查、访谈等方式，充分收集并认真整理管理业绩评价的有关资料。财务业绩定量评价结果也是进行管理业绩定性评价的重要资料之一。

2. 参照管理业绩定性评价标准，分析企业管理业绩状况。

3. 对各项指标评价计分。管理业绩定性评价指标的计分一般通过专家评议打分完成

（聘请的专家通常应不少于 7 名）；评议专家应当在充分了解企业管理绩效状况的前提下，根据评价参考标准，采取综合分析判断法，对企业管理绩效指标做出分析评议，评判各项指标所处的水平档次，并直接给出评价分数。其计算公式如下：

管理业绩定性评价指标分数=∑单项指标分数

单项指标分数=（∑每位专家给定的单项指标分数）/专家人数

4. 计算管理业绩评价分值，形成评价结果。

管理绩效定性评价工作的最后是汇总管理绩效定性评价指标得分，形成定性评价结论。

（三）计算综合业绩评价分值，形成综合评价结果

根据财务业绩定量评价结果和管理业绩定性评价结果，依照既定的权重和计分方法，计算出业绩评价总分，并考虑相关因素进行调整后，得出企业综合业绩评价分值。其计算公式如下：

综合业绩评价分值 = 财务业绩定量评价分数 × 70%+ 管理业绩定性评价分数 × 30%

综合评价结果是根据企业综合业绩评价分值及分析得出的评价结论，可以评价得分、评价类型和评价级别表示。评价类型是根据评价分数对业绩评价所划分的水平档次，分为优（A）、良（B）、中（C）、低（D）、差（E）五个等级。评价级别是对每种类型再划分级次，以体现同一评价类型的差异，采用字母和在字母右上端标注 "++" "+" "-" 的方式表示。

六、综合评价报告

综合评价报告是根据业绩评价结果编制、反映被评价企业业绩状况的文件，由报告正文和附件构成。

综合评价报告正文应当包括评价目的、评价依据与评价方法、评价过程、评价结果以及评论结论、需要说明的重大事项等内容。综合评价报告附件应当包括企业经营业绩分析报告、评价结果计分表、问卷调查结果分析、专家咨询报告、评价基础数据及调整情况等内容。

第二节　责任中心与业绩考核

建立责任中心、编制和执行责任预算、考核和监控责任预算的执行情况是企业实行财务控制的一种有效的手段，又称为责任中心财务控制。

一、责任中心的含义与特征

责任中心就是承担一定经济责任，并享有一定权利和利益的企业内部责任单位。

企业为了实行有效的内部协调与控制，通常都按照统一领导、分级管理的原则，在其

内部合理划分责任单位，明确各责任单位应承担的经济责任、应有的权利，促使各责任单位尽其责任协同配合，实现企业预算总目标。同时，为了确保预算的贯彻落实和最终实现，必须把总预算中确定的目标和任务，按照责任中心逐层进行指标分解，形成责任预算，使各个责任中心据以明确目标和任务。

责任预算执行情况的揭示和考评可以通过责任会计来进行，责任会计围绕各个责任中心，把衡量工作成果的会计同企业生产经营的责任制紧密结合起来，成为企业内部控制体系的重要组成部分。因此，建立责任中心是实行责任预算和责任会计的基础。

责任中心通常具有以下特征：

1.责任中心是一个责权利结合的实体。它意味着每个责任中心都要对一定的财务指标承担完成的责任。同时，赋予责任中心与其所承担责任的范围和大小相适应的权力，并规定出相应的业绩考核标准和利益分配标准。

2.责任中心具有承担经济责任的条件。它有两方面的含义：一是责任中心要有履行经济责任中各条款的行为能力；二是责任中心一旦不能履行经济责任，能对其后果承担责任。

3.责任中心所承担的责任和行使的权力都应是可控的。每个责任中心只能对其责权范围内可控的成本、收入、利润和投资负责，在责任预算和业绩考评中也只应包括他们能控制的项目。可控是相对于不可控而言的，不同的责任层次，其可控的范围并不一样。通常而言，责任层次越高，其可控范围也就越大。

4.责任中心具有相对独立的经营业务和财务收支活动。它是确定经济责任的客观对象，是责任中心得以存在的前提条件。

5.责任中心便于进行责任会计核算或单独核算。责任中心不仅要划清责任，而且要单独核算。划清责任是前提，单独核算是保证。只有既划清责任又能进行单独核算的企业内部单位才能作为一个责任中心。

二、责任中心的类型和考核指标

根据企业内部责任中心的权责范围及业务活动的特点不同，责任中心可以分为成本中心、利润中心和投资中心三大类型。

（一）成本中心

1.成本中心的含义

成本中心是对成本或费用承担责任的责任中心，它不会形成可以用货币计量的收入，因而不对收入、利润或投资负责。成本中心一般包括负责产品生产的生产部门、劳务提供部门以及给予一定费用指标的管理部门。

成本中心的应用范围最广，从一般意义出发，企业内部凡有成本发生，需要对成本负责，并能实施成本控制的单位，都可以成为成本中心。工业企业，上至工厂一级，下至车间、工段、班组，甚至个人都有可能成为成本中心。成本中心的规模不一，多个较小的成本中心共同组成一个较大的成本中心，多个较大的成本中心又能共同构成一个更大的成本中心。进而，在企业形成一个逐级控制，并层层负责的中心体系。规模大小不一和层次不同的成本中心，其控制和考核的内容也不尽相同。

2. 成本中心的类型

成本中心分为技术性成本中心和酌量性成本中心。技术性成本是指发生的数额通过技术分析可以相对可靠地估算出来的成本，如，产品生产过程中发生的直接材料、直接人工、间接制造费用等。其特点是这种成本的发生可以为企业提供一定的物质成果，在技术上投入量与产出量之间有着密切的联系。技术性成本可以通过弹性预算予以控制。

酌量性成本是否发生以及发生数额的多少是由管理人员的决策所决定的，主要包括各种管理费用和某些间接成本项目，如研究开发费用、广告宣传费用、职工培训费用等。这种费用发生主要是为企业提供一定的专业服务，通常不能产生可以用货币计量的成果。在技术上，投入量与产出量之间没有直接关系。酌量性成本的控制应着重于预算总额的审批上。

3. 成本中心的特点

成本中心相对于利润中心和投资中心有自身的特点，主要表现在：

（1）成本中心只考评成本费用而不考评收益。成本中心一般不具备经营权和销售权，其经济活动的结果不会形成可以用货币计量的收入；有的成本中心可能有少量的收入，但整体上讲，其产出与投入之间不存在密切的对应关系，因此，这些收入不作为主要的考核内容，也不必计算这些货币收入。概括地说，成本中心只以货币形式计量投入，不以货币形式计量产出。

（2）成本中心只对可控成本承担责任。成本费用依其责任主体是否能控制分为可控成本与不可控成本。凡是责任中心能控制其发生及其数量的成本称为可控成本；凡是责任中心不能控制其发生及其数量的成本称为不可控成本。具体来说，可控成本必须同时具备以下四个条件：一是可以预计，即成本中心能够事先知道将发生哪些成本以及在何时发生；二是可以计量，即成本中心能够对发生的成本进行计量；三是可以施加影响，即成本中心能够通过自身的行为来调节成本；四是可以落实责任，即成本中心能够将有关成本的控制责任分解落实，并进行考核评价。凡不能同时具备上述四个条件的成本通常为不可控成本；属于某成本中心的各项可控成本之和即构成该成本中心的责任成本。从考评的角度看，成本中心工作成绩的好坏，应以可控成本作为主要依据，不可控成本核算只有参考意义。在确定责任中心的成本责任时，应尽可能使责任中心发生的成本成为可控成本。

成本的可控与不可控是以特定的责任中心和特定的时期作为出发点的，这与责任中心所处管理层次的高低、管理权限及控制范围的大小和经营期间的长短有直接关系。首先，成本的可控与否，与责任中心的权力层次有关。某些成本对于较高层次的责任中心或高级领导来说是可控的，对于其下属的较低层次的责任中心或基层领导而言，就可能是不可控的。反之，较低层次责任中心或基层领导的不可控成本，则可能是其所属较高层次责任中心或高级领导的可控成本。对企业来说，几乎所有的成本都是可控的，而对于企业下属各层次、各部门乃至个人来说，则既有各自的可控成本，又有各自的不可控成本。其次，成本的可控与否，与责任中心的管辖范围有关。某项成本就某一责任中心来看是不可控的，而对另一个责任中心可能是可控的，这不仅取决于该责任中心的业务内容，而且也取决于该责任中心所管辖的业务内容的范围。如产品试制费，从产品生产部门看：是不可控的，而对研发部门来说就是可控的。但如果新产品试制也归口由生产部门负责进行，则试制费又成了生产部门的可控成本。最后，某些从短期看属于不可控的成本，从较长的期间看，又成了可控成本。现有生产设备的折旧，在设备原价和折旧方法既定的条件下，该设备继续使用时，就具体使用它的部门来说，折旧是不可控的；但当现有设备不能继续使用，要用新的设备来代替它时，新设备的折旧则取决于设备更新所选用设备的价格及正常使用寿命，从这时看，新设备的折旧又成为可控成本。

此外，在责任控制中，应尽可能把各项成本落实到各成本中心，使之成为各成本中心的可控成本。而对那些工时难以确认为某一特定成本中心的可控成本，则可以通过各种方式与有关成本中心协商，共同承担风险，借以克服由于风险责任或难以控制而产生的种种问题和避免出现相互推诿和扯皮现象。对确实不能确认为某一成本中心的成本费用，则由企业控制或承担。

值得说明的是，成本不仅可按可控性分类，也可按其他标志分类。通常说来，成本中心的变动成本大多是可控成本，而固定成本大多是不可控成本。但也不完全如此，还应结合有关情况具体分析。管理人员工资属固定成本，但其发生额可以在一定程度上为部门负责人所决定或影响，因而，也可能作为可控成本；从成本的发生同各个成本中心的关系来看，各成本中心直接发生的成本是直接成本，其他部门分配的成本是间接成本。一般而言，直接成本大多是可控成本，间接成本大多是不可控成本。尽管如此，也要具体情况具体分析，一个成本中心使用的固定资产所发生的折旧费是直接成本，但不是可控成本。从其他部门分配来的间接成本又可分为两类：一类是某些服务部门为生产部门提供服务，只为生产部门正常开展生产活动提供必要的条件，与生产活动本身并无直接联系，如人事部门所提供的服务；另一类是某些服务部门提供的服务是生产部门在生产中耗用的，可随生产部门的生产需要而改变，如动力电力部门提供的服务。通常而言，前一种间接成本属于不可控成本；后一种间接成本如果采用按各成本中心实际耗用量进行分配，就是各成本中心的可控成本。

（3）成本中心只对责任成本进行考核和控制。责任成本是各成本中心当期确定或发生的各项可控成本之和。它可分为预算责任成本和实际责任成本。前者是指由预算分解确定的各责任中心应承担的责任成本；后者是指各责任中心从事业务活动实际发生的责任成本。对成本费用进行控制，应以各成本中心的预算责任成本为依据，确保实际责任成本不会超过预算责任成本；对成本中心进行考核，应通过各成本中心的实际责任成本与预算责任成本进行比较，确定其成本控制的绩效，并采取相应的奖惩措施。

4. 成本中心的考核指标

成本中心的考核指标主要采用相对指标和比较指标，包括成本（费用）变动额和变动率两指标，其计算公式是：

成本（费用）变动额=实际责任成本（费用）—预算责任成本（费用）

成本（费用）变动率=成本（费用）变动额/预算责任成本（费用）×100%

在进行成本中心考核时，如果预算产量与实际产量不一致，应注重按弹性预算的方法先行调整预算指标，之后再按上述公式计算。

（二）利润中心

1. 利润中心的含义

利润中心是指既对成本负责又对收入和利润负责的区域，它有独立或相对独立的收入和生产经营决策权。

利润中心通常处于企业内部的较高层次，如分厂、分店、分公司，一般具有独立的收入来源或能视同为一个有独立收入的部门，一般还具有独立的经营权。利润中心与成本中心相比，其权力和责任都相对较大，它不仅要绝对地降低成本，而且更要寻求收入的增长，并使之超过成本的增长。换言之，利润中心对成本的控制是联系着收入进行的，它强调相对成本的节约。

2. 利润中心的类型

利润中心分为自然利润中心与人为利润中心两种。

（1）自然利润中心。它是指可以直接对外销售产品并取得收入的利润中心。这种利润中心本身直接面向市场，具有产品销售权、价格制定权、材料采购权和生产决策权。它虽然是企业内的一个部门，但其功能同独立企业相近。最典型的形式就是公司内的事业部，每个事业部均有销售、生产、采购的机能，有很大的独立性，能独立的控制成本、取得收入。

（2）人为利润中心。它是指只对内部责任单位提供产品或劳务而取得"内部销售收入"的利润中心。这种利润中心一般不直接对外销售产品。

成为人为利润中心应具备两个条件：①该中心可以向其他责任中心提供产品（含劳务）；②能为该中心的产品确定合理的内部转移价格，以实现公平交易、等价交换。

工业企业的大多数成本中心都可以转化为人为利润中心。人为利润中心一般也应具备相对独立的经营权，即能自主决定本利润中心的产品品种（含劳务）、产品质量、作业方法、人员调配、资金使用等。

3. 利润中心的成本计算

利润中心对利润负责，必然要考核和计算成本，以便正确计算利润，作为对利润中心业绩评价与考核的可靠依据。对利润中心的成本计算，通常有两种方式可供选择：

（1）利润中心只计算可控成本，不分担不可控成本，亦即不分摊共同成本。这种方式主要适应于共同成本难以合理分摊或无须进行共同成本分摊的场合，按这种方式计算出的盈利不是通常意义上的利润，而是相当于"边际贡献总额"。企业各利润中心的"边际贡献总额"之和，减去未分配的共同成本，经过调整后才是企业的利润总额。采用这种成本计算方式的"利润中心"，实质上已不是完整和原来意义上的利润中心，而是边际贡献中心。人为利润中心适合采取这种计算方式。

（2）利润中心不仅计算可控成本，也计算不可控成本。这种方式适用于共同成本易于合理分摊或不存在共同成本分摊的场合。这种利润中心在计算时，如果采用变动成本法，应先计算出边际贡献（或称贡献毛益），再减去固定成本，才是税前利润；如果采用完全成本法，利润中心可以直接计算出税前利润。各利润中心的税前利润之和，就是全企业的利润总额。自然利润中心适合采取这种计算方式。

4.利润中心的考核指标

利润中心的考核指标为利润，通过比较一定期间实际实现的利润与责任预算所确定的利润，可以评价其责任中心的业绩。然而由于成本计算方式不同，各利润中心的利润指标的表现形式也不相同。

（1）当利润中心不计算共同成本或不可控成本时，其考核指标是利润中心边际贡献总额，该指标等于利润中心销售收入总额与可控成本总额（或变动成本总额）的差额。值得说明的是，如果可控成本中包含可控固定成本，就不完全等于变动成本总额。但通常而言，利润中心的可控成本是变动成本。

（2）而当利润中心计算共同成本或不可控成本，并采取变动成本法计算成本时，其考核指标包括：利润中心边际贡献总额；利润中心负责人可控利润总额；利润中心可控利润总额等。

利润中心边际贡献总额=该利润中心销售收入总额-该利润中心变动成本总额

利润中心负责人可控利润总额 = 该利润中心 / 边际贡献总额 - 该利润中心负责人可控固定成本

利润中心可控利润总额 = 该利润中心负责人可控利润总额 - 该利润中心负责人不可控固定成本

公司利润总额 = 各利润中心可控利润总额之和 - 公司不可分摊的各种管理（财务）费用为了考核利润中心负责人的经营业绩，应针对经理人员的可控成本费用进行评价和考核。这就需要将各利润中心的固定成本区分为可控成本和不可控成本。这主要考虑有些成本费用可以划归、分摊到有关利润中心，却不能为利润中心负责人所控制，如广告费、保险费等。在考核利润中心负责人业绩时，应将其不可控的固定成本从中剔除。

（三）投资中心

1.投资中心的含义

投资中心是指既对成本、收入和利润负责，又对投资效果负责的责任中心。投资中心同时也是利润中心。它与利润中心的区别主要有两个：一是权利不同，利润中心没有投资决策权，它只是在企业投资形成后进行具体的经营；而投资中心则不仅在产品生产和销售上享有较大的自主权，而且能够相对独立地运用所掌握的资产，有权购建或处理固定资产，扩大或缩减现有的生产能力。二是考核办法不同，考核利润中心业绩时，不联系投资多少或占用资产的多少，即不进行投入产出的对比；相反，考核投资中心业绩时，必须将所获得的利润与所占用的资产进行比较。

投资中心是最高层次的责任中心，它具有最大的决策权，也承担最大的责任。投资中心的管理特征是较高程度的分权管理。通常而言，大型集团所属的子公司、分公司、事业部往往都是投资中心。在组织形式上，成本中心一般不是独立法人，利润中心可以是，也可以不是独立法人，而投资中心一般是独立法人。

由于投资中心独立性较高，它一般应向公司的总经理或董事会直接负责。对于投资中心不应干预过多，应使其享有投资权和较为充分的经营权；投资中心在资产和权益方面应与其他责任中心划分清楚。如果对投资中心干预过多，或者其资产和权益与其他责任中心划分不清，出现互相扯皮的现象，也无法对其进行准确的考核。

2. 投资中心的考核指标

为了准确地计算各投资中心的经济效益，应该对各投资中心共同使用的资产划定界限；对共同发生的成本按适当的标准进行分配；各投资中心之间相互调剂使用的现金、存货、固定资产等均应计息清偿，实行有偿使用。在此基础上，根据投资中心应按投入产出之比进行业绩评价与考核的要求，除考核利润指标外，更需要计算和分析利润与投资额的关系性指标，即投资利润率和剩余收益。

①投资利润率。投资利润率又称投资收益率，是指投资中心所获得的利润与投资额之间的比率，可用于评价和考核由投资中心掌握、使用的全部净资产的获利能力。其计算公式为：

$$投资利润率=利润/投资额 \times 100\%$$

投资利润率这一指标，还可进一步展开：

$$投资利润率=（销售收入/投资额）\times（成本费用/销售收入）\times（利润/成本费用）=资本周转率 \times 销售成本率 \times 成本费用利润率$$

以上公式中投资额是指投资中心的总资产扣除负债后的余额，即投资中心的净资产。所以，该指标也可以称为净资产利润率，它主要说明投资中心运用"公司产权"供应的每一元资产对整体利润贡献的大小，或投资中心对所有者权益的贡献程度。

为了考核投资中心的总资产运用状况，也可以计算投资中心的总资产息税前利润率。它是投资中心的息税前利润除以总资产占用额。总资产是指生产经营中占用的全部资产。因资金来源中包含了负债，相应分子也要采用息税前利润，它是利息加利润总额。投资利润率按总资产占用额计算，主要用于评价和考核由投资中心掌握、使用的全部资产的获利能力。值得说明的是，由于利润或息税前利润是期间性指标，故上述投资额或总资产占用额应按平均投资额或平均占用额计算。

投资利润率是广泛采用的评价投资中心业绩的指标，它的优点如下：一是投资利润率能反映投资中心的综合获利能力。从投资利润率的分解公式可以看出，投资利润率的高低与收入、成本、投资额和周转能力有关，提高投资利润率应通过增收节支、加速周转，减少投入来实现。二是投资利润率具有横向可比性。投资利润率将各投资中心的投入与产出进行比较，剔除了因投资额不同而导致的利润差异的不可比因素，有助于进行各投资中心经营业绩的比较。三是投资利润率可以作为选择投资机会的依据有利于调整资产的存量，优化资源配置。四是以投资利润率作为评价投资中心经营业绩的尺度，可以正确引导投资中心的经营管理行为，使其行为长期化。由于该指标反映了投资中心运用资产并使资产增值的能力，如果投资中心资产运用不当，会增加资产或投资占用规模，也会降低利润。因此，以投资利润率作为评价与考核的尺度，将促进各投资中心盘活闲置资产，减少不合理资产占用，及时处理过时、变质、毁损资产等。

概括来说，投资利润率的主要优点是能促使管理者像控制费用一样地控制资产占用或投资额的多少，综合反映一个投资中心全部经营成果。但是该指标也有其局限性。一是世界性的通货膨胀，使企业资产账面价值失真、失实，以致相应的折旧少计，利润多计，使计算的投资利润率无法揭示投资中心的实际经营能力。二是使用投资利润率往往会使投资中心只顾本身利益而放弃对整个企业有利的投资机会，造成投资中心的近期目标与整个企业的长远目标相背离。各投资中心为达到较高的投资利润率，可能会采取减少投资的行为。三是投资利润率的计算与资本支出预算所用的现金流量分析方法不一致，不便于投资项目建成投产后与原定目标的比较。最后，从控制角度看，由于一些共同费用无法为投资中心所控制投资利润率的计量不全是投资中心所能控制的。为了克服投资利润率的某些缺陷，应采用剩余收益作为评价指标。

②剩余收益。剩余收益是一个绝对数指标，是指投资中心获得的利润扣减其最低投资收益后的余额。最低投资收益是投资中心的投资额（或资产占用额），按规定或预期的最低报酬率计算的收益。其计算公式如下：

剩余收益 = 利润 - 投资额 × 预期的最低投资报酬率

如果预期指标是总资产息税前利润率时，则剩余收益计算公式应作相应调整，其计算公式如下：

剩余收益 = 息税前利润 - 总资产占用额 × 预期总资产息税前利润率

这里所说的预期的最低报酬率或总资产息税前利润率通常是指企业为保证其生产经营正常、持续进行所必须达到的最低报酬水平。

以剩余收益作为投资中心经营业绩评价指标时，只要投资中心的某项投资，其投资利润率大于预期的最低投资报酬率，那么该项投资便是可行的（或者投资中心的总资产息税前利润率大于预期的最低总资产息税前利润率，那么资产的占用便是可行的）。

剩余收益指标具有两个特点：一是体现了投入与产出的关系。由于减少投资（或降低资产占用）同样可以达到增加剩余收益的目的，因而与投资利润率一样，该指标也可以用于全面评价与考核投资中心的业绩；二是避免本位主义。剩余收益指标避免了投资中心狭隘的本位倾向，即单纯追求投资利润率而放弃一些对企业整体有利的投资机会。以剩余收益作为衡量投资中心工作成果的尺度，投资中心将会尽量提高剩余收益，即，只要有利于增加剩余收益绝对额，投资行为就是可取的，而不只是尽量提高投资利润率。

随着市场竞争日趋激烈，市场销售工作也日趋重要。为了强化销售功能，加强收入管理，及时收回账款、控制坏账，在不少企业设置了以推销产品为主要职能的责任中心—收入中心。这种中心只对产品或劳务的销售收入负责，如公司所属的销售分公司或销售部。虽然这些从事销售工作的机构也发生销售费用，但由于其主要职能是进行销售，因此以收入来确定其经济责任更为恰当。对销售费用，可以采用简化的核算，只需根据弹性预算方法确定即可。

综上所述，责任中心根据其控制区域和权责范围的大小，分为成本中心、利润中心和投资中心三种类型占它们各自不是孤立存在的，每个责任中心承担经管责任。最基层的成本中心应就其经营的可控成本向其上层成本中心负责；上层的成本中心应就其本身的可控成本和下层转来的责任成本一并向利润中心负责；利润中心应就其本身经营的收入、成本（含下层转来成本）和利润（或边际贡献）向投资中心负责；投资中心最终就其经管的投资利润率和剩余收益向总经理和董事会负责。因此，企业各种类型和层次的责任中心形成一个"连锁责任"网络，这就促使每个责任中心为保证经营目标一致而协调运转。

三、责任预算、责任报告和业绩考核

（一）责任预算

责任预算是以责任中心为主体，以其可控成本、收入、利润和投资等为对象编制的预算。责任预算是企业总预算的补充和具体化。

责任预算由各种责任指标组成。这些指标分为主要责任指标和其他责任指标。在上述责任中心中所提及的各责任中心的考核指标都是主要指标，也是必须保证实现的指标。其他责任指标是根据企业总目标分解而得到的或为保证主要责任指标完成而确定的责任指标，包括劳动生产率、设备完好率、出勤率、材料消耗率和职工培训等。

责任预算的编制程序有两种：一是以责任中心为主体，将企业总预算在各责任中心之间层层分解而形成各责任中心的预算。它实质是由上而下实现企业总预算目标。这种自上而下、层层分解指标的方式是一种常用的预算编制程序。其优点是使整个企业浑然一体，便于统一指挥和调度。不足之处是可能会遏制责任中心的积极性和创造性；二是各责任中心自行列示各自的预算指标、层层汇总，最后自企业专门机构或人员进行汇总和调整，确定企业总预算。这是一种由下而上层层汇总、协调的预算编制程序，其优点是有利于发挥各责任中心的积极性，但往往各责任中心只注意本中心的具体情况或多从自身利益角度考虑，容易造成彼此协调困难、互相支持少、以致冲击企业的总体目标。同时，层层汇总、协调，工作量大，协调难度大，影响预算质量和编制时效。

　　责任预算的编制程序与企业组织机构设置和经营管理方式有着密切关系。因此，在集权组织结构形式下，公司最高层管理机构对企业的所有成本、收入、利润和投资负责，既是利润中心，也是投资中心。而公司下属各部门、各工厂、各车间、各工段、各地区都是成本中心，它们只对其权责范围内控制的成本负责。

　　因此，在集权组织结构形式下，首先要按照责任中心的层次，从上至下把公司总预算（或全面预算）逐层向下分解，形成各责任中心的责任预算；然后建立责任预算执行情况的跟踪系统，记录预算执行的实际情况，并定期由下至上把责任预算的实际执行数据逐层汇总，直到最高层的投资中心。

　　在分权组织结构形式下，经营管理权分散在各责任中心，公司下属各部门、各工厂、各地区等与公司自身一样，可以都是利润中心或投资中心，它们既要控制成本、提高收入和利润，也要对所占用的全部资产负债。而在它们之下，还有许多只对各自所控制的成本负责的成本中心。在分权组织结构形式下，首先也应该按照责任中心的层次，把公司总体预算从最高层向最底层逐级分解，形成各责任中心的责任预算。其次建立责任预算的跟踪系统，记录预算执行情况，并定期从最基层责任中心把责任成本和收入的实际情况，通过编制业绩报告逐级向上汇总。

（二）责任报告

　　责任报告是对各个责任中心执行责任预算情况的系统概括和总结。责任报告亦称业绩报告、绩效报告，它是根据责任会计记录编：制的反映责任预算实际执行情况，揭示责任预算与实际执行差异的内部会计报告。责任会计以责任预算为基础，对责任预算的执行情况进行系统的反映，用实际完成情况同预算目标对比，可以评价和考核各个责任中心的工作成果。责任中心的业绩评价和考核应通过编制责任报告来完成。

　　责任报告的形式主要有报表、数据分析和文字说明等。将责任预算、实际执行结果及其差异用报表予以列示是责任报告的基本形式。在揭示差异时，还必须对重大差异予以定量分析和定性分析。定量分析旨在确定差异的发生程度，定性分析旨在分析差异产生的原因，并根据这些原因提出改进建议。

　　在企业的不同管理层次上，责任报告的侧重点应有所不同。最低层次的责任中心的责任报告应当最详细，随着层次的升高，责任报告的内容应以更为概括的形式来表现。这一点与责任预算的由上至下分解过程不同，责任预算是由总括到具体，责任报告则是由具体到总括。责任报告应能突出产生差异的重要影响因素。因此，应突出重点，使报告的使用者能把注意力集中到少数严重脱离预算的因素或项目上来。

　　根据责任报告，可进一步对责任预算执行差异的原因和责任进行具体分析，以充分发挥反馈作用，以使上层责任中心和本责任中心对有关生产经营的活动实行有效的控制和调节，促使各个责任中心根据自身特点，卓有成效地开展有关活动以实现责任预算。

为了编制各责任中心的责任报告，必须进行责任会计核算，即要以责任中心为对象组织会计核算工作，具体做法有两种：一种做法是由各责任中心指定专人把各中心日常发生的成本、收入以及各中心相互间的结算和转账业务记入单独设置的责任会计的编号账户内，然后根据管理需要，定期计算盈亏。因其与财务会计分开核算，称为"双轨制"。另一种做法是简化日常核算，不另设专门的责任会计账户，而是在传统财务会计的各明细账户内，为各责任中心分别设户进行登记、核算，这称为"单轨制"。

（三）责任业绩考核

责任业绩考核是指以责任报告为依据，分析、评价各责任中心责任预算的实际执行情况，找出差距，查明原因，借以考核各责任中心工作成果，实施奖罚，促进各责任中心积极纠正行为偏差，完成责任预算的过程。

责任中心的业绩考核有狭义和广义之分。狭义的业绩考核仅指对各责任中心的价值指标，如成本、收入、利润以及资产占用等责任指标的完成情况进行考评。广义的业绩考评除这些价值指标外，还包括对各责任中心的非价值责任指标的完成情况进行考核。

1. 成本中心业绩考核

成本中心没有收入来源，只对成本负责，因而也只考核其责任成本。由于不同层次成本费用控制的范围不同，计算和考评的成本费用指标也不尽相同，越往上一层次计算和考评的指标越多，考核内容也越多。

成本中心业绩考核是以责任报告为依据，将实际成本与预算成本或责任成本进行比较，确定两者差异的性质、数额以及形成的原因，并根据差异分析的结果，对各成本中心进行奖罚，以督促成本中心努力降低成本。

2. 利润中心业绩考核

利润中心既对成本负责，又对收入和利润负责，在进行考核时，应以销售收入、边际贡献和息税前利润为重点进行分析、评价。尤其是应通过一定期间实际利润与预算利润进行对比，分析差异及其形成原因，明确责任，借以对责任中心的经营得失和有关人员的功过做出正确评价和奖罚。

在考核利润中心业绩时，也只是计算和考评本利润中心权责范围内的收入和成本。凡不属于本利润中心权责范围内的收入和成本，尽管已由本利润中心实际收进或支付，仍应予以剔除，不能作为本利润中心的考核依据。

3. 投资中心业绩考核

投资中心不仅要对成本、收入和利润负责，还要对投资效果负责。因此，投资中心业绩考核，除收入、成本和利润指标外，考核重点应放在投资利润率和剩余收益两项指标上。

从管理层次看，投资中心是最高一级的责任中心，业绩考核的内容或指标涉及各个方面，是一种较为全面的考核。考核时通过将实际数与预算数的比较，找出差异，进行差异分析，查明差异的成因和性质，并据以进行奖罚。由于投资中心层次高、涉及的管理控制范围广，内容复杂，考核时应力求原因分析深入、依据确凿、责任落实具体，这样才可以达到考核的效果。

（四）责任结算与核算

1. 内部转移价格

内部转移价格是指企业内部各责任中心之间进行内部结算和责任结转时所采用的价格标准。

制定内部转移价格时，务必考虑全局性原则、公平性原则、自主性原则和重要性原则。全局性原则强调企业整体利益高于各责任中心利益，当各责任中心利益冲突时，企业和各责任中心应本着企业利润最大化或企业价值最大化的要求，制定内部转移价格。公平性原则要求内部转移价格的制定应公平合理，应充分体现各责任中心的经营努力或经营业绩，避免某些责任中心因价格优势而获得额外的利益，某些责任中心因价格劣势而遭受额外损失。自主性原则是指在确保企业整体利益的前提下，只要可能，就应通过各责任中心的自主竞争或讨价还价来确定内部转移价格，真正在企业内部实现市场模拟，使内部转移价格能为各责任中心所接受。重要性原则即内部转移价格的制定应当体现"大宗细，零星简"的要求，对原材料、半成品、产成品等重要物资的内部转移价格制定从细，而对劳保用品、修理用备件等数量繁多、价值低廉的物资，其内部转移价格制定从简。

内部转移价格的类型包括：

（1）市场价格：市场价格是根据产品或劳务的市场价格作为基价的价格。采用市场价格，通常假定各责任中心处于独立自主的状态，可自由决定从外部或内部进行购销，同时产品或劳务有客观的市价可采用。

（2）协商价格：协商价格也可称为议价，是企业内部各责任中心以正常的市场价格为基础，通过定期共同协商所确定的为双方所接受的价格。采用协商价格的前提是责任中心转移的产品应有在非竞争性市场买卖的可能性，在这种市场内买卖双方有权自行决定是否买卖这种中间产品。如果买卖双方不能自行决定，或当价格协商的双方发生矛盾而又不能自行解决，或双方协商定价不能导致企业最优决策时，企业高一级的管理层要进行必要的干预。协商价格的上限是市价，下限是单位变动成本，具体价格应由各相关责任中心在这一范围内协商议定。当产品或劳务没有适当的市价时，也只能采用议价方式来确定。通过各相关责任中心的讨价还价，形成企业内部的模拟"公允市价"，作为计价的基础。

（3）双重价格。双重价格就是针对责任中心各方面分别采用不同的内部转移价格所制订的价格。如对产品（半成品）的供应方，可按协商的市场价格计价；对使用方则按供应方的产品（半成品）的单位变动成本计价。其差额最终进行会计调整。之所以采用双重价格是因为内部转移价格主要是为了对企业内部各责任中心的业绩进行评价、考核，故各相关责任中心所采用的价格并不需要完全一致，可分别选用对责任中心最有利的价格为计价依据。双重价格有两种形式：①双重市场价格，就是当某种产品或劳务在市场上出现几种不同价格时，供应方采用最高市价，使用方采用最低市价。②双重转移价格，就是供应方按市场价格或议价作为基础，而使用方按供应方的单位变动成本作为计价的基础。

双重价格的好处是既可较好满足供应方和使用方的不同需要，也能激励双方在经营上充分发挥主动性和积极性。

（4）成本转移价格。成本转移价格就是以产品或劳务的成本为前提而制定的内部转移价格。由于成本的概念不同，成本转移价格也有多种不同形式，其中用途较为广泛的成本转移价格有三种：①标准成本，即以产品（半成品）或劳务的标准成本作为内部转移价格。它适用于成本中心产品或半成品的转移。②标准成本加成，即按产品（半成品）或劳务的标准成本加计一定的合理利润作为计价的基础。③标准变动成本，它是以产品（半成品）或劳务的标准变动成本作为内部转移价格，这种方式能够明确表明成本与产量的关系，便于考核各责任中心的业绩，也利于经营决策。不足之处是产品（半成品）或劳务中不包含固定成本，不能反映劳动生产率变化对固定成本的影响，不利于调动各责任中心提高产量的积极性。

2.内部结算

内部结算是指企业各责任中心清偿因相互提供产品或劳务所发生的、按内部转移价格计算的债权、债务。

按照结算的手段不同，可分别采取内部支票结算、转账通知单和内部货币结算等方式。

（1）内部支票结算方式。内部支票结算方式是指由付款一方签发内部支票通知内部银行从其账户中支付款项的结算方式。内部支票结算方式主要适用于收、付款双方直接见面进行经济往来的业务结算。它可使收付双方明确责任。

（2）转账通知单方式。转账通知单方式是由收款方根据有关原始凭证或业务活动证明签发转账通知单，通知内部银行将转账通知单转给付方，让其付款的一种结算方式。转账通知单一式三联，第一联为收款方的收款凭证，第二联为付款方的付款凭证，第三联为内部银行的记账凭证。

这种结算方式适用于质量与价格较稳定的往来业务，它手续简便，结算及时，但因转账通知单是单向发出指令，付款方若有异议，可能拒付，需要交涉。

（3）内部货币结算方式。内部货币结算方式是使用内部银行发行的限于企业内部流通的货币（包括内部货币、资金本票、流通券、资金券等）进行内部往来结算的一种方式。

这一结算方式比银行支票结算方式更为直观，可强化各责任中心的价值观念、核算观念、经济责任观念。但是，它也带来携带不便，清点麻烦，保管困难的问题。因此，一般情况下，小额零星往来业务以内部货币结算，大宗业务以内部银行支票结算。

上述各种结算方式都与内部银行有关，所谓内部银行是将商业银行的基本职能与管理方法引入企业内部管理而建立的一种内部资金管理机构。它主要处理企业日常的往来结算和资金调拨、运筹，旨在强化企业的资金管理，更加明确各责任中心的经济责任，完善内部责任核算，节约资金使用，降低筹资成本。

3. 责任成本的内部结转

责任成本的内部结转又称责任转账，是指在生产经营过程中，对于因不同原因造成的各种经济损失，由承担损失的责任中心对实际发生或发现损失的责任中心进行损失赔偿的账务处理过程。

企业内部各责任中心在生产经营过程中，常常会发生责任成本发生的责任中心与应承担责任成本的中心不是同一责任中心的情况，为划清责任，合理奖罚，就需要将这种责任成本相互结转。最典型的实例是企业内的生产车间与供应部门都是成本中心，如果生产车间所耗用的原材料系供应部门购入不合格的材料所致，则多耗材料的成本或相应发生的损失，应由生产车间成本中心转给供应中心负担。

责任转账的目的是划清各责任中心的成本责任，使不应承担损失的责任中心在经济上得到合理补偿。进行责任转账的依据是各种准确的原始记录和合理的费用定额。在合理计算出损失金额后，应编制责任成本转账表，作为责任转账的依据。

责任转账的方式有内部货币结算方式和内部银行转账方式。前者是以内部货币直接支付给损失方，后者只是在内部银行所设立的账户之间划转。

各责任中心在往来结算和责任转账过程中，有时因意见存在分歧而产生一些责、权、利不协调的纠纷，因此，企业应建立内部仲裁机构，从企业整体利益出发对这些纠纷做出裁决，以保证各责任中心正常、合理行使权力，保证其权益不受侵犯。

第三节　经济增加值

一、经济增加值的含义与基本理念

注册商标为 EVA 的经济增加值指标由 Stern&Stewart 咨询公司首先开发出来，并在 1993 年 9 月《财富》杂志上完整地将其表述出来。经济增加值（e-conomicvalueadded，EVA）可以被定义为：公司经过调整的净营业利润减去其现有资产经济价值的机会成本后的余额。以公式表示如下：

EVA=税后营业利润—加权资本成本×投入资本=（投资资本收益率—加权资本成本）×投入资本

其中：

税后营业利润=息税前利润×（1-所得税税率）

投资资本收益率=息税前利润×（1-所得税税率）/投资资本=投资报酬率×（1—所得税税率）

EVA 的基本理念是收益至少要能补偿投资者承担的风险，换言之，股东必须赚取至少等于资本市场上类似风险投资回报的收益率。实际上，EVA 理念的始祖是剩余收入（residualincome）或经济利润（economicprofit），并不是新观念，作为企业业绩评估指标已有 200 余年的历史，但 EVA 给出了剩余收益可计算的模型方法。EVA 是一种基于会计系统的公司业绩评估体系。

二、EVA 的计算

（一）主要变量

经济增加值的计算是应用经济增加值指标的第一步。公司每年创造的经济增加值等于税后净营业利润与全部资本成本之间的差额。其中资本成本既包括债务资本的成本，也包括股本资本的成本。在实务中经济增加值的计算要相对复杂一些，这主要是由两方面因素决定的：

一是在计算税后净营业利润和投入资本总额时，需要对某些会计报表科目的处理方法进行调整，以消除根据会计准则编制的财务报表对企业真实情况的扭曲。

二是资本成本的确定需要参考资本市场的历史数据。由于各国的会计制度和资本市场现状存在差异，经济增加值指标的计算方法也不尽相同。经济增加值的计算结果取决于三个基本变量：税后净营业利润、资本总额和加权平均资本成本。

1. 税后净营业利润

税后净营业利润等于税后净利润加上利息支出部分（如果税后净利润的计算中已扣除少数股东损益，则应加回），亦即公司的销售收入减去除利息支出以外的全部经营成本和费用（包括所得税费用）后的净值。因此，它实际上是在不涉及资本结构的情况下公司经营所获得的税后利润，即全部资本的税后投资收益，反映了公司资产的盈利能力。此外还需要对部分会计报表科目的处理方法进行调整，以纠正会计报表信息对真实业绩的扭曲。

2. 资本总额

资本总额是指所有投资者投入公司经营的全部资金的账面价值，包括债务资本和股本资本。其中债务资本是指债权人提供的短期和长期贷款，不包括应付账款、应付单据其他应付款等商业信用负债。股本资本不仅包括普通股，还包括少数股东权益。因此，资本总额还可以理解为公司的全部资产减去商业信用负债后的净值。

同样，计算资本总额时也需要对部分会计报表科目的处理方法进行调整，以纠正对公司真实投入资本的扭曲。在实务中既可以采用年初的资本总额，也可以采取年初与年末资本总额的平均值。

3. 加权平均资本成本

加权平均资本成本是指债务资本的单位成本和股本资本的单位成本，根据债务和股本在资本结构中各自所占的权重计算的平均单位成本。

除经济增加值外，实践中经常使用的概念还有单位资本经济增加值和每股经济增加值，这三个指标组成了经济增加值指标体系。

单位资本经济增加值=经济增加值/资本总额=税后净营业利润/资本总额-加权平均资本成本

其中，税后净营业利润 / 资本总额称为投入资本收益率。

每股经济增加值 = 经济增加值 / 普通股股数

（二）报表项目调整

为了弥补财务报表数据的局限性，EVA 的使用者通常要对报表利润进行调整，希望得到更准确可靠的 EVA 数值。Stern&Stewart 列出了多达 164 个调整项目，以指导公司准确得出真正的经济收益。

EVA 会计调整的主要目的是：（1）消除会计的稳健主义；（2）消除或减少管理当局进行盈余管理的机会；（3）会计利润更接近经济利润。

实践中选择调整项目时遵循的原则是：（1）重要性原则，即拟调整的项目涉及金额应该较大，如果不调整会严重扭曲公司的真实情况；（2）可影响性原则，即经理层能够影响被调整项目；（3）可获得性原则，即进行调整所需的有关数据可以获得；（4）易理解性原则，即非财务人员能够理解；（5）现金收支原则，即尽量反映公司现金收支的实际情况，避免管理人员通过会计方法的选取操纵利润。

主要的报表调整项目与方法如下：

1. 研究发展费用和市场开拓费用

在股东和管理层看来，研究发展费用是公司的一项长期投资，有助于公司在未来提高劳动生产率和经营业绩，因此，和其他有形资产投资一样应该列入公司的资产项目。同样，市场开拓费用，如大型广告费用会对公司未来的市场份额产生深远影响，从性质上讲也应该属于长期性资产。而长期性资产项目应该根据该资产的受益年限分期摊销。然而，根据稳健性原则规定，公司必须在研究发展费用和市场开拓费用发生的当年列作期间费用一次性予以核销。这种处理方法实际上否认了两种费用对企业未来成长所起的关键作用，而把它与一般的期间费用等同起来。这种处理方法的一个重要缺点就是，可能会诱使管理层减少对这两项费用的投入，这在效益不好的年份和管理人员即将退休的前几年尤为明显。

计算经济增加值时所做的调整就是将研究发展费用和市场开拓费用资本化。即将当期发生的研究发展费用和市场开拓费用作为企业的一项长期投资加入资产中，同时根据复式记账法的原则，资本总额也增加相同数量。然后根据具体情况在几年之中进行摊销，摊销值列入当期费用抵减利润。推销期一般在三四年至七八年之间，根据公司的性质和投入的预期效果而定。

2. 商誉

当公司收购另一公司并采用购买法（purchasingmethod）进行会计核算时，购买价格超过被收购公司净资产总额的部分就形成商誉。计算经济增加值时的调整方法是不对商誉进行摊销。具体而言，由于财务报表中已经对商誉进行摊销，在调整时就将以往的累计摊销金额加入资本总额中，同时把本期摊销额加回到税后净营业利润的计算中。这样利润就不受商誉摊销的影响，鼓励经理层进行有利于企业发展的兼并活动。

3. 递延税项

当公司采用纳税影响会计法进行所得税会计处理时，由于税前会计利润和应纳税所得之间的时间性差额而影响的所得税金额要作为递延税项单独核算。递延税项的最大来源是折旧。例如，许多公司在计算会计利润时采用直线折旧法，而在计算应纳税所得时则采用加速折旧法，从而造成折旧费用的确认出现时间性差异。正常情况下，其结果是应纳税所得小于会计报表体现的所得，形成递延税项负债，公司的纳税义务向后推延，这对公司是显然有利的。计算经济增加值时对递延税项的调整是将递延税项的贷方余额加入资本总额中，如果是借方余额则从资本总额中扣除。同时，当期递延税项的变化加回到税后净营业利润中，换言之，如果本年递延税项贷方余额增加，就将增加值加到本年的税后净营业利润中，反之则从税后净营业利润中减去。

4. 各种准备

各种准备包括坏账准备、存款跌价准备金、长、短期投资的跌价或减值准备等。计提各种准备，其目的也是出于稳健性原则，使公司的不良资产得以适时披露，以避免公众过高估计公司利润而进行不当投资。但对于公司的管理者而言，这些准备金并不是公司当期资产的实际减少，准备金余额的变化也不是当期费用的现金支出。提取准备金的做法一方面低估了公司实际投入经营的资本总额，另一方面低估了公司的现金利润，因此不利于反映公司的真实现金盈利能力；同时，公司管理人员还有可能利用这些准备金账户操纵账面利润。故而，计算经济增加值时应将准备金账户的余额加人资本总额之中，同时将准备金余额的当期变化加人税后净营业利润。

三、EVA 的广泛应用

经济增加值指标首先在美国得到迅速推广。以可口可乐、美国电话电报等公司为代表的一批美国公司从 20 世纪 80 年代中期开始尝试将经济增加值作为衡量业绩的指标引入公司的内部管理之中，并将经济增加值指标最大化作为公司目标。

以可口可乐公司为例，该公司从 1987 年开始正式引入经济增加值指标。实践中可口可乐公司通过两个渠道增加公司的经济增加值：一方面，将公司的资本集中于盈利能力较高的软饮料部门，逐步摒弃诸如意大利面食、速饮茶、塑料餐具等回报低于资本成本的业务；另一方面，通过适度增加负债规模以降低资本成本，成功地使平均资本成本由原来的 16% 下降到 12%。结果，1987 年开始可口可乐公司的经济增加值连续 6 年以平均每年 27% 的速度增长，该公司的股票价格也在同期上升了 300%，远远高于同期标准普尔指数 55% 的涨幅。

四、经济增加值对传统财务指标的改进

尽管在理论上关于 EVA 指标的应用还有各种不同的争议，但与传统的财务评价指标比较，它们的优点是：首先，这两项指标都考虑了资本成本，将利润和资产占用以机会成本的方式联系起来，以一种较易理解的方式促进经营者对投资效益、资产利用给予充分的关注，只有在经营收益超过所占用资产的机会成本后才能带来 EVA 的增加，进而有助于沟通具体投资项目决策和股东财富最大化之间的联系，促进经营战略和经营决策的协调。其次，这一指标在不同程度上将业绩评价由内部化推向市场化。当我们考虑所占用资产的机会成本时，在计算中就必然考虑到投资的市场机会；在采用资本资产定价模型确定资本成本时，务必要考虑相对于市场一般风险的企业风险；采用 EVA 指标时，由于资产占用按市场价值计算，从而综合考虑了现有经营效益和未来发展能力。这些考虑都促使业绩评价中的市场化程度增加，从而促进了业绩评价的全面和公正。最后，为了弥补 EVA 本身的上述缺陷并解决传统奖金计划易导致的盈余操纵和投资短期化行为，EVA 设置了其独特的激励系统—"奖金账户"。其做法是，将奖金计酬与奖金支付分隔开来，根据 EVA 计算的当期奖金计入经理的奖金账户，其期初余额为累计尚未支付的奖金数额；本期奖金的支付即按期初余额加上本期应付奖金之和的一定比例支付，其期末余额逐次结转下期，若期末余额为负，则本年不支付奖金，由以后年度应付奖金抵补。

EVA 指标的缺陷主要体现在：（1）指标的数据收集和计算方面有一定困难；（2）对于净营业利润及资产价值的调整需因企业而异，在一定程度上增加了指标计算的工作量，影响了指标在不同企业间的可比性。

第四节　平衡计分卡

一、平衡计分卡的产生

平衡计分卡是 20 世纪 90 年代初期由罗伯特·卡普兰与其合作伙伴戴维·诺顿创建的一套旨在扩展管理者关注点的新管理方法。

它的产生基于当时两大背景：一是人们对传统财务评价指标的不满和批评日渐增多，要求增加能够反映企业未来盈利潜力的战略性指标；二是人们对战略的关注点已从战略规划逐步转向了战略实施，因为很多企业都存在着计划书中的战略与正在实施的战略相去甚远的问题，因此，如何通过与战略密切相关的指标将组织的战略意图导入组织的不同层级，以保障战略被正确的领会与实施，成为当时众多企业的迫切需求。

与其他包括非财务指标的战略评价系统相比，平衡计分卡的独特之处在于：第一，它

在一个评价系统中通过因果关系链整合了财务指标和非财务指标，因此既包括结果指标也包括驱动指标，使其自身成为一个前向反馈的管理控制系统；第二，平衡计分卡突出强调评价指标的战略相关性，要求部门和个人业绩指标要与组织的整体战略密切关联，进而超越了一般业绩评价系统而成为一个综合的战略实施系统；第三，平衡计分卡通过非财务指标的三个维度准确反映出了近10多年来企业技术及竞争优势变化的实质，即无形资产（如顾客关系、创新能力业务流程、员工素质、信息系统等）已成为企业竞争优势的主要来源。

正由于上述鲜明的特点，平衡计分卡的概念一经提出就受到了理论界企业界及咨询业的广泛认同和接受。一个设计优良的平衡计分卡能够满足企业组织的使命、战略和内外部环境的需要。卡普兰和诺顿的平衡计分卡在帮助企业改进和强化管理部门的计划和控制能力方面取得了实际效果。许多企业已开始采用平衡计分卡作为其业绩评价标准，如苹果电脑、石水（Rockwater）公司、新西兰电信公司等。

二、平衡计分卡的基本原理

平衡计分卡强调非财务指标的重要性，通过对财务、顾客、内部作业、创新与学习四个各有侧重又相互影响方面的业绩评价，来沟通目标、战略和企业经营活动的关系，实现短期利益和长期利益、局部利益与整体利益的均衡。

由于每个企业的战略目标不同，所采用的具体战略不同，所涉及的关键因素不同，导致其各自的平衡计分卡的具体内容和指标都不相同。通常而言，组织整体战略目标往往非常概括抽象，因此设计平衡计分卡的首要任务就是将组织整体战略目标分解为更为具体的、可执行的、易于衡量的具体行动目标。早期的平衡计分卡所提供的分析框架就是从财务、顾客、内部作业及创新与学习四个角度将整体战略进行分解，如从股东角度分解出企业增长与收益战略，从顾客的角度分解出企业价值创造和产品差异性战略等等。而近期由罗伯特·卡普兰和戴维·诺顿所倡导的以企业战略执行图为基础的分析框架则更具操作性和逻辑性。所谓战略执行图就是全面、明确勾画出企业战略目标与日常经营活动目标之间逻辑关系的一个框架图，它是一种自上而下的战略描述方式，不同的企业应根据自己的战略或目标来绘制相应的执行图，以明确企业各项活动之间以及与目标之间的逻辑关系。

在明确了目标与行动的因果关系，并将总目标分解为各个层次的子目标以后，可以按照平衡计分卡提供的四个层次寻找关键成功因素和相应的关键绩效指标，最终形成平衡计分卡指标体系，以衡量和监控目标的完成情况，并及时根据环境的变化对目标进行适当的调整。常见的平衡计分卡指标如下：

1.财务方面

财务衡量在平衡计分卡中不仅占据一席之地，是一个单独的衡量方面，而且是其他几个衡量方面的出发点和落脚点。一套平衡计分卡应该反映企业战略的全貌，从长远的财务目标开始，然后将它们同一系列行动相联系（这些行动包括财务、顾客、内部作业和创新与学习），最终实现长期经营目标。

处于生命周期不同阶段的企业，其财务衡量的重点也有所不同。在成长阶段，企业要进行数额巨大的投资，因此，其现金流量可以是负数，投资回报率亦很低，财务衡量应着重于销售额总体增长百分比和特定顾客群体、特定地区的销售额增长率；处于维持阶段的企业应着重衡量获利能力，比如，营业收入和毛利、投资回报率、经济增加值；在收获阶段的财务衡量指标主要是现金流量，企业必须力争实现现金流量最大化，并减少营运资金占用。

2. 顾客方面

在顾客方面，核心的衡量指标包括市场份额、老顾客回头率、新顾客获得率、顾客满意度和从顾客处所获得的利润率。

指标设计中最根本的指标是关于顾客满意度的衡量。我们把顾客方面的衡量指标分为过程指标和结果指标两类。所谓过程指标是指，如果成功地实现就会支持其他行动指标的指标。对于顾客而言，主要关心的是高质量、低成本和及时供给等。而结果指标是指，对于一个组织的战略目标而言最关键的指标体系。对顾客而言，主要有顾客满意度、市场份额等。两者有时是重复的。对于财务人员来说，关键是要找到二者之间的联系，便于找到一个合适的过程指标组合来实现最优的结果指标。

3. 内部作业

内部作业指的是企业从输入各种原材料和顾客需求，到企业创造出对顾客有价值的产品（或服务）过程中的一系列活动，它是企业改善其经营业绩的重点。内部作业指标的主要经营过程是创新、经营和售后服务。企业要想成为市场中最具竞争实力的企业，就必须创新，讲求质量，缩短产品的生产周期。创新指标与企业产品或服务的设计和开发费用的衡量有关，主要有新产品开发所用时间、新产品销售收入占总收入的比例、损益平衡时间等。经营以及衡量指标主要用于衡量企业的经营过程，涉及的具体指标有循环时间指标、质量指标和成本指标；售后服务主要包括质量保证书、维修服务、退换货的处理和支付手段的管理，它的具体指标有产品退货率、产品保修期限和产品维修天数等。

内部作业表明，业绩指标的传统方法与平衡计分卡存在两个基本的不同点：

第一，传统方法是监督和改进现在的经营过程，而平衡计分卡是在为达到企业财务目标和顾客要求而务必做好的方面确定全新的过程；

第二，传统的业绩指标系统着重于交付今天的产品和服务给今天的顾客的过程，未考虑生产全新的产品和服务来满足未来顾客的需要，而平衡计分卡则把创新过程结合到了内部经营过程上，它在内部经营过程方面结合了长波型的创新循环和短波型的经营循环的目标和指标。

4. 创新与学习

在创新与学习方面，最关键的因素是人才、信息系统和组织程序。企业管理观念的转变使人力资源在企业中的作用越来越受到重视。过去企业管理的观念是：公司应使工人出色地完成具体工作，公司的管理人员规定工人的工作任务，并制定出相应的标准和监督体制，确保工人能按计划完成任务。工人的任务是干活，而不是思维。然而在最近几十年中，这种管理哲学发生了重大变化。人们意识到，公司若想超越现有的业绩，取得学习和成长的收获，获得未来持续的成功，那么仅仅墨守公司上层制定的标准经营程序是不够的，还必须重视和尽可能采纳第一线员工对改善经营程序和业绩的建议和想法，因为他们离企业内部的工序和企业的顾客最近。

三、平衡计分卡的核心理念与特点

运用平衡计分卡管理企业，必须首先把握平衡计分卡不同于其他业绩管理方法的独特之处，即其核心管理理念。平衡计分卡最初是以一种新的实现了财务与非财务指标平衡的综合业绩评价系统而出现的，因此对于平衡计分卡的"平衡"，很容易被简单地理解为就是财务指标与非财务指标的平衡。此外从平衡计分卡所提供的四个评价角度来看，其"平衡"也会被直观地理解为企业主要利益相关者（如股东、顾客、员工等）目标的平衡。一些企业运用的关键业绩指标计分卡（KPI score card）和利益相关者计分卡（stakeholder score card）就是上述简单认识的反映。所谓关键业绩指标计分卡就是仅仅将原本就包含了非财务指标的 KPI 按照平衡计分卡的四个维度重新划分，而利益相关者计分卡则是从企业主要利益相关者角度，如股东、顾客、员工，来分别设计业绩指标而得到。从表面上看，这些计分卡的指标体系与平衡计分卡大同小异，但实际上，其设计前提、设计理念与指标之间的逻辑关系都与平衡计分卡大不相同。可以说，这些计分卡已失去了平衡计分卡的实质。

平衡计分卡的核心理念应该是因果关系的平衡，财务与非财务指标以及利益相关者目标的平衡，只是因果关系平衡的结果和表现形式。所谓结果指标与原因指标的平衡是指平衡计分卡的指标体系不是从几个不同角度分别设计各自的指标然后汇合而成，相反，它们是按照鲜明的因果关系链条顺次出现的。因果关系链条的起点是财务角度，也是出资者的角度，企业首先关注的是，出资者的期望是什么？如何用财务指标来衡量？下面从顾客角度设定能够保证实现出资者目标的指标和目标，然后选择能够实现出资者和顾客目标的内部流程及作业的关键业绩指标和目标，最后是选择能够管理、实施先进流程与作业，进而实现出资者和顾客期望的员工的业绩指标和目标。平衡计分卡所包含的这种层层递进的因果关系也就是企业战略与战术的关系、目标与手段的关系。平衡计分卡正是通过这一独特的设计思想而具有了明确的战略、目标导入和执行的功能，因此，设计平衡计分卡的一个极为重要内容就是找出各项组织活动之间明确的因果关系，并对其进行管理。

作为综合业绩评价系统，平衡计分卡的特点和意义主要体现在以下几方面：

首先，它将目标与战略具体化，加强了内部沟通。平衡计分卡的设计要首先分析企业目标和基本战略对于经营活动各方面的基本要求，并由此确定各方面工作的重点，有利于保证目标与战略在具体经营活动中的体现。其次，由于从业绩评价体系构建的方法上加强了内部沟通，也就使各个层次的具体职员能更好地理解企业的目标和战略，有助于促进内部决策目标的一致。如石水公司以第一类顾客为发展重点，其竞争战略是通过产品和服务质量来增强竞争优势，而这些都通过"顾客调查名次表""顾客满意度调查"，以及在内部作业过程考核对于产品和服务质量的强调得以具体表达。

其次，以顾客为尊，重视竞争优势的获取和保持。如前所述，顾客是企业的重要资产，如何确认、增加和保持这项"资产"的价值，这对于竞争优势的获取和保持都是非常重要的。平衡计分卡将顾客的服务满意程度作为单独的一个方面来加以考核，并通过内部过程、学习与创新来保证和促进这一业绩，不仅从观念上促进了企业内部各个层次对于顾客"价值"的重视，而且提供了贯彻企业竞争战略的具体方式。如上述案例中，通过"顾客服务业绩"方面几个指标的设计，既清楚地反映了企业对于顾客特性的基本认识，也明确地表达了不同的竞争战略：价格竞争或服务质量竞争。而关于"内部作业"的考核指标设计，提供了具体地获取和保持这种竞争优势的途径：与顾客保持更密切的关系、更快更好地满足顾客的要求等。

再次，重视非财务业绩计量，促使了结果考核和过程控制的结合。传统的业绩评价大多是财务业绩评价，即根据财务结果来评价工作业绩，这种评价利用了财务指标所具有的综合性、可比性，以及财务结果对于股东的意义，因而在业绩评价中有重要地位。但财务指标只是对于结果的评价，难以实现对过程的控制。平衡计分卡在业绩评价体系中综合运用财务指标和非财务指标，有效地促进了结果考核和过程控制的结合，使业绩评价更具业绩改进意义。

事实上，越来越多的企业开始重视非财务指标在业绩评价中的应用。除了以上提及的非财务指标外，还有产品退货率、顾客抱怨次数、废品率、存货周转率、各项存货平均持有时间、准时交货率、一定时期新产品推出数量等。具体考核指标要根据特定行业及所考核环节的生产经营特征来选择。这些指标往往和同行业的竞争对手相比较，使竞争优势的分析进一步具体化。

最后，利用多方面考核所具有的综合性，促进了短期利益和长期利益的均衡，特别强调激励机制。企业战略目标往往具有长期性，而财务业绩评价，尤其是采用单一指标进行业绩评价时，往往容易使具体的经营管理人员更多地关注短期利益，不重视甚至损害长期利益。平衡计分卡利用非财务指标与财务指标的结合，以及几个方面综合考核所具有的相互制衡作用，促进了短期利益和长期利益的均衡。

传统的业绩评价系统通常强调企业希望管理者和员工做什么，然后利用评价结果证实其是否采取了这些行动，整个系统强调对行为的控制。而平衡计分卡强调的主要内容是目标，鼓励管理者和员工创造性地完成目标，即该业绩评价系统强调的是激励。这样一方面可以简化指标体系的设置，只以成功经营企业需关注的关键问题为设计依据，抓住企业发展的核心，减轻企业管理者过重的信息负担；另一方面还能发挥管理人员和企业员工的能动性，有效激励其提高企业业绩的积极性。

第九章　新经济环境背景下企业财务会计管理的信息化发展

随着时代的发展，建设网络强国，推动信息化建设已经成为国家建设以及各个行业、领域发展的重要任务，对于企业财务管理来说也是如此。在全新的经济背景下，必须加强并完善企业财务会计管理信息化建设，以此使企业跟上时代的脚步，实现更好的财务管理，达到自身的更好发展。

第一节　信息技术对财务管理的影响

一、网络信息技术对企业经营环境的影响

近年来，网络信息技术不断发展并得到了普及应用，网络信息技术对各行各业都产生了影响，同样对人们的思维方式和生活习惯也产生了影响，这当然也对原有的经济形态产生了一定影响。虽然商业的本质不会发生变化，但是网络信息技术会成为催化剂。产业价值链的各个环节，以及企业经营各个层面都有可能被网络信息技术改变。

（一）网络信息技术转变人们的价值观念和行为模式

互联网作为一个信息流动的平台，逐步形成了它固有的文化属性。互联网作为人们长期浸淫其中的虚拟社会，形成了独有的网络伦理文化特征，具有虚拟性、匿名性、快捷性、开放性等特点，互联网提供的资源在空间上重塑了人们的活动场所，在很大程度上改变了人们的生活方式和行为模式。

（二）网络信息技术改变人们的生活方式

互联网是人类社会有史以来第一个全球性论坛组织形式，世界各地数以亿计的人们可以利用互联网进行信息交流和资源共享。电脑网络切入人们的私人生活和公共生活领域，使人们的生活方式出现了崭新的形式，包括购物方式、阅读方式学习方式、工作方式等。

（三）网络信息技术重构社会结构

互联网促进了社会利益结构多元化的发展，改变了原有的社会分层结构，致使社会群

体的关系更加复杂。传统社会结构中各社会要素垂直的结构形态发生了变化，网络社会结构不再以传统意义上的社会结构形态进行分层，而是重新根据兴趣、爱好等方式进行重组。

（四）网络信息技术模糊了学科边界

工业革命的社会化大生产促进社会的细致分工，在这种分工制度下人们成为流水线上的螺丝钉，这需要的是专家式人才。信息借助互联网以前所未有的广度和深度流动起来，行业壁垒在信息洪流冲击之下无比脆弱，行业融合、领域交互成为新趋势，过去小范围家庭、组织内部的知识传递，变成了现在无国界的网络社交互动。不同思想的交流碰撞，在学科边缘、行业边界之上不断地摩擦出创新的火花。未来随着互联网普及将涌现出越来越多的"跨界人"。

（五）网络发展带来的产业痛点

随着网络和信息技术的不断发展，商业模式从消费互联网时代的眼球经济发展到产业互联网时代的价值经济，但无论最后采取什么样的商业工具和商业模式，最重要的还是能否提供更好的品质、性价比和服务体验问题。就目前发展而言，我国的产业互联网还存在着以下痛点，痛点之处就是最好的商业机会所在。

1. 信息安全和支付安全问题急需解决

互联网的连接与聚合能力提升，对人类社会的影响巨大，网络信息技术近年来也不断发展，然而硬件、互联网等各个方面存在的安全隐患也与日俱增，这些问题如果不能够得到解决，一方面会对互联网造成巨大的破坏，另一方面也会影响用户对互联网的信心。网络安全主要集中在信息的安全与网络支付安全两大方面。

2. 网络基础设施建设急需完善

（1）加强建设数据基础设施

应加大政府对互联网数据资产管理的重视程度与力度，主要是适度的合理开放，条件成熟时设立数据资产交易所机制，促进数据资产的交易。

（2）加强建设网络基础设施

对于网络基础设施，主要就是网络的进一步普及和网速的提高。我国的宽带网络速度与发达国家相比还非常落后，应当改善与提升。此外，与中国社会的二元结构相似，中国的互联网也呈现出巨大的城乡差异，据中国互联网络信息中心发布的《2013年中国农村互联网发展状况调查报告》，城镇网民数量占比达到72.4%，而农村网民仅占27.6%。农村网络基础设施亟待改进与提升。

（3）建立并完善网络统一标准

对于互联网标准接口的基础设施工作而言，重要性则在于让大家研发的产品能互相兼容，相互适配。因此，应建立统一的标准，促进开放与协作。我国在基础设施建设方面投入巨资，在拉动我国经济增长的同时也对改善我国投资环境起到巨大的促进作用，然而在互联网基础设施投入方面，还不够重视，今后应加大该方面的投入。

二、信息技术对企业财务管理的影响

近年来，随着信息技术的发展，企业管理的各个环节也受到了影响，作为企业管理核心的财务管理必然也受到了一定影响，这些影响主要集中体现在两个方面。第一，信息技术的发展使财务管理面临的环境发生了变化，市场竞争也愈加激烈，知识逐步成为企业最有力的竞争因素，企业管理面临的需求、需要解决的问题、解决问题的条件和方法都随之发生变化，在这样的深刻变革下，企业财务管理的模式也相应地发生了变化，随之而来的就是企业财务管理内容、范围和方法的变化。第二，信息技术的飞速发展为企业财务管理提供了更广阔的平台，随着信息技术的发展和成熟，财务管理面临的问题可以得到更好的解决，企业可以选择的财务管理手段也更为多样化。

（一）信息技术对企业财务管理实务的影响

财务管理实务指的是应用财务管理理论，实现财务决策与财务控制的全过程。信息技术对财务管理实务的影响体现在对财务控制手段财务决策过程和财务管理内容的影响三个方面。

1.对财务控制手段的影响

传统的企业财务管理是一个较长的过程，这个过程要经历"记录—汇总—分析—评价—反馈—修正"各个环节，在传统财务管理中，控制过程相对于业务过程有一定的滞后，这就导致企业财务管理职能不能充分发挥。而随着信息技术的发展，企业财务管理的控制程序可以与业务处理程序集成，财务管理可以达到实时控制。

2.对财务决策过程的影响

（1）情报活动发生的变化

情报活动不再是单纯的搜集决策所需的数据，而是经历"风险评估—约束条件评估—数据获取"三个阶段。风险评估首先对决策目标及实现决策目标的风险进行合理的估计。约束条件评估则是确定实现该决策目标所受到的各种外部环境的制约，明确为了实现该目标，可以使用的资源有哪些？数据获取则避免了手工数据的整理过程，借助于信息化平台，可以大量获取所需的数据，并依靠数据仓库技术，直接获取有价值的支持决策的数据。

（2）设计活动发生的变化

传统的设计活动是指创造、制定和分析可能采取的方案。而在信息化环境下，这一过程实际上转变为依靠工具软件或财务管理信息系统建立决策模型的过程。

（3）抉择活动发生的变化

抉择活动是指从众多的备选方案中，根据一定标准选择最优的方案并加以实施。这一过程在计算机环境下可以得到最大程度的优化，利用计算机强大的计算能力，可以模拟方案的执行情况，从而实现最优化决策，决策的科学性大大提高。

（4）审查活动发生的变化

审查阶段要对决策进行评价，不断发现问题并修正决策。在信息化环境下，这一过程的执行提前到决策执行环节，即在决策执行过程中，同时完成对执行情况的跟踪、记录和反馈。

3. 对传统财务管理内容的影响

对企业个体而言，其主要的理财活动主要体现在三个方面，即筹资活动、投资活动和收益活动。相应地，也形成了企业财务管理的主要内容。信息技术环境下，它们仍然是财务管理的主要内容，但信息技术同时也扩展了财务管理的内容，主要表现在以下三个方面。

（1）信息技术促进了企业与相关利益者、银行、税务部门、金融市场之间的信息沟通，财务管理的范围也从企业扩展到相关的利益群体，诸如税收管理、银行结算管理等也成为财务管理活动中重要的一环。

（2）信息技术的发展，促进了新的管理内容的产生，如集团企业全面预算管理、资金集中管理、价值链企业物流管理等。

（3）现代企业在信息技术的支持下，形成了连接多个企业的价值链。在完成筹资、投资和收益决策时，企业不再是一个孤立的决策单元，而是价值链上整体决策的一个环节。因此，相关决策将更多地面向价值链整体最优。

（二）信息技术对企业财务管理基础理论的影响

1. 信息技术对财务管理职能的影响

信息技术的发展和成熟强化了财务管理的基本职能，即财务决策职能和财务控制职能。财务决策职能是指在充分考虑企业环境和目标的前提下，选择并实施科学方法，选择适合企业的最佳财务目标。在企业财务管理实践中，筹资、投资和收益分配是财务决策的三个基本方面。信息技术的发展引起了财务决策环境的变革，这导致企业进行财务决策时将面临更大风险。在信息化环境下，企业进行各项决策活动都要有一定信息技术的支持，这样才能使决策从感性逐渐转化为理性。财务控制是指在决策执行过程中，通过比较、判断和分析，监督执行过程，并及时做出修正的过程。随着信息技术的发展，企业财务控制职能得到了强化，控制范围得到了很大扩展，当前的财务控制可以覆盖企业的各个层面；控制手段借助于信息化平台进行；同时，信息化还使财务控制从事后控制逐步转化为事前、事中控制。

信息技术不仅强化了财务管理的基本职能，还衍生出了派生职能，主要是财务管理的协调职能和沟通职能。在信息技术环境下，企业做出的任何一个决策都可能涉及多个部门和领域，因此，必须在财务决策方面做出改变，要尽可能满足企业生产经营提出的要求。例如，企业制订生产计划时要考虑自身的财务计划，保证二者可以相互配合。也就是说，随着部门间横向联系的加剧，必须有适当的手段实现部门间、各业务流程间相互协调和沟通的能力，财务管理将更多地承担起这方面的职能。

2. 信息技术对财务管理对象的影响

财务管理的对象是资金及其流转。资金流转的起点和终点都是现金，其他的资产都是现金在流转中的转化形式，因此，财务管理的对象也即是现金及其流转。信息技术环境下，财务管理的对象并没有发生本质变化，影响主要表现在以下两个方面。

（1）现金流转高速运行。网络环境下，现金及相关资产的流转速度加快，面临的风险加剧，必须要有合理的控制系统保证企业现金资产的安全和合理配置。

（2）现金概念的扩展。信息技术环境下，网上银行，尤其是电子货币的出现极大地扩展了现金的概念。此外，网络无形资产、虚拟资产的出现，也扩展了现金的转化形式。

3. 信息技术对企业财务管理目标的影响

财务管理最具有代表性的目标包括利润最大化、每股盈余最大化、股东权益最大化和企业价值最大化。在信息化环境下，以企业价值最大化作为企业财务管理的目标是必然的选择。这是因为，企业是各方面利益相关者契约关系的总和。企业的目标是生存、发展和获利。信息技术环境使各方的联系日益紧密。在信息技术的推动下，电子商务开始普及，企业实际上是形成的多条价值链上的节点，单纯追求个体企业的利润最大化或股东权益最大化并不能提升整个价值链的价值，反而会影响企业的长期发展和获利。只有确定企业价值最大化的财务管理目标，才可能实现企业相关利益者整体利益的共赢。

（三）信息技术对企业财务管理工具的影响

传统的财务管理中，主要依靠手工完成各项财务管理工作，财务管理处于较低水平。信息技术极大地丰富了财务管理手段，正是由于信息技术的大量应用，实际上促进了财务管理在企业中的应用。这一影响主要体现在以下三个方面。

1. 网络技术提供更好的解决方案

网络技术不仅扩展了财务管理的内容，而且为财务管理提供了新的手段。传统方式无法实现的集中控制、实时控制都可以依托网络实现。分布式计算技术的应用，为财务决策提供了新的解决方案。

2. 数据仓库技术提高决策效率和准确性

数据仓库的广泛应用改变了传统的决策模式。数据仓库是一种面向决策主题、由多数据源集成、拥有当前及历史终结数据的数据库系统。利用数据仓库技术可以有效地支持财务决策行为，提高决策效率和决策的准确度。

3. 计算机技术提高数据处理能力

计算机的普遍应用提高了财务管理活动中的数据处理能力。利用计算机可以帮助用户完成较为复杂的计算过程，处理海量数据。大量工具软件的出现，有助于用户轻松完成数据计算、统计、数据分析、辅助决策等任务。

（四）信息技术对企业财务管理方法学的影响

1. 简单决策模型向复杂决策模型的转变

传统的财务预测、决策、控制和分析方法受手工计算的限制，只能采用简单的数学计算方法。在信息化环境下，更多更先进的方法被引入到财务管理活动中来，如运筹学方法、多元统计学方法、计量经济学方法，甚至包括图论、人工智能的一些方法也被广泛使用。

2. 定性分析向定量分析和定性分析相结合转变

传统的财务管理过程中，尽管使用过定量分析，但并没有得到广泛的应用。主要原因有二：一是计算工具的落后，无法满足复杂的数学计算或统计分析，同时缺乏工具软件的支持，使得计算过程难以掌握。二是缺乏数据库管理系统的支持，定量分析所需的基础数据缺乏必要的来源；或者是选择的样本过小，致使得出的结论产生误差。信息化环境下，数据库管理系统的广泛建立，尤其是相关业务处理信息系统的成熟，为财务管理定量分析提供了大量的基础数据。同时，利用工具软件可以轻松地完成各项统计计算工作，定量分析不再是专业人员才能完成的任务。

3. 偶然性决策向财务管理系统化的转变

系统论、控制论和信息论是第二次世界大战后崛起的具有综合特性的横向学科之一。系统及系统工程的思想、方法论和技术在 20 世纪 70 年代末传入我国，并于 80 年代达到了鼎盛时期，目前流行的新三论，即耗散结构论、协同论和突变论都是系统论的进一步发展。系统论是研究客观现实系统共同的本质特征、原理和规律的科学。系统论的核心思想是从整体出发，研究系统与系统、系统与组成部分及系统与环境之间的普遍联系。系统是系统论中一个最基本的概念。

财务管理也是一种支持和辅助决策的系统，企业财务管理方法是指企业在财务管理中所使用的各种业务手段。目前主要有财务预测方法、财务决策方法、财务分析方法、财务控制方法等。在很长的一段时间里，财务管理缺乏系统的观点进行分析和设计，通常只侧重于某一指标的获得或独立决策模型的应用。传统的财务管理方法面向独立的财务管理过程，缺乏系统性。需要解决的主要问题是临时性、偶然性的决策问题。信息化环境下，要求按照系统的观点认识和对待财务决策及财务控制，即做出任何一项决策时，不能仅考虑单项决策最优，而应该更多地考虑系统最优；财务控制不仅考虑对某个业务处理环节的控制，而且要按照系统控制的要求，从系统整体目标出发，自顶向下，层层分解，考虑控制的影响深度和宽度。

第二节 财务管理信息系统的建设

一、财务管理信息系统的基本概念

（一）财务管理信息系统的定义

按照管理信息系统的划分方式，可以将传统的信息系统分为 TPS（事务处理系统）、MIS（管理信息系统）、DSS（决策支持系统）和 AI/ES（人工智能 / 专家系统）四个层次。

TPS 完成企业活动基本事件的信息记录和存储，MIS 系统完成信息的整理、合并和简单的分析，DSS 系统负责面向企业高层提供辅助决策的相关信息，而 AI/ES 系统则根据所掌握的信息及时做出反馈并进行管理和控制。完整的财务管理信息化实际上实现了 DSS 系统和 AUES 系统在财务管理方面的有机集成。不仅要求根据 MIS 系统提供的数据生成辅助决策的信息，而且更要求通过系统控制实现对财务的管理和控制过程的集成。

当前理论界并没有对财务管理信息系统的定义形成一个统一的认识和说法。从系统论的角度出发，财务管理信息系统的定义应该包括：财务管理信息系统的功能、财务管理信息系统的构成要素和财务管理信息系统的目标。

第一，财务管理信息系统的功能可以概括为财务决策和财务控制两个方面，这也是现代财务管理活动最基本的职能，其他的职能都可以理解为是上述两个职能的派生。

第二，财务管理信息系统的构成要素包括信息技术、数据、模型、方法、决策者和决策环境。

第三，财务管理信息系统的目标服从于企业财务管理的目标，即企业价值最大化。然而财务管理信息系统对企业价值最大化目标的支持是通过决策支持来体现的，因此，可以将财务管理信息系统的目标定位于支持实现企业价值最大化的决策活动。与传统的信息系统不同的是，财务管理信息系统的终极目标不是单纯地提供信息，而是支持决策活动和控制过程。

综上所述，可以对财务管理信息系统下这样的定义，即基于信息技术和管理控制环境，以支持实现企业价值最大化的财务决策活动为目标，由决策者主导，获取决策所需数据，应用数学方法构建决策模型，完成财务决策过程，并将决策转化为财务控制，并对业务活动加以控制的管理信息系统。

在很长一段时间以来，财务管理信息系统都没有得到明确的认识，提出的"理财电算化"概念的实质就是利用工具软件建立财务管理分析模型。"理财电算化"概念还容易产生误解，让人以为财务管理的信息化过程仅仅代表计算机在财务管理中的应用。财务管理信息系统概念的提出有助于澄清上述较为偏颇的概念，从而按照系统论的思想构建财务管理信息系统。而且，随着信息化水平的逐渐提高，建立系统化的财务管理信息系统的条件已经成熟。

（二）财务管理信息系统的特点

从财务管理信息系统的定义可以看出，财务管理信息系统的特点主要表现在以下几个方面。

1. 开放性和灵活性

为了适应多变的决策环境和企业不同的财务管理模式，财务管理信息系统必须具有高度的开放性和灵活性。具体表现在：第一，财务管理信息系统应支持异构网络、支持不同的数据库管理系统；第二，允许用户自定义决策过程和控制流程，实现企业财务管理的流程重组和构建；第三，具有较强的可扩展性和可维护性，支持动态财务管理过程。

2. 决策者主导性

在较为低端的信息系统中，如事务处理系统中，信息系统可以实现高度的自动化处理。然而在财务管理信息系统中，由于其面向企业高层服务，决策活动中不可避免地存在大量的分析、比较和智能化的处理过程，因此，决策者将是财务管理信息系统的主导。同时，财务管理信息系统是以用户需求为驱动的，务必将信息系统的主导权交给信息需求者。

3. 动态性

财务管理活动取决于财务管理环境，而管理环境是不断发展变化的。企业战略的不同决定着企业财务决策策略和控制策略存在着较大的差异，比如，市场领导者和市场追随者会选择不同的企业战略，进而影响企业财务管理决策策略和控制策略。因此，财务管理信息系统缺乏标准化的流程，各企业间可参照性较弱，也就决定了财务管理信息系统是一个动态的系统，必须随着企业的成长与财务管理环境的变化不断发展和完善。

4. 与其他管理信息系统联系紧密

必须要明确财务管理信息系统是企业信息化系统中的重要组成部分。财务管理信息系统具有较高的综合性。首先，财务决策所需的基础数据包括的近期数据和历史数据均来自相关的信息系统，财务管理信息系统必须实现和其他业务信息系统的集成或数据共享；其次，财务控制的执行依靠各业务处理子系统来完成，必须有足够的能力保证财务计划、指标、预算和各项控制措施"嵌入"信息系统，并最终发挥实际的控制作用。

（三）财务管理信息系统的基本运行模式

财务管理信息系统运行的基本模式包括财务管理决策环境分析、财务管理决策制定过程、财务管理决策实施过程和财务管理控制评价过程，它们共同基于一定的企业环境和信息技术环境，且相互联系形成基本的财务管理信息系统运行模式。

1. 第一阶段：财务管理决策环境分析

财务决策环境主要完成财务决策风险评估，确定决策目标，并明确财务决策所面临的约束条件，识别达到决策目的的关键步骤。这一阶段，是财务决策的准备阶段。在信息系统环境下，借助于信息技术平台，可以获得相应的信息，并把这些信息引入决策过程。

2. 第二阶段：财务管理决策制定

决策制定阶段完成决策模型的构建过程，并通过决策模型调用模型计算方法，获取决策所需的数据，在众多的方案中，通过模型对比分析，确定最佳的解决方案，并根据方案生成计划、指标和控制标准。

3. 第三阶段：财务管理决策实施

执行阶段，编制预算，并实际配置资源，随时记录决策执行过程，包括执行进度、预算执行、资源消耗情况，并及时进行反馈和比较。

4. 第四阶段：财务管理控制评价

评价阶段，若评价结果与预期控制指标有偏差，则应分析该偏差产生的原因，若属于系统误差，则需考虑执行计划编制是否有误；若不属于系统误差，则需要调整具体的执行过程；若进一步判断属于决策失误，则需要重新进行决策；若决策正确，而执行仍然存在偏差，则需要对决策环境重新评估。在实际的财务管理信息系统中，第三阶段和第四阶段往往集成于具体的业务处理系统中，财务管理信息系统具备和业务处理系统的数据接口或共享的集成化控制平台，进而保证了财务管理信息系统职能的发挥。

二、按体系建构建设网络财务管理系统

（一）网络财务的实施

1. 网络财务发展的法律基础

网络财务的诞生和发展除了要有一定的技术基础外，一些相关法规的制定也为其实施提供了广阔的发展空间。财政部颁发的《会计电算化工作规范》中明确指出：有一定硬件基础和技术力量的单位，都要充分利用现有的计算机设备建立计算机网络，做到信息资源共享和会计数据实时处理。新《会计法》中增加了建立网上销售核算内部控制制度的规定，这样就使得网络财务模式的建立更有法可依。有了法律的明文规定，网络财务的安全和权限问题将得到大幅度改善。此外，新《会计法》对各行业和各地域会计制度进行了统一。但对于跨地域的大型企业来说，不同地域会计准则的一致性将成为网络财务能否发挥极大威力的关键因素。网络财务是个新生事物，针对如何具体在网络财务的程序和方法上操作，如何实施内部控制，如何提供财务报告，怎样保障财务信息真实性等一系列问题，还没有相应的法规予以规范，理论界和实业界也都处于探索阶段。

综上所述，网络财务是对财务管理的延伸发展，是一门新兴学科，对传统财务管理提出了世纪性的挑战，是推动我国经济发展的强劲动力。

2. 网络财务的实施途径

（1）网络财务软件

网络财务软件是指基于网络计算技术，以整合实现电子商务为目标，能够提供互联网环境下的财务管理模式、财会工作方式及其各项功能的财务管理软件系统。

（2）网上理财服务

网上理财服务是指具备数据安全保密机制，以专营网站方式在网上提供的专业理财服务。网上理财服务的具体体现是网上自助式软件的应用，它是 ASP（Active Sever Page）活动服务主页的一种重要服务方式。

3. 网络财务的实施方案

首先，根据自身的实际情况进行需求分析，确定到底要利用网络财务系统完成哪些工作。其次，根据企业需求进行网络方案设计。目前常用的高速网络技术有快速以太网、FDDI 分布式光纤数据接口、ATM 异步传输模式、千兆位以太网。网络财务还是一个新兴

的领域，其实现没有固定的模式，因此要依据企业的不同情况"量体裁衣"。

（二）网络财务安全

只有保证网络系统的安全才能以此为基础促进网络财务的不断发展和完善。网络财务使原来的单一会计电算化系统变成一个开放的系统，而会计业务的特点又要求其中的许多数据对外保密，因此，安全就成为网络财务中备受用户关注的问题。由于财务涉及资金和公司机密等，任何一点漏洞都可能导致大量资金流失，因此应对其传递手段和储存工具要求严格，要从技术和法律上为它创造一个安全的环境，抵抗来自系统内外的各种干扰和威胁。如在技术上加强对网上输入、输出和传输信息的合法性、正确性控制，在企业内部网与外部公共网之间建立防火墙，并对外部访问实行多层认证；在网络系统中积极采用反病毒技术；在系统的运行与维护过程中高度重视计算机病毒的防范，以及采取相应的技术手段与措施；及时做好备份工作。备份是防止网络财务系统意外事故最基本、最有效的手段，包括硬件备份、系统备份、财务软件系统备份和数据备份四个层次。发展适合网络财务的新技术是网络财务发展的基础。

从立法角度来说，为了确保网络财务安全应该建立健全电子商务法律法规，规范网上交易、支付、核算行为，并制定网络财务准则。此外，还必须有第三方对安全进行确认，即建立网络安全审计制度，由专家对安全性做出相应评价。

（三）网络财务系统

信息技术不断发展，以此为基础建立起了财务系统，当前需要借助这一系统才可以完成财务信息的处理，而财务系统的特定目标和功能的实现要靠一定的会计数据处理技术的运用。随着科学技术的进步，特别是计算机的出现，促使会计数据处理技术不断发展变化，经历了从手工处理到机械处理再到计算机处理的发展过程，因而财务系统也随之经历了从手工财务系统到机械化财务系统再到电算化财务系统的发展过程。

电算化财务系统可以很大程度上提高会计效率，具体来说，电算化财务系统就是指以计算机为主的当代电子信息处理技术为基础，充分利用电子计算机能快速、准确地处理数据的特性，用计算机代替手工进行会计数据处理并部分代替人脑运用财务信息进行分析、预测和决策等的财务信息系统。

20世纪70年代末，我国财会工作者将计算机应用于会计工作，并由此提出了"会计电算化"这一具有中国特色的会计术语，其实质就是电算化财务系统。需要指出的是，当时的电算化财务系统仅仅只是将人、纸质凭证、算盘等构成手工财务系统的要素改变成了人、磁介质数据、计算机等，仅仅只是用计算机代替了人脑的计算、储存，并没有突破财务部门内部的范围，没有实现与其他部门及企业的连接，还是一种封闭式的工作方式，信息孤岛问题较为突出。从20世纪90年代开始，一方面计算机技术从单机逐渐向局域网及互联网方向发展；另一方面，企业已不再满足于电算化核算，而是希望进而实现财务控制、管理和决策支持的计算机化，网络财务系统也就应运而生了。

随着网络的不断发展，电算化财务系统也得到了一定发展，以此为基础形成了网络财务系统，该系统是基于电子商务背景，以网络计算技术为依托，集成先进管理思想和理念，以人为主导，充分利用计算机硬件、软件、网络基础设施和设备，进行经济业务数据的收集、传输、加工、存储、更新和维护，全面实现各项会计核算及财务管理职能的计算机系统。一方面，网络财务系统对外可安全、高效、便捷地实现电子货币支付、电子转账计算和与之相关的财务业务电子化，对内可有效地实施网络财务监控和管理系统。另一方面，网络财务系统是一个可对物流、资金流和信息流进行集成化管理的大型应用软件系统。

网络财务系统是一个人机系统，它不但需要硬件设备和软件的支持，还需要人按照一定的规程对数据进行各种操作。网络财务系统的构成要素与电算化财务系统相同，包括硬件、软件、人员、数据和规程，只是在具体内容上更为丰富，如下所示。

1. 数据

网络财务系统的数据来自企业内、外部的多个渠道，包括：外部环境数据，如宏观经济数据、消费者偏好数据等；外部交易数据，即企业与其他企业或个人发生的经济业务，如采购业务和销售业务；内部业务数据，如发放工资、产成品入库等；会计核算数据，如往来业务核算、成本核算期间费用核算等。

2. 硬件和软件

网络财务系统主要由服务器、工作站、移动终端及其他办公设备通过网络通信设备联网组成，这些设备就是系统硬件。而网络财务系统的硬件要发挥作用，务必有一套与硬件设备匹配的软件支持。网络财务系统的软件包括系统软件和应用软件。

系统软件是指管理、监控和维护计算机资源的软件，包括操作系统软件、通信软件、数据库管理软件和系统实用软件等。应用软件是指为了解决用户的实际问题而设计的软件，如通用网络财务软件和专用网络财务软件。

3. 规程

网络财务系统的规程包括两大类：一类是政府的法令、条例等；另一类是维持系统正常运转所必需的各项规章制度，如岗位责任制度、操作管理制度、软硬件维护制度、安全保密制度等。

4. 人员

网络财务系统的核心人员包括两类：一类是系统开发人员，包括系统分析员、系统设计员、系统编程和测试人员等；另一类是系统的使用人员，包括系统管理员、系统维护人员及系统操作人员等。此外，向系统提供信息的各种人员，如供应商、客户、政府主管部门人员及分析师等也是网络财务系统不可缺少的运行要素。

（四）网络财务信息系统

1. 网络财务信息系统的构成

网络财务信息系统是以信息技术为支持的人机结合的系统，该系统不仅需要计算机硬件、软件、网络通信设备的支持，同时还需人在一定的规程下充分利用它们进行各项操作。因此，网络财务信息系统的主要构成要素包括硬件、软件人员、数据和规程。按照网络财务信息系统的功能，可以将其划分为会计核算系统、财务管理信息系统和财务决策信息系统这三个层次。我国目前应用的财务软件大都处于会计核算系统这个层次。

2.网络财务信息系统的主要特点

（1）强大的远程处理能力。网络财务软件从设计到开发应用都定位在网络环境的基础上，使得跨地区、跨国界的财务核算、审计、管理和贸易成为可能。同时，网络化管理将促使企业的各种财务信息得到快速便捷的反映，最终实现财务信息的动态实时处理和财务的集中式管理，便捷的远程报账、远程报表、远程查询和审计。

（2）高效率的集中式管理。互联网的出现，使集中式管理成为可能。

（3）与现代信息技术的高度融合。它按信息处理的要求，充分利用现代信息技术，对企业的会计工作流程、方式和方法进行了重新构建，以适应企业瞬息万变的管理要求。

（4）高度实时化的动态核算系统。传统会计是一个静态的、事后反映型的核算系统。而网络财务的发展将改变这一历史，变传统的事后静态核算为高度实时化的动态核算。

（5）与业务管理系统的高度协同。包括与企业内部的协同、与供应链的协同、与社会相关部门的协同，如网上银行、网上保险、网上报税等。

3.网络财务信息使用者的需求

在网络环境下，信息使用者对会计信息提出了新的需求。网络财务系统应能满足信息使用者的以下需求。

（1）信息可定制性。系统可以根据信息使用者的要求，从不同的角度提供个性化的财务信息。

（2）信息实时性。系统能根据信息使用者的要求实时披露财务信息。

（3）信息共享性。通过网络获取财务信息，促使财务信息的再利用更加方便，可提高信息利用效率，减少信息不对称性。

（4）信息多样性。财务信息系统在内容上应能提供财务的和非财务的、定量的和定性的使用者想知道的信息；在计量属性上，应从单一的历史成本计量属性到历史成本、现行成本、可变现净值等多重计量属性并存；在列表形式上，应从单一信息媒体到文、图、音、像等多种信息媒体并存。

（五）网络财务报告

1.网络财务报告的内涵及层次

网络财务报告的内涵处于动态变化状态，会随着环境变化和技术发展而不断变动。在现有技术条件下，网络财务报告是指企业通过网络披露企业各项经营业务与财务信息，并将反映企业各种生产经营活动和事项的财务报告存储在可供使用者随时查阅的数据库中，供使用者查询企业的财务状况、经营成果、现金流量及其他重要事项。网络财务报告分为以下三个层次。

（1）按需定制的财务报告。这是网络财务报告的高级阶段，指以披露通用目的财务报告为基准，进而披露企业经过编码的经济事项源数据。可根据用户的选择自动定制用户所需的财务报告。随着 XBRL 分类体系构建完毕，经过测试并广泛投入使用，定制报告模式也成了现实。

（2）实时财务报告。它指整个会计循环通过网络自动完成，从原始数据的录入到数据处理再到生成财务报告都通过联网的计算机来完成。在这一阶段，用户可随时获得实时报告信息。

（3）在线财务报告。在线财务报告是指企业在国际互联网上设置网站，向信息使用者提供定期更新的财务报告。

2. 网络财务报告的新模式— XBRL

XBRL 就是可扩展财务报告语言，是一种全新的云语言，XBRL 基于可扩展标记语言（XML）框架，专门为公司编制和发布网络财务报告而服务。有了 XBRL 就能够实现按需定制的目标，也能整合财务信息供应链上各方的利益。微软是第一家以 XBRL 格式进行财务报告的高科技公司。使用者可以使用 XBRL 在线数据库进行数据分析。目前，我国深圳证券交易所和上海证券交易所已经开始使用 XBRL 格式进行财务报告的编制。在两大证券交易所网站上，信息使用者不仅可以直接获取多样化的财务报告，并且可以进行财务指标分析、数据查询、财务信息分析，进而满足使用者多样化的需求，对其进行正确决策起到很大的帮助作用。基于 XBRL 的网络财务报告具有以下几个显著特点。

（1）可以允许使用者跨系统平台传递和分析信息，降低信息重新输入的次数。

（2）以标准化的标记来描述和识别每个财务信息项目，即为每个财务项目定义标记（tags），使财务报告的编报标准趋向统一。

（3）无须改变现存的会计规则，也无须公司额外披露超出现有会计规则要求的信息，只是改进了编制，分析与发布企业报告信息的流程。

（4）可以编制、发送各种不同格式的财务信息，交换与分析财务报表中所含的信息。

3.XBRL 网络财务报告的信息披露

按照财务信息披露的规则，XBRL 科学分解财务报告的内容，促使其成为不同的数据元，再根据信息技术规则给数据元赋予唯一的数据标记，进而形成了标准化规范。以这种语言为基础，通过对网络财务报告信息的标准化处理，可以将网络财务报告中不能自动读取的信息转换为一种可以自动读取的信息，极大方便了对信息的批量需求和批量利用。XBRL 网络财务报告的信息披露包括以下几个层次。

（1）第一层次对传统会计报表内容进行披露，包括资产负债表、损益表、现金流量表及其附注。

（2）第二层次对传统会计报表以外的财务报告进行披露。如设立专用报告专区，针对不同的使用者或使用者集团进行披露。考虑到不同类型使用者之间的信息差别，应有选择地和重点针对特定使用者披露特殊信息，提供内容（或时间）上有差别的报告。（3）第三层次对一些在传统会计报表基础上扩展出来的信息进行披露。如对在企业的生存与发展中占举足轻重地位的智力资源信息或类似的知识资本进行披露；对不符合传统会计要素定义与确认的标准，且不具有实物形态的衍生金融工具信息进行披露。

（4）第四层次对一些非财务信息进行披露。非财务信息是指诸如企业背景、企业关联方信息、企业主要股东、债权人及企业管理人员配备的信息。为了增加企业信息的透明度、提升受托责任与诚信度，还要对具体的公司信息进行披露，如战略、计划、风险管理、薪酬政策等信息。

（5）第五层次主要是指对以多媒体技术在公司网站上提供股东大会、董事会或其他重要会议的现场纪实的录像或录音等信息的披露。在网站上进行多层次信息的披露，除了应提供当年的信息数据外，为了满足信息使用者的需要，还可以提供历史的数据，其内容也以多层次的信息模式为依据。

运用 XBRL 可以有效地提高信息披露的透明度，解决信息不对称的情况，同时还可以在很大程度上提高财务报告信息处理的效率和能力。它的应用必将会给我国财务报告的披露带来历史性的变革，成为企业财务报告的发展趋势。

（六）网络财务成本控制

网络财务软件可全面归集成本数据，具有成本分析、成本核算、成本预测的功能，可以很大程度上满足会计核算的事前预测、事后核算分析的需要，还可以分别从总账、工资、固定资产、成本系统中取得各种成本费用数据。

成本管理模块可以从存货核算、工资管理、固定资产管理和总账中自动提取成本数据。每个成本的期间数据都会同步自动产生。在成本计划方面，可以编制全面的成本计划，待成本核算工作结束后，针对此计划的成本差异分析结果就会自动产生。在成本预测及分析方面，可以做出部门成本预测和产品成本预测。

（七）网络审计

随着信息技术的不断发展，财务信息存储的电子化、网络化，财会组织部门的扁平化，内部控制形式的变化等使得对审计线索、审计技术、审计方法、审计手段、审计标准，以及对审计人员的知识结构、技能的要求发生了重大的变化。网络审计将成为在网络财务环境下进行审计工作的必然趋势。网络审计面对的企业内部环境是集成化的信息系统，它的合理性、有效性、安全程度直接影响到审计工作的质量和效率，如硬件设备的稳定性、兼容性、软件本身质量的高低及对企业实际情况的适应性等。而这些又受技术和人为的诸多因素影响，即审计环境中的不确定因素增加了，进而增加了审计的风险。

利用网络通信系统，建立网络化的审计机制，可实现账簿文件的在线式随机审计，即管理层或审计机构可以通过网上授权，提取被审单位的会计信息，审计经营单位财务数据的真实性和有效性。这种机制对各经营单位产生了严格的制约作用，可更加有效地防范经营单位弄虚作假，推迟做账等。实现联机方式下的在线式的随机审计，可加强监管力度，减少审计过程中人为因素的干扰，而且审计的时点可由审计人员随机决定，无须事先通知被审单位，这极大降低了监管成本。网络审计在现阶段还只是起步阶段，对许多问题尚无很好的解决办法，如财务数据结构的不统一等，然而网络审计是未来的发展方向，这是不容置疑的。

第三节 利用 Excel 进行财务分析的步骤与模型

一、比率分析模型

比率分析是指资产负债表、利润表等财务报表作为主要依据，计算各项目的各相关比率，以此为基础进行科学的比率分析。

财务报表结构是由财务管理人员设计的，财务报表中数据应该从会计核算数据源中获取。在财务分析模型中要做的工作是从会计核算数据源获取财务报表分析数据，建立数据间的动态链接，进行数据采集以及利用这些数据进行比率分析等。

（一）数据源获取数据

财务报表分析所需的大部分数据是从会计核算数据源获取的。如财务报表中，"现金""应收账款""存货"等账户的年初、年末数据都可以从会计核算数据的总账中提取。

第一种情形，对于手工会计核算数据源，财务人员从总账中摘取所需的数据，并通过手工键入数据的方式，将数据添入财务报表。

第二种情形，对于电算化会计核算数据源，财务管理人员可以应用各种方法，直接在会计核算数据源的多种数据库中检索数据，并直接返回到财务报表分析模型中，为财务分析服务。

（二）比率分析模型的设计

比率分析模型设计就是以财务报表中的数据为依据，建立一系列比率分析公式，得出一系列财务比率，以此揭示企业财务状况。

1. 第一步：开始准备工作

为了便于使用，可以将在财务报表工作簿中的此两表分别复制到财务分析模型工作簿中。具体办法是：打开"财务报表.xls"工作簿和"财务分析模型.xls"工作簿，选择资产负债表整个工作表，点击［复制］工具图标；再选择"财务分析模型.xls"工作簿中的工作表，点击［粘贴］工具图标，则资产负债表就全部复制过来了。同理可以进行利润表的操作并将它们所在的工作表分别重新命名为"ZCFZB"及"LRB"。当然也可以不去复制，在使用数据时再打开工作簿并将其变成活动窗口，便于数据的随时选取。

2. 第二步：设计比率分析模型一般来说，设计比率分析模型主要分三个步骤进行。首先，选用视图/工具栏中的[窗体]工具栏，建立表头，选取分组框，并在表中画出，共做五个分组框，代表将要做的五类比率指标。其次，给出相应的名称，五个分组框的大小将由此类指标的数目多少而定。最后，在分组框内输入相应的指标名称。

3.第三步：获取数据，进行分析

可以直接从资产负债表或利润表中获取相应的数据并进行分析。在众多的比率公式中，有一类比率公式，其中的分析数据直接从一张报表中得到。例如，流动比率＝流动资产1流动负债。在此公式中，流动资产、流动负债都可以从资产负债表中直接得到。Excel提供了丰富的公式定义方式，在此讨论两种定义方法。

（1）直接用单元定义公式

选择[插入]菜单的[名字]命令可以命名一个单元、一个单元区、常量值或公式，也可以改变或删除一个已有的名字。给单元取名，用名字定义公式，Excel自动根据名字找出其中的数据进行计算。这样促使各种比率计算公式更加直观和容易理解。

应用名字定义公式比应用单元定义公式有以下优点：①更加容易阅读、容易理解和记忆。②每个工作簿可以共用一组名字。在某一张工作表上给单元格建立的名字，可以在整个工作簿中使用，这使比率分析模型公式定义更加方便。例如，为本工作表中的LRB工作表B3单元建立一一个名字"主营业务收入"，就可以在比率分析模型的多个公式中直接使用"主营业务收入"这个名字，而不必在公式中输入A212作表的单元引用位置。③公式定义不受工作表结构变化的影响。如果工作表结构有所变化，只需重新定义某单元的名字，其他所有使用该名字的公式都会自动更新。

（2）利用立体表进行计算

在众多的比率公式中，还有另一种比率公式，其中的分析数据一部分直接从一张表中得到，而另一部分分析数据要通过立体表计算得到。

Excel支持立体表的数据汇总计算，并且定义非常灵活方便。立体表的数据汇总计算表示方法如下所示。

①表名1：表名N！引用单元1。其中，表名1：表名N表示N张表，即N个平面；该表达式表示对N个单元的引用。

② SUM(表名1：表名N！引用单元1，表名1：表名N！引用单元2)。该表达式表示对N张表中的引用单元1和引用单元2求和，即对2N个单元求和。

③ AVERAGE(表名1：表名N！引用单元1，表名1：表名N！引用单元2)。该表达式表示对N张表中的引用单元1和引用单元2求平均值，即对2N个单元求平均值。

二、趋势分析模型

（一）趋势分析的基本方法

趋势分析也是管理中一种重要的分析方法。连续地观察数年的财务报表和财务比率，比只看一期能了解到更多的情况，并能判别企业财务状况的发展变化趋势。趋势分析的方法有以下几种。

1.图解法分析

图解法分析是将企业连续几期的财务数据或财务比率绘制成图形来加以反映。这种方法比较直观地反映出企业财务状况的发展趋势，促使分析者能够发现一些通过其他方法所不易发现的问题。

2.定基百分比趋势分析

定基百分比趋势分析是首先选择一个基期，将基期报表上各项数额的指数均定为100，其他各年财务报表上的数据也均用指数表示，由此得出定基百分比的报表，可以查明各项目的变化趋势。

3.结构百分比分析

结构百分比分析是把常规的财务报表换算成结构百分比报表，之后将不同年度的报表逐项比较，查明某一特定项目在不同年度间百分比的差额。

4.多期比较财务报表分析

多期比较财务报表分析是把数年财务报表中相同的项目逐一进行对比。其目的是查明各项目增减变动的数额和幅度，导致这种变化的原因，这种变化对企业未来有什么影响。多期比较时，可以用前后各年每个项目的差额进行比较，也可以用百分比的变动进行比较，还可以计算出各期财务比率进行多期比较。比较的年数一般为5年。

（二）趋势分析模型的设计

趋势分析是对企业连续数年的财务报表进行比较分析、结构百分比分析、定基百分比分析和图形分析，它是企业进行财务报表分析时常采用的一种分析方法。趋势分析模型设计中，比较分析、结构百分比分析、定基百分比分析，都要涉及数年财务报表数据。图形分析不仅涉及数年财务报表数据，并且还要以此数据为依据建立分析图。因此，趋势分析设计主要考虑两个问题：各年历史数据的获取和绘制分析图。

1.获取历史数据

建设趋势分析模型，首先需要收集各年的历史数据，利用 Excel 的窗口之间的 [复制] 和 [粘贴] 命令，将各年历史数据汇集到趋势分析表中。一个工作簿中有多张工作表，但是一个文本窗口的情况下，在某一时刻只能看到一张工作表。为了使用户在某一时刻同时看到多张工作表，Excel 提供了多窗口功能。在 Excel 中，用户可以根据需要同时打开多个文本窗口。每个工作表都在自己的文本窗口中，然而只能对活动窗口中的工作表进行操作。活动文本窗口的标志是深色标题栏和深色边界线。为了便于对历史数据的复制粘贴，可以应用 Excel 多窗口功能，开设两个文本窗口。如需要对工作表和工作表趋势分析工作表进行操作，可以将这两张工作表分别置于两个不同的文本窗口，这样就能方便、直观地将利润表工作表的数据复制到趋势分析工作表中。下面讨论窗口技术和窗口间数据的复制与粘贴。

（1）创建窗口

①打开一个工作簿。②从 [窗口] 菜单中选择 [新建] 命令，一个新的窗口被创建，并且该窗口为活动窗口。③若要连续打开多个窗口，可继续选择工作表，工作表为当前工作表，从 [窗口] 菜单中选择 [新建] 命令，又一个窗口被创建，如此继续可以打开。

（2）关闭窗口

当某个窗口不再使用，需要将它关闭时，切换到该窗口，选择该窗口的控制菜单上的 [关闭] 命令，该窗口将被关闭。

（3）调整窗口

多个窗口在调整之前是相互重叠的。用 [窗口] 菜单的 [重排窗口] 命令可以快速调整所有打开的文本窗口，使它们互不重叠。用这种方法，可以看到所有打开的文本窗口。[窗口] 菜单的 [重排窗口] 命令下可以选择的排列方式有：①[平铺] 方式，可以快速调整所有打开的文本窗口，使其按较小尺寸适应整个屏幕。②[水平并排] 方式，可以快速调整所有打开的文本窗口，使其从上到下均匀地排列窗口。③[垂直并排] 方式，可以快速调整所有打开的文本窗口，使其从左到右均匀地排列窗口。④[重叠] 方式，重叠屏幕的窗口。

（4）改变窗口大小

窗口的大小可以任意改变，其方法主要有以下两种。

第一种方法：用键盘改变窗口的大小：选择窗口上的控制菜单上的 [大小] 命令，然后用箭头键来改变窗口的大小。

第二种方法：用鼠标改变窗口的大小：选择窗口上的控制菜单上的 [大小] 命令，然后用箭头键来改变窗口的任意一条边、一个角，直到满足要求为止。

（5）窗口间的切换

有多个文本窗口被打开时，其中只有一个文本窗口是活动窗口，并且只能对该窗口中的工作表进行操作。如果需要对其他窗口中的工作表进行操作，则需要进行窗口切换，将其变为活动窗口。窗口切换的方法有两种：①[窗口] 菜单。所有打开的窗口都在窗口菜单底部按字母顺序列出编号。活动窗口名字旁边有一个检查标志（Ｖ）。以从窗口菜单底部选择窗口名字，来切换窗口，被选择的窗口为活动窗口。②用鼠标或键盘实现窗口间切换。使用鼠标或键盘也可以实现窗口间切换。使用鼠标时，先移动和改变窗口的大小直到可见为止，然后单击此窗口中的任何部位就可以完成切换。使用键盘时，用 Ctrl+F6 组合键切换到下一个窗口；用 Ctrl+Shift+F6 组合键切换到上一个窗口。

（6）窗口间数据复制

窗口间数据复制有两种方式。

第一种方式：复制工具。适用常用工具栏上的 [复制] 和 [粘贴] 工具实现窗口间数据复制。

　　第二种方式：菜单命令。应用 Exe[编辑] 菜单上的 [复制]、[粘贴]、[选择性粘贴] 命令，实现窗口间数据复制。具体操作步骤为：①切换到源工作表；②选择要复制的单元区域；③选择 [编辑] 菜单的 [复制] 命令；④切换到目标工作表，并选择目标单元；⑤选择 [编辑] 菜单的 [粘贴] 命令，把用 [复制] 命令定义的复制区域中的数值、公式、格式等粘贴到当前选定区域中。或者，选择 [编辑] 菜单的 [选择性粘贴] 命令，将用 [复制] 命令定义的复制区域中的数值、公式、格式等，有选择性地粘贴到当前选定区域中。如此一来，便完成窗口间数据复制。

　　2. 绘制趋势分析图

　　从上面的分析看出，利用 Excel 可以创建种类繁多的图形，包括饼图、折线图、条形图、立体图等。正是因为 Excel 在图形功能上为人们提供了多种选择，才可以丰富财务分析的内容，并通过更直观的方式呈现分析结果。

结 语

总之，随着企业的发展财务预算的管理越来越重要，只有不断地加强这方面的管理和建设，整个企业的财务管理运营才会更加的高效，企业的发展才能够正常有序地开展进行。众所周知，企业的财务会计管理是一个长期的过程，也是一个较为复杂的过程，所以必须做好全面的管理和建设。在实际的预算管理过程中定要加强每一个环节的管理，在每一个环节上真正地做好，进而实现企业的长远发展。在现代企业管理中，预算管理是实践中不可或缺的组成部分，也是企业科学管理的重要标志。企业实施管理创新机制，其出发点是管理基本职能，企业管理者是主体，需要明确企业内部环境和基本要求之间的关系。企业管理创新符合当前管理要求，需要从当前管理形式出发，了解内外部管理体系之间的差距，在经济与社会中创造一种新的管理结构、管理方式和手段，进而优化资源配置的过程中，取得较大的经济价值和社会价值。

首先，企业预算管理有助于降低企业的管理成本，从多个方面对企业经济模式进行分析，掌握企业运行中涉及经费，并结合实践要求，将经济投资降到最低，达到减少成本投入，获取更多的经济利益的目的。其次，企业为了生存和发展，需要企业经营者需要不断创新管理理念，以财务管理为中心，实行财务预算管理也是实现创新的有效的管理手段。在实践工作中，需要加强对财务预算管理问题的认识，财务预算管理是企业管理的重要组成部分，需要在预测阶段做好管理工作，保证财务决策的有效性。

参考文献

[1] 刘艳芳. 保险公司在运营过程中财务管理风险分析 [J]. 大众投资指南，2020（20）：193-194.

[2] 李文珍. 国企经济管理中的财务预算管理分析 [J]. 时代经贸，2020（26）：25-26.

[3] 肖思武. 浅谈建筑企业财务预算工作及预算的控制管理思路 [J]. 商讯，2020（25）：37-38.

[4] 蒋牡丹. 新形势下企业财务管理模式创新路径的思考 [J]. 会计师，2020（16）：39-40.

[5] 李昕烨. 电力财务预算管理与风险管理的关系分析 [J]. 时代经贸，2020（21）：36-37.

[6] 季家刚. 加强乡镇财政所财务预算管理及会计核算 [J]. 财会学习，2020（16）：97+99.

[7] 许梓华. 论国企经济管理中的财务预算管理的必要性 [J]. 财会学习，2020（15）：90+92.

[8] 姜治国. 企业财务预算管理中存在的问题及解决措施 [J]. 纳税，2020，14（15）：149+151.

[9] 方志新. 简析财务预算管理在国企经济管理中的作用 [J]. 时代经贸，2020（15）：24-25.

[10] 齐天，李学伟. COSO 框架下高校财务预算业务内控的优化措施 [J]. 财经界（学术版），2020（15）：135-137+234.

[11] 孟丽芳. 企业财务预算管理中存在的问题及完善对策 [J]. 现代经济信息，2020（09）：64-65.

[12] 李志清. 公路科技养护企业财务管理存在的问题及措施 [J]. 内蒙古公路与运输，2020（02）：51-53.

[13] 汤伟芳. 浅谈集团企业财务管理信息化建设 [J]. 财经界（学术版），2020（11）：163-165.

[14] 胡灵. 公路运输企业的财务预算管理探析 [J]. 中外企业家，2020（12）：49-50.

[15] 罗飞拉. 集团企业财务一体化系统应用——以 J 集团为例 [J]. 当代会计，2020（06）：

157-158.

[16] 李霞，火霞．事业单位资产管理与财务预算的结合 [J]．现代经济信息，2020（06）：97-98.

[17] 孟晓婷．财务预算管理对企业经营决策的影响分析 [J]．财经界（学术版），2020（08）：152-153.

[18] 陈娇茵．企业财务预算管理中存在的问题分析 [J]．中国中小企业，2020（03）：124-125.

[19] 马遥遥．事业单位资产管理与财务预算的结合 [J]．财经界，2020（07）：185.

[20] 韩希宇．经济管理中财务预算管理的必要性 [J]．时代经贸，2020（06）：10-11.

[21] 陈新华．财务管理推动企业战略实现的策略探讨 [J]．财经界（学术版），2020（06）：172-173.

[22] 刘爱东．新媒体融合背景下会计核算与财务管理研究 [J]．中国市场，2020（04）：155+161.

[23] 邓鹤．教育机构财务管理机制建设思考 [J]．财经界（学术版），2020（03）：123-125.

[24] 吴海燕．现阶段提高高校财务管理水平的几点思考 [J]．经济研究导刊，2020（02）：173-174.

[25] 彭兰．国企经济管理中财务预算管理的相关探究 [J]．时代金融，2019（35）：79-80.

[26] 李飞虎．新形势下企业经济管理的创新策略研究 [J]．现代商业，2019（34）：130-132.

[27] 阮涓平．论企业财务预算管理方法的创新 [J]．纳税，2019，13（34）：125+127.

[28] 王丽华．财务预算管理在国企经济管理中的作用探讨 [J]．现代经济信息，2019（23）：192.

[29] 李霞．企业财务管理风险的识别与管控探究 [J]．财会学习，2019（34）：54+56.

[30] 尹俊霞．浅谈经济新常态下国有企业的财务管理 [J]．商场现代化，2019（22）：175-176.

[31] 魏宏振．加强财务分析提升经济预算引领管理创新——浅谈国有粮食购销企业财务实践 [J]．会计师，2019（22）：20-21.

[32] 孙小东．制造企业财务管理存在的问题研究 [J]．财富生活，2019（22）：147+149.

[33] 刘倩．财务预算管理在国企经济管理中的作用研究 [J]．财会学习，2019（30）：73+75.

[34] 熊会荣．完善财务管理的经济与金融研究 [J]．经济管理文摘，2019（20）：195-196.

[35] 于晶．对加强事业单位预算管理的思考 [J]．商讯，2019（28）：172-173.

[36] 孙彦英 . 谈财务预算管理在企业经济管理中的必要性 [J]. 营销界，2019（38）：238+242.

[37] 房娟 . 试论企业现行财务管理体系的构建与发展策略 [J]. 内蒙古煤炭经济，2019（16）：108-109.

[38] 陈翠红 . 探析企业财务预算管理中存在的问题及应对措施 [J]. 中外企业家，2019（22）：21-22.

[39] 殷玫 . 财务预算管理与企业管理创新 [J]. 市场观察，2019（08）：81.

[40] 李广林 . 企业财务预算管理创新方法 [J]. 市场观察，2019（08）：83.